古典文獻研究輯刊

二四編

潘美月・杜潔祥 主編

第 1 冊

《二四編》總目

編 輯 部 編

詩經斠詮評譯（一）

蔡 文 錦 著

國家圖書館出版品預行編目資料

詩經斠詮評譯（一）／蔡文錦 著 -- 初版 -- 新北市：花木蘭
文化出版社，2017〔民106〕

序 30+ 目 12+164 面；19×26 公分

（古典文獻研究輯刊 二四編；第 1 冊）

ISBN 978-986-404-987-5（精裝）

1. 詩經 2. 注釋 3. 研究考訂

011.08   106001862

ISBN-978-986-404-987-5

9 789864 049875

古典文獻研究輯刊

二四編　第一冊　　　　　　　　ISBN：978-986-404-987-5

詩經斠詮評譯（一）

作　　者　蔡文錦
主　　編　潘美月　杜潔祥
總 編 輯　杜潔祥
副總編輯　楊嘉樂
編　　輯　許郁翎、王筑　美術編輯　陳逸婷
企劃出版　北京大學文化資源研究中心
出　　版　花木蘭文化出版社
社　　長　高小娟
聯絡地址　235 新北市中和區中安街七二號十三樓
　　　　　電話：02-2923-1455／傳真：02-2923-1452
網　　址　http://www.huamulan.tw 信箱 hml 810518@gmail.com
印　　刷　普羅文化出版廣告事業
初　　版　2017 年 3 月
全書字數　915324 字
定　　價　二四編 32 冊（精裝）新台幣 62,000 元

《二四編》總目

編輯部　編

《古典文獻研究輯刊》二四編　書目

《古典文獻研究輯刊》二四編
各書作者簡介・提要・目次

第一、二、三、四、五冊　詩經斠詮評譯

作者簡介

　　蔡文錦，江蘇省泰興市人，（1942～　　），北京師範大學中文系 1961 級畢業生，同時師承中科院文研所余冠英教授。中國作家協會會員，揚州職業大學教授。已出版《李審言評傳》《泰州學派通論》《陶淵明詩文斠補新解》《國學大師王念孫王引之評傳》，獲省市獎，2015 年忝列聯合國中華文化交流大會特別金獎，已著《錢鍾書〈槐聚詩存〉注釋》（程千帆、喻薋題耑）《詩經斠詮評譯》。正董理《尚書斠詁評》《杜甫專家詩編年斠詮評》。

提　要

　　1962 年 10 月，余冠英爲拙作舊體詩詞冊題詩二首，1963 年賜予其主編的《中國文學史》，將馬瑞辰《毛詩傳疏通釋》借給我，我發心治《詩》，2005年董理《詩經斠詮評譯》，十易其稿。本著學術有範有端，創獲求是、公允、求精的精神，潛心學術，盡心報國。本書框架：風雅頌諸類先列總論，再列經文、詩旨及繫年、校勘、詮釋音和韻部、評論、今譯、參考文獻以及關於商頌非宋頌的論文。

　　以戰國楚竹書、吉金、簡、碑文、先秦古籍、漢唐石經、《說文》、《釋文》、《敦煌文獻》等校勘，運用多種校勘方法，如《雨無正》「旻天疾威」據《毛公鼎》《書》《唐石經》《釋文》以考證，《都人士》首章據《左傳》《禮記》《新書》等以證，《皇矣》「惟此王季」據《左傳》《樂記》《中論》《毛詩述義》《先

秦經籍考》等考稽爲「惟此文王」。

　　詮釋則注重群經注經、博綜前儒今賢和文字音韻歷史典章、《辭海》、《中華藥海》等，如《終風》「其君也哉」據《漢石經》也作施，文王「無念爾祖」據《後漢書》《書‧君牙》加以訓釋，《鴟鴞》「予手拮据」從雙聲疊韻釋義。

　　評論則引吳季札、孔子及今賢評論，分析思想和藝術，中外比較每有拙見。今譯參考諸家，力求信達雅。

目　次

第六、七、八冊　先唐雜傳地記輯校──雜傳輯校甲編

作者簡介

　　魏代富，山東日照人。西北師範大學文學院博士，山東大學儒學高等研究院博士後，山東師範大學文學院講師，山東省古典文學學會會員。主要從事先秦兩漢文學、文獻的整理與研究工作。曾先後參與國家社科基金重大項目「《全先秦漢魏晉南北朝文》編纂整理與研究」、國家社科基金重大委託項目「《子海》編纂與研究」等的編寫工作。在《甘肅社會科學》、《民族藝術》、

《周易研究》、《鵝湖學誌》（台灣）等期刊上發表論文二十餘篇。

　　王琳，內蒙古包頭人。山東師範大學文學院教授，中國古代文學專業博士生導師。兼任山東省古典文學學會副會長。主要從事漢魏晉南北朝文學之教學與研究，兼及歷史地理和區域文化研究。出版《六朝辭賦史》《兩漢文學》《齊魯文人與六朝文風》等著作多種，發表《六朝地記：地理與文學的結合》《李陵〈答蘇武書〉的眞僞》《魏晉南北朝子書撰作風貌的階段差異》等論文多篇。主持承擔國家及山東省人文社科研究課題多項。有關論著獲中國出版集團優秀圖書獎及山東省社科優秀成果獎多項。

提　要

　　中國中古時期史學昌盛，作品繁榮，類型豐富，史部著述漸趨獨立。雜傳類與地理類書籍是本時期史部著述中尤爲活躍而且富有時代意義的兩種類型，但它們在流傳過程中亡佚嚴重，《隋志》所著錄雜傳、地記，在兩《唐志》著錄中減少了大約一半，至《郡齋讀書志》《直齋書錄解題》《玉海》《宋史藝文志》《文獻通考經籍考》等南宋、元代諸書目所著錄則所剩寥寥無幾。傳世的部分佚文，散見於各類書籍，查尋閱讀殊爲不便。有鑒於此，我們主要從六朝至宋元間的史書注、地理志書、類書，以及詩文集注等各類書籍中搜覽，輯得漢魏六朝時期雜傳四百餘種，分爲甲、乙兩編；輯得地記近四百種，也分爲甲、乙兩編，予以校理，然後匯合爲一帙，以期作爲輯錄較豐富而實用的中古雜傳地記讀本，給廣大讀者提供閱讀瞭解或參與研究的方便。編排順序，先雜傳，後地記。雜傳部分細分郡書、家傳、類傳、別傳（傳）、自傳（序）等不同類型，各類型的作品，大致按照作者年代先後編排；地記部分僅依據作者年代先後排列，不再細分類型。作者生平事蹟未詳者，則據篇中記述內容涉及年代之下限編排；某些作品產生年代不詳，則置於各部分之末。

目　次

第一冊

第九、十、十一冊　先唐雜傳地記輯校──雜傳輯校乙編

作者簡介

　　劉銀清，山東泰安人。南開大學文學博士，主要研究先唐文學與文論。發表《漢魏晉雜傳的轉變與融合》、《漢魏六朝書信論學傳統的形成與發展》、《〈嵇康傳〉與〈嵇康別傳〉關係之蠡測》等論文多篇。參與研究國家社科基金課題一項。

　　王琳，內蒙古包頭人。山東師範大學文學院教授，中國古代文學專業博士生導師。兼任山東省古典文學學會副會長。主要從事漢魏晉南北朝文學之教學與研究，兼及歷史地理和區域文化研究。出版《六朝辭賦史》《兩漢文學》《齊魯文人與六朝文風》等著作多種，發表《六朝地記：地理與文學的結合》《李陵〈答蘇武書〉的眞僞》《魏晉南北朝子書撰作風貌的階段差異》等論文多篇。主持承擔國家及山東省人文社科研究課題多項。有關論著獲中國出版集團優秀圖書獎及山東省社科優秀成果獎多項。

目　次

第四冊

雜傳輯校　乙編

類傳之屬

第十二、十三、十四冊　先唐雜傳地記輯校
——地記輯校甲編

作者簡介

　　江永紅，山東聊城人。山東師範大學文學院中國古代文學專業博士研究生。師從王琳教授，以魏晉南北朝文學及歷史地理爲研究方向。碩士學位論文以《六朝地志之物類記述及其文學價值研究》爲選題。發表《六朝私撰地志中小說化內容書寫的演進》、《楊孚〈異物志〉之物類記述及其影響》等論文數篇。

　　王琳，內蒙古包頭人。山東師範大學文學院教授，中國古代文學專業博士生導師。兼任山東省古典文學學會副會長。主要從事漢魏晉南北朝文學之教學與研究，兼及歷史地理和區域文化研究。出版《六朝辭賦史》《兩漢文學》《齊魯文人與六朝文風》等著作多種，發表《六朝地記：地理與文學的結合》《李陵〈答蘇武書〉的真偽》《魏晉南北朝子書撰作風貌的階段差異》等論文多篇。主持承擔國家及山東省人文社科研究課題多項。有關論著獲中國出版集團優秀圖書獎及山東省社科優秀成果獎多項。

目　次

第十五、十六、十七冊　先唐雜傳地記輯校
——地記輯校乙編

作者簡介

　　張帆帆，山東濟寧人。山東大學文學與新聞傳播學院中國古代文學專業博士研究生。研究方向爲魏晉南北朝文學與唐宋文學。發表《魏晉南北朝區域人物傳探論——兼與胡寶國先生商榷》《六朝揚州地記之物類記述及其文學性探論》《「以類相從」與「見微知著」——關於兩部中古賦史的比較》《〈武陵記〉數種及其輯本考論》等論文數篇。

　　王琳，內蒙古包頭人。山東師範大學文學院教授，中國古代文學專業博士生導師。兼任山東省古典文學學會副會長。主要從事漢魏晉南北朝文學之教學與研究，兼及歷史地理和區域文化研究。出版《六朝辭賦史》《兩漢文學》《齊魯文人與六朝文風》等著作多種，發表《六朝地記：地理與文學的結合》《李陵〈答蘇武書〉的眞偽》《魏晉南北朝子書撰作風貌的階段差異》等論文多篇。主持承擔國家及山東省人文社科研究課題多項。有關論著獲中國出版集團優秀圖書獎及山東省社科優秀成果獎多項。

目　次

第十八冊　唐御史臺職官編年彙考（中唐卷）

作者簡介

　　霍志軍，（1969～），甘肅天水人，文學博士，甘肅天水師範學院教授。2001 年考入江蘇師範大學師從著名學者孫映逵先生攻讀碩士學位，2004 年獲文學碩士學位。2007 年考入陝西師範大學師從傅紹良先生攻讀博士學位，2010 年獲得文學博士學位。主要研究方向爲唐代文學、隴右地方文學。迄今在《文藝研究》、《晉陽學刊》、《唐史論叢》、《光明日報》等刊物發表論文 50 餘篇。代表著作有《唐代御史制度與文人》、《唐代御史與文學》（上、下卷）等。代表論文有《唐代彈劾文文體及源流研究》、《陶藝與文藝——陶器製作與古代

文論關係初探》、《涼州「賢孝」藝術的文化淵源及特色》等。

　　社會兼職有中國人文社會科學核心期刊評審專家、甘肅省古代文學學會理事、甘肅省唐代文學學會理事及中國韻文學會、遼金史研究會等多個學會會員。

提　要

　　御史臺是唐王朝中央監察機構，包括御史大夫，御史中丞，侍御史，殿中侍御史，監察御史及各種供奉、裏行官，留臺及外臺御史等。由於唐代御史的雄峻地位和在國家政治生活中的特殊作用，以考證精審、搜集史料宏富的《唐御史臺精舍題名考》收錄唐代御史總計題名 1100 餘人次，尤以武后至開元年間題名居多，向來被視爲研究唐代監察制度和唐代御史生平的重要文獻，是研治唐代文史必備的重要工具書之一。

　　本書在清人趙鉞、勞格《唐御史臺精舍題名考》及其它先賢時彥研究的基礎上，廣搜博取唐代歷史文獻、出土金石拓片、佛道二藏、詩文總集、作家別集等各方面資料，對中唐時期的御史資料詳加考證，新增中唐時期御史 600 餘人次；對中唐御史資料進行相應的排比、編年；對唐代御史的沿革、職能、品階、職權、兼官、別稱以及中書門下、尚書六部的關係進行梳理闡發。本書使治唐代文史的學者免除遍檢典籍而不得之苦，爲學界提供便於檢索的工具書。同時，本書有助於新時期廉政文化的開展，有助於當代中國的民主、法制建設，彰顯出當代中國人文學者的學理感知所具有的人文氣息與正義質性。

目　次

第十九冊　唐御史臺職官編年彙考（晚唐卷）

作者簡介

　　霍志軍，（1969～），甘肅天水人，文學博士，甘肅天水師範學院教授。2001 年考入江蘇師範大學師從著名學者孫映逵先生攻讀碩士學位，2004 年獲文學碩士學位。2007 年考入陝西師範大學師從傅紹良先生攻讀博士學位，2010 年獲得文學博士學位。主要研究方向爲唐代文學、隴右地方文學。迄今在《文藝研究》、《晉陽學刊》、《唐史論叢》、《光明日報》等刊物發表論文 50 餘篇。代表著作有《唐代御史制度與文人》、《唐代御史與文學》（上、下卷）等。代表論文有《唐代彈劾文文體及源流研究》、《陶藝與文藝──陶器製作與古代文論關係初探》、《涼州「賢孝」藝術的文化淵源及特色》等。

　　社會兼職有中國人文社會科學核心期刊評審專家、甘肅省古代文學學會理事、甘肅省唐代文學學會理事及中國韻文學會、遼金史研究會等多個學會會員。

目　次

第二十、二一冊　清代散見戲曲史料彙編（筆記卷・初編）

作者簡介

　　趙興勤，1949 年 7 月生，江蘇沛縣人，江蘇師範大學文學院教授，中

國古代文學、戲劇戲曲學研究生導師。兼任中國元好問學會理事、中國元代文學學會理事、中國《金瓶梅》研究會（籌）理事，江蘇省明清小說研究會副會長、《西遊記》研究分會常務理事、常州市趙翼研究會副會長等職。在國內外出版學術著作《古代小說與倫理》、《明清小說論稿》、《趙翼評傳》（南京大學版）、《中國古典戲曲小說考論》、《古代小說與傳統倫理》、《趙翼評傳》（江蘇人民版）、《理學思潮與世情小說》、《元遺山研究》、《話說〈封神演義〉》、《趙翼年譜長編》（全五冊）、《古典文學作品鑑賞集》、《趙翼研究資料彙編》（上、下冊）、《清代散見戲曲史料彙編（詩詞卷·初編）》（全三冊）、《清代散見戲曲史料彙編（詩詞卷·二編）》（上、下冊）、《趙興勤〈金瓶梅〉研究精選集》、《中國早期戲曲生成史論》、《清代散見戲曲史料彙編（方志卷·初編）》（全三冊）、《曲寄人情：李玉戲劇研究》等 25 種，主編、參編《中國風俗大辭典》、《中國古代戲曲名著鑑賞辭典》等 40 餘種，在海峽兩岸發表論文 200 餘篇。主持國家社科基金項目 3 項，代表作獲教育部高等學校科學研究優秀成果獎（人文社會科學）、江蘇省哲學社會科學優秀成果一等獎。

　　蔣宸，1982 年 1 月生，江蘇南京人，南京大學文學博士，現為溫州大學人文學院講師。中國《金瓶梅》研究會（籌）會員、江蘇省明清小說研究會會員，主要研究方向為清代戲曲與文學。曾主持江蘇省研究生科研創新項目兩項（2010、2012）、溫州市社會科學重點研究基地項目兩項（2014、2016）、浙江省教育廳人文社科規劃項目一項（2016）。獲有江蘇省高校第九屆哲學社會科學研究優秀成果二等獎、博士研究生國家獎學金、黃侃獎學金、南京大學優秀研究生、全國中文學科博士生論壇優秀論文獎、華東地區戲曲學博士論壇優秀論文獎等多項榮譽。近年來，已在《戲劇（中央戲劇學院學報）》、《淡江人文社科學刊》（臺灣）、《澳門文獻信息學刊》等兩岸三地刊物發表論文十餘篇，已出版的學術著作有《趙翼研究資料彙編》（上、下冊，臺灣花木蘭文化出版社，2013）（第二著者），點校整理《清忠譜》（《全清戲曲》第一編，南京大學出版社，2017）等。

提　要

　　清代戲曲價值大而研究者少，下筆易而突破難，關鍵問題是研究資料的難以蒐訪。儘管經過眾多學者的不懈努力，資料搜集工作已取得階段性成果，但相對清代戲曲史料尤其是散見戲曲史料的總量而言，蒐羅還是相對有限，仍難以滿足

研究者的需要。鑒於此，本書編者承前賢時彥之餘緒，計劃編纂一套《清代散見戲曲史料彙編》，分爲《詩詞卷》、《方志卷》、《筆記卷》、《小說卷》、《詩話卷》、《尺牘卷》、《日記卷》、《文告卷》、《圖像卷》等，將依次推出，以期對清代戲曲的整體研究有所助推。本編蒐訪得清代五十餘位作家的九百多則涉劇筆記，內容涵括清代劇作、曲家、戲曲本事、戲曲觀念、演劇活動、觀劇交遊、伶人譜系等諸多方面。本編散見戲曲史料的學術價值，主要表現在如下幾個方面：一是涉及劇目眾多，僅經常上演者就不下百種。其中有南戲、傳奇、雜劇，也有民間小戲，還有從不見於各家書目著錄者，此外還涉及了不少已失傳的戲曲作家，資料彌足珍貴；二是有關戲曲史的考辨，如本事考證、戲曲源流等，窮蒐博證，考述多方，爲研究者提供了豐富且可堪依據的文獻資料；三是載述了不少文人士夫觀劇、評劇的內容，爲深入考察清代戲曲觀念的變遷演進提供了可靠的依據；四是對各類藝人的生平事蹟及伎藝專長均有載述，並爲清代戲曲演出情狀的考察提供有力的文獻支撐；五是涉及大量不同劇種在清代消長、更替的記述，可藉此窺得清代戲曲活動的發展軌跡；六是一些不甚知名的作品，在當時演出卻相當火爆，可以藉此考察戲曲傳播、演進的規律；七是涉及大量不同地域、場所的戲曲活動，對考察地方戲曲（包括少數民族戲劇）及特殊場所演劇（如禪堂）均有助益；八是對歷來不爲正統文人所重視的民間流行的各類表演伎藝（如幻術、雜要、口技、煙戲、馬戲等）多所述及，可補一般戲曲史之未逮。需要特別交代的是，清代一些筆記體戲曲論著，如焦循《劇說》、李調元《雨村曲話》、《雨村劇話》、吳長元《燕蘭小譜》、楊懋建《夢華瑣簿》等，由於已成專書，不合本書「散見」的體例，且已有《清代燕都梨園史料》、《中國古典戲曲論著集成》、《歷代曲話彙編》等多部著作收錄並刊行，故此本編不再收入。

目　次
上　冊
附　圖

第二二冊　漢賦文本研究

作者簡介

彭春艷，女，漢族，湖南常德人。中國古代文學博士。貴州師範大學文學院教師。致力於先秦兩漢文學研究。

提　要

漢賦文本多殘缺，近年來費振剛、胡雙寶、宗明華《全漢賦》，鄭竸《全漢賦》，龔克昌《全漢賦評注》，費振剛、仇仲謙、劉南平《全漢賦校注》，馬積高《歷代辭賦總匯》等搜集整理漢賦文本，為漢賦文本的整理研究提供了堅實基礎。本書擬在此基礎上輯佚、校勘、綴合漢賦文本。

前言回顧漢賦文本輯佚、校勘、綴合之學術史。

正文輯佚漢賦存目、佚文；考定篇名；考辨著作權；綴合部分殘賦。

輯佚擬從兩方面著手：1、輯佚漢賦存作者名、篇目、殘句者。2、輯佚漢賦存作者名、篇名者。

考定篇名 17 篇：司馬相如《美人賦》，劉徹《悼王夫人賦》，揚雄《覈靈

賦》，崔駰《大將軍臨洛觀賦》，李尤《七歎》，張衡《舞賦》，馬融《梁將軍西第賦》、《七厲》，陳琳《應譏》、《武軍賦》，應瑒《靈河賦》，劉楨《清慮賦》，徐幹《圓扇賦》，繁欽《征天山賦》，曹丕《閔思賦》，曹植《九華扇賦》、《扇賦》。

著作權考辨 17 篇：盛覽《列錦賦》，傅毅《琴賦》，崔琦《七蠲》，馬融《龍虎賦》，桓麟《七說》，劉梁《七舉》，蔡邕《霖雨賦》，王粲《漳水賦》、《神女賦》，劉楨《魯都賦》，丁廙妻《寡婦賦》，楊泉《蠶賦》、《五湖賦》，陸機《果賦》、《感丘賦》，李播《周天大象賦》，柳宗元《弔萇弘賦》。

殘賦綴合 41 篇：揚雄《覈靈賦》，班彪《遊居賦》，傅毅《七激》、《洛都賦》，崔駰《大將軍臨洛觀賦》、《七依》、《反都賦》，班固《終南山賦》，班昭《蟬賦》，李尤《東觀賦》、《辟雍賦》、《德陽殿賦》，張衡《舞賦》、《羽獵賦》、《七辯》，崔琦《七蠲》，桓麟《七說》，蔡邕《琴賦》、《短人賦》，劉琬《神龍賦》，崔琰《述初賦》，阮瑀《箏賦》，陳琳《武軍賦》、《止欲賦》、《神女賦》、《瑪瑙勒賦》，王粲《酒賦》、《遊海賦》、《閑邪賦》，劉楨《瓜賦》、《魯都賦》，繁欽《征天山賦》、《建章鳳闕賦》、《三胡賦》，徐幹《齊都賦》，丁廙妻《寡婦賦》，曹丕《校獵賦》、《寡婦賦》，曹植《酒賦》、《寶刀賦》、《九華扇賦》（《扇賦》）。

結語就探索體會進行總結。

目　次

第二三冊　近古文學叢考

作者簡介

　　趙龑，1981 年生，江蘇徐州人。大學二年級開始發表論文，迄今已有 80 餘篇，散見於《文獻》、《民族文學研究》、《戲曲研究》、《南大戲劇論叢》、《讀書》、《晉陽學刊》、《藝術百家》、《東南大學學報》、《中國礦業大學學報》、《中華詩詞》、《博覽群書》、《古典文學知識》、《社會科學論壇》、《中華藝術論叢》、《尋根》、《長城》、《作品與爭鳴》、《語文月刊》、《中國社會科學報》、《中國文化報》、《中國勞動保障報》、《歷史月刊》（臺灣）、《書目季刊》（臺灣）、《國文天地》（臺灣）、《戲曲研究通訊》（臺灣「中央」大學）、《澳門文獻信息學刊》（澳門）等兩岸三地刊物。已出版的學術著作有《趙翼研究資料彙編》（上、下冊）、《清代散見戲曲史料彙編（詩詞卷・初編）》（全三冊）、《清代散見戲曲史料彙編（詩詞卷・二編）》（上、下冊）、《清代散見戲曲史料彙編（方志卷・初編）》（全三冊）、《元曲三百首》等 6 種，另參編（撰）《元曲鑒賞辭典》、《徐州文化博覽》等 7 種。代表作獲江蘇省高校第九屆哲學社會科學研究優秀成果二等獎。合作主持 2016 年國家社科基金後期資助項目《錢南揚學術年譜》（項目批准號：16FZW038）。

提　要

　　本書精選作者考證論文十餘篇，分上、中、下三輯。上輯「曲學叢考」，收文 9 篇。對較少爲人述及的明代散曲家李丙、周瑞、沐石岡、史立模，晚明戲曲家王恒、沈季彪的生卒、生平、家世、交遊等進行了細緻考辨，時有新見，多所創獲；對徐州朱蔚榮珍藏的明代「鳳江爐」之爐身圖案進行考釋，認爲兩幅圖像分別表現的，殆即汪廷訥所撰《獅吼記》第九齣《奇妒》、第十六齣《頂燈》之相關場景；對趙景深等編纂的《方志著錄元明清曲家傳略》所載吳震生史料進行辨正，認爲是書將《（康熙）常州府志》所載武進人吳震生與戲曲家吳震生混爲一人，存在著誤錄、錯記、漏收諸種情況；利用大量明清文獻，對王利器《元明清三代禁燬小說戲曲史料》所載禁燬戲曲史料進行輯補。中輯「詩

文叢考」，收文 7 篇。對《元好問全集（增訂本）》增補的元遺山闕題殘詩「花啼杜宇歸來血，樹掛蒼龍蛻後鱗」提出異議，並認爲是書新補遺山詞【鷓鴣天】（二首）、【望江南】（一首）亦係誤收，前者乃李治撰，後者爲韓琦作，均應從元好問作品中剔除；據大量民國詩話，對孔凡禮所編《元好問資料彙編》進行輯補；經過版本及作品內容的細緻考辨，認爲歸有光《震川先生集》所收《周秋汀八十壽序》實乃明代方鳳的作品，亦見於《改亭存稿》；對王英志《袁枚書法作品中的集外詩詞九首考釋》一文進行辨誤，認爲是文至少有三首詩著作權誤判，《扇面絕句三首》俱應爲清初「毗陵六逸之冠」惲格的作品；據《（乾隆）曲阜縣志》、《（道光）濟南府志》以及清人孔繼汾的《闕里文獻考》等史料，考定清代詩人孔貞瑄卒年爲康熙五十五年（1716）；對張相《詩詞曲語辭彙釋》的若干條目提出商榷意見。下輯「域外文獻考」，收文 1 篇。對日本東京大學藏本《西遊記骨目》的作者和主要觀點進行了詳盡介紹。附錄收文 5 篇，1 篇論姜夔詞，4 篇談古代戲曲。無關考證，然寓治學應考論結合之意。

目　次

第二四、二五冊　《臨川四夢》校注——牡丹亭還魂記

王學奇簡介

　　王學奇，北京密雲人，漢族，生於 1920 年，1946 年畢業於國立西北師院（北師大後身）國文系，受業於黎錦熙先生。畢業後在蘭州、蘇州、北京教過幾年中學。1950 年起，開始到大學任教，先後曾在東北工學院、東北師範大學、中央音樂學院、河北北京師院、河北師範大學任講師、副教授、教授、研究生導師。在河北師範大學階段，還曾任元曲研究所所長、河北省元曲研究會會長、關漢卿研究會會長。主講過文學概論、中國古典文學、世界文學、元明清戲曲。以教學優異，獲得國務院特殊津貼。還被母校北師大評為榮譽校友。

　　早年好詩，從上世紀五十年代中葉，轉攻戲曲語言研究，著有《元曲釋詞》《宋金元明清曲辭通釋》《關漢卿全集校注》《元曲選校注》《笠翁傳奇十

種校注》《王學奇論曲》《湯顯祖〈臨川四夢〉校注》，即將出版的有《曲辭通釋》（《宋金元明清曲辭通釋》增訂本）、《中華古今少數民族語》等。已出版各書，皆獲大獎，備受國內外學術界好評。

李連祥簡介

李連祥，1958 年 10 月生於天津，1982 年 2 月畢業於天津師範大學中文系。長期從事教學及研究工作。

主要著作：《唐詩常用語詞》（辭書類，125 萬字，百花文藝出版社 2009 年版）；《奈何天校注》（收錄於王學奇先生主編《笠翁傳奇十種校注》，天津古籍出版社 2009 年版）；《詩藪珠璣》（唐詩研究論集，52 萬字，與李峁合著，天津社會科學院出版社 2016 年版）；《湯顯祖〈臨川四夢〉校注》（與王學奇先生合著）。《唐詩常用語詞》一書，在美國 2015 年芝加哥圖書展及亞馬遜網站上均有介紹。

《牡丹亭》故事梗概

《牡丹亭》，亦稱《還魂記》，合稱《牡丹亭還魂記》，全劇共五十五齣。劇寫杜麗娘熱烈追求愛情的故事。取材於《杜麗娘慕色還魂》話本，又參考了《太平廣記》有關李仲文、馮孝將兒女事以及收拷談生事。作者在舊有故事框架上，又充實了很多現實生活和非現實生活。劇本一開始，寫福建南安郡杜寶太守的女兒杜麗娘，受父母管教甚嚴，久處深閨。因受塾師陳最良教授《詩經‧關雎》篇的啓發，又受婢女春香慫恿，外出遊園，看到大自然的美景，不由感歎。遊園回來困倦，不覺入夢，夢中與一少年在牡丹亭畔幽會，飽嘗快感，情竇初開，欲罷不能。從此以後，爲相思所苦，寫眞留記，傷情而死。三年後，柳夢梅去臨安赴試，路過杜麗娘埋葬的地方，杜麗娘幽魂未散，又與柳夢梅歡會，並起死回生，二人遂結爲夫婦。經過千辛萬苦，見到麗娘之父杜寶，杜寶不但不承認這樁親事，反而將柳夢梅弔起拷打。最後柳中了狀元，由皇帝做主、麗娘一再堅持，才確定下兩人的婚姻關係。杜麗娘這種爲愛而死，又爲愛而生的求愛精神，曾感動千千萬萬青年男女，是動搖封建婚姻的巨大力量，它代表了歷史前進的最強音。

目　次
上　冊

第二六冊　《臨川四夢》校注——紫釵記

《紫釵記》故事梗概

　　《紫釵記》是《紫簫記》的改本，共五十三齣。劇寫霍小玉與李益戀愛的故事。故事一開頭，詩人李益流落長安，元宵佳節，霍小玉在街頭墜落的

玉釵，被李益拾得。李益託媒鮑四娘而成婚。後李益考取了狀元，當朝權要盧太尉欲招李益爲婿，益不從。盧盛怒之下，借機派李益遠到玉門關作參軍，以離間李益和霍小玉的夫妻關係。這時霍小玉因生活困頓，出售紫玉釵，適爲盧太尉所獲，並謊稱小玉病故，叫李益死心。時有黃衫客聞此不平之事，仗義相助，促成小玉與李益相會，各吐思念之苦，才解除誤會，和好如初。劇本把霍小玉對愛的癡情寫得淋漓盡致，沁人心脾。特別是霍小玉爲打探李益消息把紫玉釵換來的百萬金錢拋撒滿地（見四十七齣），以表明她「情乃無價，錢有何用」的俠腸義骨，博得廣大讀者的高度讚美。

目　次

第二七冊　《臨川四夢》校注──邯鄲記

《邯鄲記》故事梗概

　　《邯鄲記》共三十齣，取材於唐·李泌《枕中記》。劇寫呂洞賓在邯鄲旅店，以磁枕使盧生入睡成夢的故事。盧生夢中與高門崔氏結婚，借行賄考取了狀元。又以河功和邊功爲朝廷建立了功業，受到提拔，出將入相，榮華一時，但因官場爭權奪利，勾心鬥角，互相傾軋，歷盡風險。讒臣宇文融被誅後，得封國公，備受皇帝恩寵。一門得道，雞犬昇天，驕奢淫逸，無所不極，終染病而亡，「死」後醒來，才知是夢。此時黃粱尙未蒸熟。這種「人生如夢」的消極思想，並非湯顯祖的眞實寫照。湯的「頭白未銷吳楚氣」「恩仇未盡心難死」等詩句，均可看出他「烈士暮年，壯心不已」的反腐敗政治的豪氣。本劇所以取材《枕中記》，不過是借用軀殼而已。

目　次

第二八冊　《臨川四夢》校注——南柯記

《南柯記》故事梗概

　　《南柯記》共四十四齣，取材於唐・李公佐的《南柯太守傳》。劇寫淳于棼於夢境中到了大槐安國，被招為駙馬，任南柯太守二十餘年，頗有政績。後檀蘿國入侵，金枝公主受驚而死。班師回朝後，拜為左丞相，恃寵拉攏皇親國戚，作威作福，威勢日張，弄權亂政，因而被右丞相奏明國王。淳于棼被遣回鄉，撤職拿辦。至此夢醒，回想夢中情景，驚疑不已。及尋視所謂大槐安國，不過是庭院前邊大槐樹洞裏一群螞蟻而已。湯顯祖藉此虛幻故事，擬判和鞭撻了當時社會這種「矯情」行徑，矛頭直指權相張居正。

目　次

第二九冊　《相宗絡索》釋注

作者簡介

　　徐孫銘，男，1969 年 7 月華東師範大學政教系畢業。曾在湖南零陵師範、道縣師範任教。1980 年應聘到湖南省社會科學院哲學研究所從事中國哲學、佛學研究。1994 年任哲學所副所長，1998 年任研究員，並主持哲學所工作。2004 年任哲學所所長，兼任湘潭大學中國哲學博士生導師、湖南師大公共管理學院中國哲學、宗教學碩士生導師；2010～2012 年兼任泰國國際佛教大學碩士研究生導師、教授。曾先後兼任《漢文中華大藏經（續編）》編委會（北京）委員、中國佛教文化研究所特約研究員、船山學社副社長、《船山學刊》編委、湖南省社會科學院宗教文化研究中心主任、湖南省佛教文化研究會副會長、湖南省濂溪學研究會副會長。

主要著作有：《禪宗宗派源流》（合作、副主編）、《船山佛道思想研究》（合作）、《世紀佛緣》、《湖南佛教史》（主編）、《石頭希遷及曹洞禪》（主編）、《慧燈長明——佛教末法觀》（主編、合作）、《般舟三昧經釋譯》（合作）、《海峽兩岸人間佛教改革方向的辯證思考》、《道安法師法脈及其傳承》（主編、合作）、《船山全書・相宗絡索》（點校），《道》、《氣》、《理》、《心》、《性》、《天》（合作）等。

李佩樺，女，1978 年生，湖南永州道縣人，哲學碩士，湖南科技學院教師，撰有《周敦頤寄情山水之旨趣》《濂溪和諧思想及現實意義》《禪林傳統寺院經濟及其現代啟示》《船山轉識成智論淺析》《周敦頤王船山德育思想淺探》等。

提　要

船山對唯識思想及其範疇體系條分縷析，在闡述認識本體、認識途徑、認識的真理性標準和認識目的，揭示一刀斬斷末那而頓悟，轉識成智、成就理想人格的智慧方面尤有創見，但在詮釋第七識時也有某些片面性。通過本書可以深刻瞭解法相唯識學的基本脈絡和修持重點，從中汲取佛家轉知識為德性、方法和覺性的智慧，對於理解佛教哲學的中國化、儒釋道哲學及當今中西方辯證思維的會通頗有教益和啟迪意義。

目　次

第三十冊　西夏文藏傳《守護大千國土經》研究

作者簡介

　　安婭，女，土家族，生於 1979 年 2 月，貴州德江人，博士。2001 年 7 月畢業於中央民族大學少數民族語言文學系，獲學士學位，2004 年 7 月畢業於中國社會科學院研究生院，獲碩士學位。2011 年 7 月畢業於中國社會科學院研究生院，獲博士學位。2010 年 8 月至 2011 年 6 月，獲得「中美富布萊特」項目資助，在哈佛大學東亞系作訪學。2012 年 3 月至 2015 年 3 月，在清華大學中文系從事博士後研究工作。2015 年 3 月至今在貴州民族大學工作，從事中國少數民族語言文學研究，主要學術專長是西夏文獻學。

提　要

　　《佛說守護大千國土經》是大乘佛教五部守護經之一，其西夏文本譯自藏文，分上、中、下三卷，原件 20 世紀初於內蒙古額濟納旗的西夏黑水城遺址出土，藏於俄羅斯科學院東方文獻研究所，現存初譯本和校譯本兩種。本研究目的在於，整理和比較西夏文藏傳《守護大千國土經》的 28 個殘件，據以拼配出一部完整的本子，對全書進行首次解讀，總結其中的西夏文翻譯藏文的原則，順便討論幾個相關的問題。

　　1930 年聶歷山和石濱純太郎曾提到對西夏文《守護大千國土經》上卷做過考釋，但我們至今並未見其成果發表，一直以來我們只能在眾多西夏文獻目錄中見到這部經的相關信息。最早收錄西夏文《守護大千國土經》的有克恰諾夫和戈爾巴喬娃的《西夏文寫本和刊本》，之後有西田龍雄的《西夏文華嚴經》（III），1973 年格林斯蒂德曾在《西夏文大藏經》中公佈過其部份照片，卻沒有給出任何館藏信息。1999 年克恰諾夫在《西夏文佛教文獻目錄》中詳細敘述了其 34 個館藏號的版刻形制、保存情況等信息。

　　對於夏譯藏文佛經的翻譯原則，學術界做過探討的僅有王靜如（《佛母大孔雀明王經》1932）、聶歷山、石濱純太郎（《八千頌般若經》1930）以及聶鴻音（《般若心經》2005）等，他們發現西夏人在翻譯藏傳佛經時採用了不同

於夏譯漢傳佛經的原則，這對研究西夏佛教史、西夏詞源學以及西夏語來說是一大突破。然而，目前學界卻缺少對夏譯藏傳佛經翻譯原則的系統研究，這還有待更多的西夏文佛教作品獲得考釋。本研究通過解讀《守護大千國土經》，總結其中的尊者、龍王及藥叉等佛教術語的翻譯原則及方法，在前人基礎上進一步探索夏譯藏傳佛經的翻譯原則，對學界今後繼續研究夏譯藏傳佛教經典以及深入研究西夏語言都具有很重要的意義。

通過全文解讀夏譯藏傳《守護大千國土經》，本項研究將夏譯藏文佛經的翻譯原則總結爲：（一）意譯藏文。（二）音譯和意譯藏文結合。（三）音譯梵文和意譯藏文結合。（四）音譯藏文。（五）音譯梵文。

本研究採用「五行對譯法」，即先給出西夏文錄文及對譯，接著是相應的藏文，然後是漢文意譯，之後是注釋，最後在佛經每卷末尾給出施護漢譯本內容。這種對譯法的好處在於清楚地呈現同一部經的夏、藏、漢三種譯本的翻譯特點，對我們探討夏譯藏文佛經的翻譯原則提供了方便。

目　次

第三一冊　西夏文《大隨求陀羅尼經》研究

作者簡介

　　張九玲，1986 年 11 月生，2005～2009 年就讀於河南財經政法大學，2009～2012 年就讀於中央民族大學，獲中國古典文獻學碩士學位。2012 年 9 月考入中國社會科學院研究生院，師從聶鴻音先生攻讀博士學位，博士論文爲《西夏文〈大隨求陀羅尼經〉研究》，2015 年博士畢業後進入山西師範大學歷史學院工作，主要研究方向爲西夏文獻，曾發表《西夏文〈寶藏論〉譯注》、《〈英藏黑水城文獻〉佛經殘片考補》、《〈佛頂心觀世音菩薩大陀羅尼經〉的西夏譯本》等論文數篇。

提　要

　　本書主體是我的博士畢業論文《西夏文〈大隨求陀羅尼經〉研究》，這部經書同時具備漢文、西夏文和藏文三個譯本，是研究西夏語文和佛教的寶貴文獻。論文是對俄羅斯科學院東方文獻研究所收藏的西夏譯本《大隨求陀羅尼》進行的首次全文公佈及解讀，不但可以豐富人們關於西夏文獻的知識，而且可以跟同類文獻一道，展示 12 世紀藏傳佛教傳播的實情，進一步證明西藏在元代正式併入中國版圖以前就通過西夏與內地進行著大規模的文化交流。論文對黑水城所出《大隨求陀羅尼》的各種不同抄本做出了詳細的辨析。論文探討的內容屬於 20 世紀國際西夏學界新出現的關注點，即：1，有的西夏文佛經在不同的時期形成了「初譯」和「校譯」兩種不盡相同的譯本，本文指出現存的《大隨求陀羅尼》也分別屬於這樣的兩類譯本，這是學界此前不知道的。2，西夏的佛經有些譯自藏文，也有些雖然以漢文爲底本，但其中

卻夾雜著一些來自藏文的佛教術語，本文對譯自藏文的佛教術語逐一予以指出，其中有些新發現的詞語可以在將來補充到西夏語詞典中。

此外，本書的附錄部份收入了作者幾篇關於西夏文獻方面的論文，由於原來的論文在不同的雜誌上發表，編輯體例各不相同，本書在不影響原有內容的前提下進行了體例的統一。

目　次

第三二冊　21世紀遼金史論著目錄（2011～2015年）

作者簡介

周峰，男，漢族，1972 年生，現任中國社會科學院民族學與人類學研究所研究員，主要從事遼金史、西夏學的研究。1993 年畢業於北京聯合大學文

理學院，獲得歷史學學士學位。2010 年考入中國社會科學院研究生院攻讀博士學位，導師史金波先生，2013 年 6 月獲歷史學博士學位。1993 年 7 月至 1994 年 2 月，在北京市文物研究所工作。1994 年 2 月至 1999 年 8 月在北京遼金城垣博物館工作。1999 年 8 月至今在中國社會科學院民族學與人類學研究所工作。主要代表作：《完顏亮評傳》，民族出版社 2002 年；《金章宗傳》（與范軍合作），中國廣播電視出版社 2003 年；《21 世紀遼金史論著目錄（2001～2010 年）》（上下），花木蘭文化出版社 2016 年；《西夏文〈亥年新法‧第三〉譯釋與研究》，花木蘭文化出版社 2016 年。發表論文 70 餘篇。

提　要

　　本書是對筆者所編《21 世紀遼金史論著目錄（2001～2010 年）》（花木蘭文化出版社，2016 年）的續編，共收錄中文、日文、英文、法文、蒙古文、韓文六種文字的遼金史論著 5185 條，其中蒙古文由於排版問題，譯爲中文收入。將全部目錄分爲專著、總論、史料與文獻、政治、經濟、民族、人物、元好問、社會、文化、文學、宗教、科學技術、歷史地理、考古、文物等共15 大類，每類下再分細目，如歷史地理下再分概論、地方行政建置、疆域、都城、城址、長城、山川、交通等細目。每條目錄按照序號、篇名、作者、文獻來源的順序編排。

目　次

詩經斠詮評譯(一)

蔡文錦　著

作者簡介

蔡文錦，江蘇省泰興市人，（1942～　），北京師範大學中文系 1961 級畢業生，同時師承中科院文研所余冠英教授。中國作家協會會員，揚州職業大學教授。已出版《李審言評傳》《泰州學派通論》《陶淵明詩文斠補新解》《國學大師王念孫王引之評傳》，獲省市獎，2015 年系列聯合國中華文化交流大會特別金獎，已著《錢鍾書〈槐聚詩存〉注釋》（程千帆、喻薖題耑）《詩經斠詮評譯》。正董理《尚書斠詁評》《杜甫專家詩編年斠詮評》。

提　　要

　　1962 年 10 月，余冠英爲拙作舊體詩詞冊題詩二首，1963 年賜予其主編的《中國文學史》，將馬瑞辰《毛詩傳疏通釋》借給我，我發心治《詩》，2005 年董理《詩經斠詮評譯》，十易其稿。本著學術有範有端，創獲求是、公允、求精的精神，潛心學術，盡心報國。本書框架：風雅頌諸類先列總論，再列經文、詩旨及繫年、校勘、詮釋音和韻部、評論、今譯、參考文獻以及關於商頌非宋頌的論文。

　　以戰國楚竹書、吉金、簡、碑文、先秦古籍、漢唐石經、《說文》、《釋文》、《敦煌文獻》等校勘，運用多種校勘方法，如《雨無正》「旻天疾威」據《毛公鼎》《書》《唐石經》《釋文》以考證，《都人士》首章據《左傳》《禮記》《新書》等以證，《皇矣》「惟此王季」據《左傳》《樂記》《中論》《毛詩述義》《先秦經籍考》等考稽爲「惟此文王」。

　　詮釋則注重群經注經、博綜前儒今賢和文字音韻歷史典章、《辭海》、《中華藥海》等，如《終風》「其君也哉」據《漢石經》也作施，文王「無念爾祖」據《後漢書》《書·君牙》加以訓釋，《鴟鴞》「予手拮据」從雙聲疊韻釋義。

　　評論則引吳季札、孔子及今賢評論，分析思想和藝術，中外比較每有拙見。今譯參考諸家，力求信達雅。

《詩經斠詮評譯》序

夏傳才

　　蔡文錦教授《詩經斠詮評譯》一書是部體大思精的著作，全書以《三百篇》校勘、詮釋、評論、今譯爲序，彙聚古今研究成果，結合部份新出土文獻，在文字校勘、注釋、音韻諸方面，梳爬剔抉，並提出己見；其評釋亦時有見地。洋洋近百萬言，是近十餘年來少見的研究著作。此書的價值，不但能爲《詩經》研究者提供豐富的資料，其所識所見，亦可成一家之言。

　　歷來「詩無達詁」，古今勝說極多，這是詩的藝術特質所決定的。契合歷史社會形態、風土人情，而持之有據，言之成理，即可成一家言。

　　我認爲最難得是今譯。三百篇要不要今譯？這些詩篇語言古奧，雖作注釋，可以講通，但不能讓讀者欣賞領悟詩的意境，體會詩的優美韻味，爲三百篇在民眾中廣爲流傳，我是主張今譯的。那麼，應該如何譯法？19世紀的歐洲漢學界英、法、德等國學者，對《詩經》應散譯還是韻譯，曾經進行過一場論戰。《詩》三百確實不容易今譯，歐洲的那場論爭，似乎也沒有個結果。中國用現代漢語以詩體譯《詩》，始自郭沫若《卷耳集》，他譯了40首詩；老實說，他有詩體今譯的創始之功，而以譯文「信達雅」來衡量，他的譯筆差的太遠。1941年，我還只是個大學生，初生牛犢不怕虎，也嘗試譯《詩》，距今70多年了，沒譯好一篇。譯詩是一種再創作，的確不是易事。近三十年，出版的《詩經》譯注百部之多，我讀的譯本中，余冠英、程俊英、臺灣裴普賢，還有其它學者，各有幾篇譯得好，要譯品篇篇達上乘，何其難哉！本書的今譯也有可取之處。作者六易其稿，已經很不容易了。

　　經我瞭解，蔡先生是位退休教授，撰寫本書於 2005 年動筆，2014 年八月初殺青，近百萬字，九載寒暑，鍥而不捨，他爲弘揚中華文化，傳承民族優良文化遺產，自覺自願地付出心力，可敬可佩。我讀到的是蔡先生的第六稿，他是在毫無科研經費支持的條件下，到處尋查、複印大量資料，不捨晝夜地研究、寫作，節衣縮食，爲傳承民族文化而盡力。他爲實現中國夢──中華民族的偉大復興，作出自己的貢獻。故樂於爲之序。

二〇一四年八月九日於思無邪齋

夏傳才

　　夏傳才教授，中國詩經學會會長，河北師範大學博導。著有《思無邪齋詩經論稿》、《二十世紀詩經學》。

《詩經斠詮評譯》序

董乃斌

　　蔡文錦教授《詩經斠詮評譯》一書是對中國文化和文學經典《詩經》的最新研究成果，作了四項工作：校勘、注釋、集評和現代漢語翻譯。每一項都具有集大成的性質和意義。特別是校勘、注釋，工作難度大，本書把前人研究成果和新出土文獻的相關內容盡可能彙聚起來，加以自己的判斷，在校讎、文字、訓詁、音韻等方面表現出深厚的功力。評譯兩項也在普及前人成果的基礎上，多所發明。全書以「今譯」、「詩旨」、「校勘」、「詮釋」、「評論」為序，對《詩經》每首作品進行全方位觀照，體例整齊嚴謹，資料豐富，判斷精審，頗多新見，是對詩經學研究的重要貢獻。作者在前輩學者學術精神的激勵鼓舞下，對本書反覆修改補充，五易其稿，今已殺青。在淡定中長期堅持，取得如此成績洵為不易。希望其能早日出版。

　　董乃斌教授，前中國社會科學院文學研究所副所長，上海大學終身教授

《詩經斠詮評譯》序

趙逵夫

　　蔡文錦先生 1961 年由江蘇省揚州中學考入北京師範大學中文系，因在中學時得揚州印壇盟主蔡巨川先生的殷切關懷與教誨，蔡巨川先生的夫人陳友枝先生又引薦其妹丈、中國科學院文學研究所古代文學研究室主任余冠英先生。1962 年 10 月，余老曾當面批改他的舊體詩詞冊，並題詩二首。又贈予《詩經選》、《樂府詩選》、三卷本《中國文學史》，這對一個大學中文系的二年級學生無疑是極大的鼓勵與鞭策。

　　文錦先生多年來致力於中國古代文學與古典文獻的研究，已出版《李審言評傳》、《泰州學派通論》、《陶淵明詩文斠補新解》、《國學大師王念孫、王引之評傳》四部書。最近他完成了《詩經斠詮評譯》，體例爲先將原文與譯文對照列出；次論詩旨；三爲校勘；四爲詮釋和韻部；五，評論。附有關於《商頌》的長篇論文及參考書目。

　　文錦先生五十年來能屏除一切雜念、俗務，淡而能拙，孜孜矻矻，故能完成此大著，並多亮點。首先，作者在校勘方面用力甚勤，與前儒相比，則以《戰國楚竹書》、《阜陽漢詩》、荊門楚簡、賈誼、陸賈、劉向等漢儒著作、《漢石經》、漢魏碑刻、《景刊開成唐石經》、《敦煌文獻》、《毛詩王肅注》、《文選》等進行校勘，頗有發現，釐正經文。如《陳風·衡門》、《毛》「可以樂饑」之「樂」，《漢石經》、《唐石經》、《說文》、《五經文字》作「㿞」，「㿞」「療」古今字，「樂」當讀如「㿞」「療」liáo。《小雅·車攻》「有聞無聲」，《法藏敦

煌》14/376「聞」作「問」,「聞」讀如「問」。《正月》「憂心愈愈」,上海博物館藏《漢石經》殘碑字乙,「愈」作「瘐」,「瘐瘐」yúyú,郭璞注:「賢人失志懷憂病也。」《小旻》、《唐石經》「是用不集」,據《魯》《漢石經》《韓詩外傳》《集注》「集」作「就」,「集」讀如「就」。《大雅·雲漢》「耗斁下土」,據《荀子·修身》、《淮南·精神》高誘注引,《箋》、《漢簡》、《詩經小學》等校「耗斁」爲「秏殬」。《皇矣》「維此王季」,《毛詩正義》、《單疏》、《左傳》《正義》則取「維此王季」、「維此文王」兩說並存,而校勘者則據《左傳·昭28》、《魯詩》、《中論·務本》、《齊傳》、《樂記》鄭注、《疏》引《韓詩》、《春秋正義》王肅注、杜預注、劉炫《毛詩述義》、《單疏》本、《通介堂經說》、《目耕帖》、《十三經注疏附校勘記》及據文例文義分析,校定爲「惟此文王」。《周頌·載芟》,據沈重、《釋文》、《白帖》、《文選注》、《張表碑》校出「椒」當爲「淑」。雖然有的前人已指出其本義,但作者增列版本上的依據,總是一種學術上的推進。

其次,注釋方面由於作者運用《本草綱目》、《中華藥海》、《辭海》多種辭書,在訓釋方面常有前人略而此處爲詳,細爲辨析的情況。作者又運用上古音韻知識,分析雙聲、疊韻、連語與一詞多義,也多有新解。如《召南·甘棠》「蔽芾甘棠」,《毛傳》:「蔽芾,小貌。」《箋》注爲「始生」,也即「小貌」之義。《傳疏》又引《爾雅》、《韓詩外傳》等有關文字以證之。《通釋》引朱熹《集傳》:「蔽芾,盛貌。」並言:「甘棠爲召伯所舍,則不得爲小。」此書引《風俗通》引《傳》:「依草木之蔽茂。」《說文》:「宋,草本盛宋宋然。」《廣雅》:「芾芾,茂也。」且舉《韓詩外傳》作「蔽芾」,《張遷碑》作「蔽沛」,以爲「並聲近而義同」。方玉潤《詩經原始》承其說。本書注「蔽芾」,疊韻詞,茂密貌。甚是。《大雅·韓奕》「維筍及蒲」,《說文》「筍」作「葟」,《詩考補遺》引《三家》作葟(葟),訓爲:「葟爲菜,花柴筍,又名柴筍、蘆筍,詩人記錄了中國菜的範圍,民間流傳蘆筍是野菜灘八珍之一,有多種氨基酸,微量元素,纖維素,脆嫩可口,排除油膩,清胃通腸,瘦身美容,徐鍇云:『葟初生,其筍可食。』」聯繫當今飲食及科學知識言之,親切有味。

第三,有選擇地引用先秦以降的評論,同時,也有作者自己的心得。如《小雅·正月》的評論則用結構分析法,「此詩出自血淚之筆,一、五、六、十一等章,引類譬喻,末章善用對比,斐邲其文,開屈原《離騷》引類譬喻的先河。晉·傅玄《美女篇》胚芽於此篇第八章。」於《小雅·蓼莪》云:「此

開漢・蔡琰《悲憤詩》的先河。此詩擅長用動詞，用對比技法，用深情抒寫，比《凱風》則文辭贍蔚而靈動多變，抒發因不能贍養奉侍的歉疚之情，千古以來感人至深，晉・潘岳《寡婦賦》云：『覽寒泉之遺歎兮，詠《蓼莪》之餘音。情長感以永慕兮，思彌遠而逾深。』固然謠諺民歌是文學的乳娘，然而文人在大量吸收民間文學的乳汁後，似又高於民歌，在藝術技法、藝術語言與藝術魅力方面都勝於《凱風》，誦《蓼莪》而愴然淚下。」《思文》，「如果說《清廟》至《執競》主要頌揚明德，『秉文之德』，汲取商代滅亡的歷史教訓，歌頌開國元勳的豐功偉業，那麼，《執競》高舉務農立民的旗幟，張揚『敬德保民』的思想。《周書・泰誓》：『天矜於民，民之所欲，天必從之』、『惟天惠民』、『天視自我民視，天聽自我民聽』，《康誥》：『裕民』，『民寧』，《執競》：『立我烝民，莫非爾極』，此皆爲中國古代的重要思想。」

第四，今譯。文錦先生從上初中時開始博覽古代詩歌與現代一些著名詩人作品及一些外國著名詩人作品，開始寫詩，所以其所作今譯具有節奏感和詩味。他又廣泛參考時賢的譯本，故能準確反映原文之旨。1981 年 1 期《文史知識》發表夏承燾《我的學詞經歷》，夏老、余老是相知甚深的老朋友，夏老有自警詩云：「落筆長鯨跋浪開，生無豪意豈高才。作詩也似人修道，第一工夫養氣來。」譯詩其實也是如此。作者不僅要理解了原作才能準確譯出其內容，表現出其情感，而且有一定的譯才，才能譯出其中的韻味。在目前眾多的《詩經》今譯文本中，這應是有特色的一種。

我從二十多年前爲研究生講《詩經》研究，覺得 1949 年以來《詩經》的各種選注本、大多教材都選《國風》多，而於《雅》《頌》都選得很少，似乎已形成了一種固定的看法：《雅》《頌》部份的作品無論內容還是藝術上都趕不上《國風》，學者們寫論文、作研究，也多集中於《國風》，所以，開始準備寫一部《雅詩評注》，並打算在這後邊再寫一部《頌詩評注》。因爲工作只作了一些，本打算很快完成，故在我所主編《詩賦研究叢書》1997 年 1 月出版的《張祜詩集校注》、直至 1999 年出版《唐前詩禪關係探賾》《曹植詩探》的勒口上都預告此書「即出」，但後來感到有些問題還需要進一步下工夫再研究，因而放了下來。只是 2010 年受鳳凰出版社之約作了一個《詩經》的評注本，於次年 1 月出版。雖然早已將《詩經》全書注定，但有不少地方自己覺得還不是很滿意，和我在七十年代譯注過的《天問》一樣，放在那裏在發酵——不是讓那些已寫成的文字發酵，而是讓那些問題和材料在我頭腦中發

酵，希望有一天產生出新的想法，新的解決辦法。這當然主要依賴於新的材料的發現和對有些材料的新的認識。所以我也很希望蔡先生的書早日問世。

蔡先生看到我主編《先秦文學編年史》，與我研究《詩經》的幾篇論文重視文獻，趣味極投，故他要我為其大著作序。我看了他寄來的文稿，覺得他確實下了很大工夫，也有自己的特色和亮點，寫出以上的話，以與讀者同商。無論如何，《詩經斠詮評譯》的出版為《詩經》研究的領域增加了一朵鮮豔的花。而且這部書既關注到專家研究層面，在校勘上下了工夫，又兼顧到一般讀者，有譯文。我相信它會受到廣泛關注的。

2014 年 4 月 21 日於西北師範大學

趙逵夫，1942 年生，西北師範大學文學院教授，博士生導師。中國詩經學會副會長，中國屈原學會名譽會長，全國賦學會顧問，《文學遺產》編委，甘肅省古代文學學會會長，甘肅省先秦文學與文化研究中心主任。

序

錢宗武

　　《詩經》這部詩集難讀難解，其原因不僅在於字句訓詁方面，更在於詩篇和文辭字裡行間所蘊含的豐富的文化內涵。從《毛傳》、《鄭箋》到《毛詩正義》，漢、唐學者對《詩經》的闡釋已經比較完備，無論是訓詁、字句還是文化意蘊，毛、鄭、孔浩博的訓釋文字已向今人多方面揭開了這些樸素歌聲的層層神秘面紗，使今人能夠窺視古人對這些詩篇的獨特理解。然而，以朱熹為代表的宋人推翻了前人的解釋，開始全新的「現代」闡釋。清人又推倒了宋人，重新肯定了漢人的闡釋。在古今汗牛充棟的解《詩》作品和多種多樣的觀點面前，今人該作何選擇？

　　近古者存眞。蔡文錦先生以厚重的學術史學和訓詁學學養，於《〈詩經〉斠詮評譯》一書多選擇漢人的觀點，以古義古說為依託詮釋《詩經》，從古人的論述中深掘詩的本義，因而往往能得歷史之本眞。眞知灼見，時見篇什。諸如，《殷武》一詩，蔡先生認為：「此詩是詩人為商高宗武丁中興所寫的一首史詩性頌歌。」「『勿予過適，稼穡匪解』，當視為中國式諷喻。」在一片頌美之辭中能看出諷諫之意，這在《詩經》研究領域實屬眞知灼見。相信蔡先生書中的這些精彩觀點能夠經得起時間的檢驗。

　　蔡先生還認為，「《關雎》是婚戀暢想之歌，是《大明》的前奏曲。《大明》是《關雎》的雅詩續篇。」《詩經》風雅頌三部份的關係至今仍是一個謎，古

今研究者涉之極少，蔡先生這樣的觀點在這一研究領域無疑是那「東方的微光，林中的響箭」，可以引導、啓發後來者繼續探索、研究。

該書的另一特點是每首詩的詮釋必引《詩序》，對古今備受質疑的《詩序》給予特別的關注和重視。同時在詮釋詩義和字句時，也能全面兼顧漢代四家詩的觀點，不盲從別人的觀點，不妄下結論。並能充分參考《孔子詩論》等近年新發現的文獻中有價值的觀點言論，對之給予充分的肯定和信任。

當然，現當代《詩經》研究成果煌煌可觀，若能吸取其中的精華，或即可補古說之闕漏，亦可增加書稿的可讀性和通俗性。

《〈詩經〉斠詮評譯》眞實地體現了蔡文錦先生《詩經》學和傳統小學的功力，《詩經》字句的訓釋亦頗見深意，這方面非一般《詩經》研究者所能企及。該書儘快付梓，當能嘉惠學林，澤被所學。

斯爲序，時在甲午榴月。

錢宗武

甲午榴月於柳湖北苑

鑒定

該書以古義古說爲依託詮釋《詩經》，盡力提示《詩經》詩篇創作的原義。從古人的文字裡挖掘詩的本義，因而往往能得到詩之眞義。在詮釋詩義和字句時，能全面兼顧漢代四家詩的觀點，不妄下結論。並能充分參考《孔子詩論》等今年新發現的文獻中有價值的觀點言論，對之給予充分的肯定和信任。對《詩經》字句的訓釋亦頗見深意。該書對於《詩經》研究具有較好的參考價值。

錢宗武教授，揚州大學博導

「不顧天不顧地而埋頭苦幹」
——蔡文錦《詩經斠詮評譯》序

姜瑞敏

　　大約 15 年前，我和文錦先生有過一面之晤，相敘甚歡。此後雖陰差陽錯，我們再未謀面，但書信往還並未中斷，加之他是江蘇泰興市人，而我是泰興女婿，情誼上始終感同好友。從始至今，我都有一個深刻的印象，即文錦先生是個標準而道地的學者、一個對人對事、對學問都極其認真誠摯的人。這從這本蔚為大觀、洋洋 90 萬字的《詩經斠詮評譯》便可見一斑。沒有豐厚的學術素養和堅定信仰的支撐，沒有耐得寂寞、刻苦認真的韌勁，沒有報效祖國（文錦先生語「唯有報國之心」）的宏大心願和毅力，幾乎是不可能靠一己之力完成這麼一部恢宏巨著的。多年前文錦先生發願著述此書時，自備《上海楚竹書》、《漢石經集存》、《唐石經》、《南宋單疏本〈毛詩正義〉》……直至此書草成並五易其稿也同樣如此。但他卻不為困難所阻，堅定自信地完成了他人生中長達 8 年多的一次「長征」，這種精神和毅力令我十分欽敬！

　　熊十力先生曾批評說：「中國學人有一至不良的習慣，對於學術根本沒有抉擇一己所願學的東西。因之，於其所學，無有不管天不顧地而埋頭苦幹的精神，亦無有甘受世間冷落寂寞而沛然自足於中的生趣。」

　　而我所瞭解的文錦先生則恰恰是屬於那種看準目標就決不動搖，「不管天不顧地埋頭苦幹」的真正學者，而且他幾十年如一日，始終堅定地抉擇並鍾情於相對冷門、艱澀的古典文學尤其是古典詩詞的研究中，耙梳剔抉、孜孜

矻矻而從不因艱難險阻而畏懼、退縮。這種品格，在社會世風日下、學林整體浮躁的當下，實在是格外難能可貴的。

顯然，這種品格與文錦先生的爲人和求學、治學經歷是不無關係的。據我所知，文錦先生係 1942 年生人，1959 年到 1961 年中學期間就師從於著名詩人篆刻家蔡巨川、江蘇四老之一孫龍父先生、詩人朱庶侯先生。1961 年畢業於揚州中學後，同年考入北京師範大學中文系，師從啓功、許嘉璐、李修生、童慶炳、王汝弼、陸宗達、蕭璋、韓兆琦、郭預衡、聶石樵、劉錫慶、程正民等先生，同時因揚州陳友枝先生引薦，師承於中科院文學研究所古代文學研究室主任（後任學術委主任、副所長）余冠英老師。這麼多年過去了，文錦先生早已成就斐然，卻始終不敢自美而念念不忘余冠英師及哲嗣、前近代史研究所長、榮譽院士余繩武對他的教誨與良殷關懷。在近期一次通信中，文錦先生猶道：「雖說他並未爲我講哪一首詩，但他的宏闊的學術視野深深地影響了我。第一，他認爲文學創作應該超邁前人，要有新的思想、內容、方法與語言。第二，他主張科學研究要創新，走普及與提高相結合的路子，言之有據。古典文學、古籍研究要從校勘、文字音韻訓詁做起。第三，從事詩歌研究的要會寫詩，研究詩詞的要會寫詩詞。他對我寫詩的要求是出口成章。詩要圓活而不生硬。1962 年 10 月的一個周日，他親自爲我改律詩，並題詩二首（詳《國學大師王念孫、王引之評傳》李修生教授序）。第四，他主張李、杜比較。第五，1965 年我看望他，正適一老華僑是其友人，他示以那位老華僑所著四言詩今譯《易經》，薄薄一書竟有周總理、陳毅、劉寧一、郭沫若、廖承志、方方等中央首長墨筆題詞，這如一粒古蓮植根於我的心田⋯⋯」

正是本著這種精神，文錦先生從不稍有懈怠，始終筆耕不輟。迄今不算這部新著，他已出版《李審言評傳》、《泰州學派通論》、《陶淵明詩文斠補新解》、《國學大師王念孫、王引之評傳》。並著有《錢鍾書〈槐聚詩存〉注釋》、《唐詩新選》（與劉農合著）、《杜甫專家詩編年校詮評》、《詩歌寫作學》、《易經斠詮》。

此外，作爲中國作家協會會員的文錦先生，還在《大公報》、《詩詞報》、《雨花》等發表許多詩文。《金鳳還巢》獲 2010 年中國作家創作筆會一等獎；《鏤諸心版》獲中國社科院徵文一等獎。詩詞多次獲全國大賽金獎，科研獲得省市獎⋯⋯

　　至於這部從 2005 年文錦先生開始撰寫的《詩經斠詮評譯》，僅從時間上看，就知道文錦先生付出了多少心血和汗水。迄今凡九年餘矣！而我雖才疏學淺，快覽此書文稿，亦深感文錦先生對《詩經》研究之透、用力之深和收穫之豐。如《定之方中》「作于楚室」，他綜合了《文選》、《敦煌文獻》斯789、伯2519而論定「于」本作「為」詮釋迎刃而解。又如《思齊》他綜合了《漢石經》、《唐公房碑》、《集韻》、《箋》而有正訓，又如《皇矣》「惟此王季」引據十二條，剖析文王九德，出新見。再如《假樂》，綜合《漢石經》「宜君宜王」本作「且君且王」，故見解新穎。在評論時多用結構分析法、技法分析法、語言分析法，也運用比較文學分析法，分析出《詩經》在世界文林中的地位。因而前中國社會科學院文學研究所副所長、上海大學終身教授董乃斌先生對《詩經斠詮評譯》書稿的評論也深合我意。董先生在給文錦先生的信中認為：「現在的書稿有『詩旨、』『校勘』、『詮釋』、『評論』及『今譯』幾部份……於校詮最下工夫，其中容納了古往今來（包括外國人）的重要研究成果，具有集大成的性質。且考慮十分周到，從『釋義』到注音、韻部，可謂應有盡有。無論對研究者還是初學者，都將極有幫助。而評論部則抒發己見，予人極有啟發……想到先生如此用力的書稿終將出版，出版後可將《詩經》的研究大大推進一步，不禁對先生多年勤奮之功極為敬佩……」

【校勘】

　　〔1〕《皇皇者華》「我馬維駒」檢出《箋》、《說文》、後周・沈重《毛詩沈氏義疏》、《考文》、《經典釋文》駒，本亦作驕，與《毛詩正義》校出應為驕。糾正《唐石經》、《毛》之誤。

　　〔2〕《伐木》「伐木許許」，《魯》、《齊》、《檀弓》注、《後漢・朱穆傳》、《顏氏家訓・書證》、S2049、P2514、《初學記》引作滸，《說文》作所，《唐石經》初作滸，磨去「氵」，改作所，校為所，所從斤，擬鋸木聲。

　　〔3〕《南山有臺》五章章兩疊「樂只君子」，檢《漢石經》、《左傳》、《衡方碑》只作旨。

　　〔4〕《節南山》《唐石經》《王肅注》「不自為政」，檢《漢石經》作正，郭店楚簡《緇衣》簡16作貞，宋版作正，則《毛》政當易為正。

　　〔5〕《皇矣》「惟此王季」，列舉《左傳・昭公28》《中論・務本》《齊傳》《史記》《韓詩》《春秋正義》《王肅注》、隋・劉炫《毛詩述義》《單疏》頁315.317、日本・內藤虎次郎《先秦經籍考》《通介堂經說》、高本漢《譯注》頁800、《十

三經注疏附校勘記》頁 2119.542 等 14 條論據以證明，否定《毛詩》「維此王季」。

【詮釋】

〔1〕《大明》《毛》「其會如林」，《三家》《說文》《廣成頌》膾，《說文》「《詩》曰：『其膾如林』，會讀如膾，令旗。《毛》『維予侯興（興）』，《漢石經》『維予侯歆』，歆，天下向大周悅服歸心，《魯義》為長。」

〔2〕《民勞》《漢石經》憪作紛，恆作譊，《箋》作譊，則當訓為紛紛然昏亂爭吵。

〔3〕如《天保》五章「日用飲食，群黎百姓，遍為爾德。」訓為：祝頌語，弔通淑、善。詒貽，賜。質，本，運用群經解經的詮釋學原理，引《易經‧繫辭上》「一陰一陽之謂道，繼之者善也，成之者性也，仁者見之謂之仁，知（智）者見之謂之知（智），百姓日用而不知，故君子之道鮮矣。」

〔4〕如《南有嘉魚》「烝然罩罩」，著者受《廣雅疏證》《說文解字》的啟發，訓為：烝，烝烝然；罩罩、淖淖通鯈鯈，鯈鯈然，群魚游貌。

【評論】

〔1〕對《采薇》的評論：「案：這是《滄浪詩話》中所論的『悲壯派』，周宣王作為一代中興之主，為確保國家安全，攘除邊患，用精銳之師征伐獫狁。軍旅詩人用仄聲韻，抒寫滿懷激烈的愛國情懷，又惜墨如金，刻畫細節，如薇之作、之柔、之剛，『載饑載渴』『豈敢定居，一月三捷』『豈不日戒，獫狁孔棘』，誠所謂於細微處見精神，那些為國家安全而浴血奮戰的英烈之士永垂青史，全詩音韻鏗鏘，意象具足，此乃千古傑作。蘊涵淵永的『昔我往矣，楊柳依依。今我來思，雨雪霏霏』是扉面對，是格律詩的開端。這一天籟之聲成為千古名句，下啟漢‧王粲、晉‧陸機的《從軍行》、北朝民歌《木蘭詩》、唐‧楊炯與王昌齡《從軍行》、明‧戚繼光《馬上作》。」

〔2〕對《假樂》的評論：詩人以渾穆、溫厚而愉悅的語言藝術，寫太平氣象與中興之主，一章寫宜民，二章寫敬天，三章寫無愆，四章寫尊賢，五章寫綱紀，六章寫親民勤民，無懈。以簡奧的詩歌語彙寫出周代宣王中興的三大基因：一、憲憲令德，宜民宜人；二、不愆不亡，率由舊章；三、既有「之綱之紀，燕及朋友」，百辟卿士，媚于天子；又有國王與群臣的「不懈於位，民之所愛」，末二句是詩眼。

拜讀這部《詩經斠詮評譯》，卻有一種由衷的親近感。不僅因為我走上文

學道路就是從寫詩開始，對《詩經》這部中國最早的詩歌經典喜愛和仰慕已久；亦因為新時期以來，隨著國門大開，各家西學乃至先鋒詩、實驗詩紛至遝來，傳統文學也舊瓶新酒，貌似大行其道，然許多中國悠久的傳統文化精粹包括古典詩歌藝術卻幾有「失寵」之虞。且表面上看來，如今是一派繁榮，實際上百花倒是放了，而百家則未見怎麼爭鳴，尤其是在傳統學術方面，漢武帝時代「罷黜百家，獨尊儒術」的影響似乎仍在暗暗起著作用，以至談到國學就是大辦孔子學院，而先秦以來的諸子百家和文學藝術的思想價值並未得到充分、系統、在普及和提高兩個層面上的詳盡研究與發掘，使渴求精神營養的我輩及許多沉迷於功利生活或網絡思維的年輕人，在中國博大豐富的傳統思想、文化寶藏（包括《詩經》等文學經典）面前，要麼仍處於「不知有漢、無論魏晉」的懵懂狀態，要麼就是有眼不識金鑲玉或因經典之艱深而望而卻步。

有句話叫「是金子總會閃光」，實際上並不盡然。金子也會因為無人開採、淘洗而久埋於泥沙之下。同樣，如《詩經》這樣早有定評的文化瑰寶也像金礦一樣，沒人能否定其價值所在，但因歷史和現實的種種原因，她和許多對當今社會具有深遠意義的精神礦產一樣，在歷史上雖然也有過幾度輝煌、幾番興盛，但總體來說，至今還相對沉寂地湮埋於歲月的泥沙和歧見的迷霧之中，她們需要更多的專家學者俯下身去，深入探究，加以反覆發掘提煉而使其閃現出更為豐富的精神價值，從源流上豐富中華民族的思想、文化寶庫，並在實踐中指導我們的現實生活、尤其是青年一代的文學和詩歌創作。

所以，我對文錦先生甘為孺子牛式的辛勤努力和豐碩的收穫，表示由衷的讚賞！

他讓我想起當今美國深有影響的發展心理學家加德納的看法：「我們這種更正確的幸福觀是指：人們朝著有意義的目標而進行的艱苦奮鬥。這些目標使個人與更廣泛更遠大的人生目的聯繫起來……」

蒙田也說過：「安適會使美德落空，美德只有從充滿荊棘的崎嶇小道上求得」。

不禁記起，曾經讀到的文錦先生的《蚯蚓之歌》，那彷彿便是他的自畫像。特錄於此，順表敬意——

您沒有翅膀，沒有仙槎，沒有太陽帆，上不了長天；

您是大地的蚯蚓，醫家的地龍子。

土壤稱美您是建築師，魯班；
莊稼稱美您有赤膽忠肝……
有千條理由，您是值得敬重的曲蟺，
有萬條依據，您是只知耕耘的蚯蚓。
母親說，到了更深夜闌，耳貼土田，
能聽到您悠悠的歌聲，悠悠的長歎……

　　　　作者係中國散文學會副會長、《雨花》首席編審（原主編）

序

金持衡

  《詩經》是我國最早的詩歌總集，是中國珍貴的元典之一，是世界文化寶庫的珍品之一。本稱《詩》或《詩三百》。由於漢代儒家奉為經典，所以後世便稱作《詩經》。其作品大部份是民間歌謠，小部份是貴族的創作，廣泛而深刻地反映了周代社會的歷史與與現實。它的內容按作品性質和樂調的不同分為風、雅、頌三類。風指國風，大多數是民間歌謠。如朱熹在《詩集傳序》中說：「吾聞之所謂風者，多出於里巷歌謠之作。所謂男女相與詠歌，各言其情也。」雅是周王畿的樂歌，分大雅與小雅，意同後世的大曲與小曲。其中多數是朝廷官吏及大夫的作品。所以李斯說：「擊甕叩缶，彈箏搏髀，而歌呼嗚嗚快耳目者，其秦聲也。」頌是朝廷祭祀鬼神、讚美祖先與統治者功德的樂歌。其豐富的內容是我國上古時代社會生活的真實記錄和寫照，具有極高的文學價值與歷史價值。頌本義為形容。阮元認為：「風雅但絃歌笙間，賓主及歌者皆不必因此而舞容。惟頌各章皆是舞容，故稱為頌。」《詩經》在我國文學史、經學史以至人類文化史中佔有極重要的地位，古往今來，治《詩經》的人不勝枚舉。研究詩經的著述幾可汗牛充棟。《詩經》研究漸成專門學問。凡對詩經文學的校勘、詮釋、訓詁，關於《詩經》作者、體例義理諸問題的探討等都成有關《詩經》研究方面的具體內容。

  揚州職業大學蔡文錦教授在他退休後歷時六載、五易其稿的《詩經斠詮評譯》寄給我，並附董乃斌先生等諸位專家對書稿好評的信件，囑我作序。

他在研究《詩經》的過程中曾經得到余冠英、聶石樵、蕭璋、俞敏、王汝弼、王運熙、喻蘅、程千帆、李學勤院士諸位前輩的鼓勵，把延續傳統文化的重任落在自己的肩上，體現了他對研究工作的高度社會責任感。用功之勤，實乃當代學者中殊不多見。他堅持研究、筆耕不輟、弘揚民族文化、光大中華國粹的精神委實令人肅然起敬。他的工作無疑是有助於詩藝和詩論的提高，以及詩壇的延續和振興。他用《戰國楚竹書》、《阜陽漢詩》、《漢石經》、古籍、唐本、《敦煌文獻》、《唐石經》、漢魏碑刻、單疏本《毛詩正義》校勘，則是《詩經》校勘領域的學人。他的學識、經驗、才能和精神都是我學習的榜樣，才使我在觸緒紛呈之際欣然命筆。當讀者諸君潛心品味之際，在字裡行間會獲得精神的愉悅和歷史的佐證，猶如美酒隨著時間的推移會愈加眞醇。

　　謹以此爲序。

金持衡

二〇一四年春季於海上衡齋中時年七十七歲

自　序

蔡文錦

　　《易經》、《詩經》、《尚書》等五經是先秦時代極其寶貴的元典文化，母樹文化，是上古世界文化寶庫的珍品之一。猗歟偉哉！作爲周朝中樞編輯的先秦文學的瑰寶，《詩經》有別於古巴比倫的創世神話《埃努力瑪—埃立葉》、史詩《吉爾伽美什》如此口耳相傳之作，古埃及的頌神詩《亡靈書》（《詩經》中有些歌謠與古埃及的勞動歌謠有某些相似，就思想內涵、寫作技法而言則頗多），也不同於古希臘在不斷流傳中加工修潤的荷馬史詩《伊利亞特》《奧德賽》，而古羅馬詩人李維烏斯·安德羅尼庫斯在創作時間上則比《詩經》的編輯流行晚了 400 年，藝術成就也不如《詩經》宏大淵深，與古印度詩歌相比，則沒有印度史詩《摩柯婆羅多》、《羅摩衍那》那樣的傑構，然而在反映上古社會眞實的廣闊生活畫面、成熟而多樣的藝術技巧，結構上的整飭美與一字句至九字句長短句錯落美的巧妙結合，重章疊句、雙聲疊韻，注重聲律美、音韻美，《詩經》獨擅其美，而且《詩經》沒有《羅摩衍那》中第一、第七篇乃後人增補之作。《詩經》是上古時代中華文明延綿不絕的輝煌見證，不朽鉅著。當代國學大師饒宗頤教授云：「我們的文化源頭是《五經》。」

　　《郡齋讀書志》「〔《詩經》〕漢興分三：申公作訓詁，號《魯詩》；轅固生作傳，號《齊詩》；韓嬰作傳，號《韓詩》。皆列學官。最後，《毛公詩》出，自謂子夏所傳。公，趙人，爲河間獻王博士，五傳至東京馬、賈、二鄭，皆

授其學。」「《毛詩正義》四十卷，右唐·孔穎達等撰，據劉炫、劉焯疏爲本，刪其所煩而增其所簡云。」（《續古逸叢書·史》，江蘇古籍出版社，2001，548）《郡齋讀書志》頁 667，「〔南宋〕《石經毛詩》二十卷，經注 146740 字，張紹文（將仕郎試秘書省校書郎）書。1151 年晁公武《郡齋讀書後志目錄》頁 728，「《毛詩辨疑》一卷，右皇朝（宋朝）楊時中立撰。」

我出生於江蘇省泰興市古鎮黃橋的蔡家莊。泰興向來重視教育，高中則是在江蘇省揚州中學度過的，省揚中，百年名校，當時校長是老革命、教育家張卓如先生，親自爲我們授政治課，名師雲集。業餘則師從揚州印壇盟主蔡巨川先生、「江蘇四老」之一的孫龍父先生、著名詩人朱庶侯先生。

1961 年秋考入北京師範大學中文系。師從啓功、郭預衡、俞敏、王汝弼、許嘉璐、李修生、聶石樵、鄧魁英、童慶炳、韓兆琦、劉錫慶、程正民、張之強、鄒曉麗、張恩和等教授，也得益於陸宗達、黃藥眠、鍾敬文、張俊等教授。由於 1961 年 8 月，陳友枝先生引薦，得以同時師從中國科學院文學研究所古代文學研究室主任余冠英先生。余師賜以《詩經選》、《樂府詩選》和他主編的三卷本《中國文學史》。1962 年 10 月的一個周日，他當面批改拙作舊體詩詞冊，並題詩二首：

一、子美詩稱史，江河此上游。

舊瓶新酒注，生活是源頭。

二、作詩貴活句，圓轉彈丸如。

人民脣吻上，自有活詩書。（詳商務印書館《冠英說詩》）

這樣，關於《詩經》，我同時盡力吸納母校師長和余師的學術見解。1963 年，我向余師提出對《詩經》全校與全注，先生將馬瑞辰《毛詩傳箋通釋》道光十五年學古堂刻本與宋人詩話借給我閱讀，《通釋》與陳奐《傳疏》、胡承琪《後箋》是清代《詩經》學三大著作。他說：我本來考取的是清華大學歷史系，二年級改讀國文系，治古典文學尤其是經典，不僅要精通文字音韻訓詁、名物、典章、制度，而且要懂歷史學、文化學、社會學、思想史、吉金、考古，要懂校勘學，你們的陳援庵老校長精於校勘學、訓詁學，有《校勘學釋例》，劉盼遂先生精於校詁，陸宗達先生精於文字訓詁，校勘、文字音韻、訓詁是治元典文化的兩大基本功，乾嘉學派的戴震、王念孫、王引之、錢大昕、段玉裁都精通校勘與訓詁，對校、本校、他校、理校等等。唐·孔穎達作《毛詩正義》就說明有 100 多個異同，好古自無不可，不可佞古，進

得去，出得來，學術研究貴於有端有範，有創獲，求是，圓融辯證而縝密公允，不在於多，而在於精，揚州學派成就巨大，要繼承發揚。1978 年 3 月，余師將新版《詩經選》惠賜。1991 年，余師投給新加坡國立大學中文系主辦國際漢學會議的論文《對〈詩經〉研究的幾點意見》云：

「第一，是研究性論著在方法和目標上要更加深入和系統化。……從全域來看，《詩經》的理論性研究還是比較薄弱的環節，須要進一步發奮開拓，將理論性研究推上一個新水準。研究的方法和目標要有所變化，進一步深入並要有一定系統性。至於怎樣變化、深入和系統化，須要全體同仁共同探求，見仁見智，做踏踏實實的工作。我個人認爲可以從創設課題的需要出發，走邊緣性的路子。就是既進行一般的『思想內容』和『藝術技巧』兩大方面的研究範圍擴大，同其它學科結合起來。《詩經》是兩周時代的文化寶庫，這座寶庫的內蘊是極其豐富的。它既是文學的瑰寶，又蘊藏著人文科學其它學科的無數珍寶，如史學、哲學、經濟學、政治學、社會學、倫理學、美學等等。將文學與這些學科相聯繫，不斷探求，勤於發掘，研究的前途就會十分寬廣。……

「第二，是對《詩經》的注釋，應繼續貫徹百花齊放、廣開學術的精神，進一步提高注和譯的水準。在注釋方面，在廣泛參考舊注的基礎上，應繼續清除舊注中的封建性因素，還《詩經》的本來面目，用科學的求眞精神注出應有的新意來；在今譯方面，在信、達、雅上多下工夫，提高譯文的品質，不只是作字面上的轉譯，而應把《詩經》的翻譯看作一種藝術再創作，譯出詩的深味。

「第三，要加強文獻資料和工具書的編纂出版工作。」（林徐典編《漢學研究之回顧與前瞻》，中華書局，1995，56～61）

1992 年暑期，我曾回到母校，向蕭璋、俞敏、韓兆琦、童慶炳、劉錫慶、程正民等教授請益，向余師及其哲嗣、中國社會科學院近代歷史研究所長繩武先生請益。余師賜以《古代文學雜論》。

從 1963 年發心治《詩經》，到 2005 年董理《詩經斠詮評譯》，未敢淡忘。唯在淡定中一直堅守，唯盡報國之心。今已十易其稿。

本書稿主要從下列六個方面努力。

一、關於詩旨及繫年的探究

對於前人如《毛詩小序》《箋》《正義》《魯說》《齊說》《韓說》《漢石經集存》《景刊開成唐石經》《單疏》本以及漢、宋以來諸儒的不同論說，今人的論述，由於上海博物館藏楚竹書《孔子詩論》等，《孔叢子》等所載孔子論《詩》，1977 年阜陽漢詩簡的發現，海內外敦煌文獻的出版，爲《詩經》詩旨的探究提供了不少有益的資料，所以盡可能列出四家詩旨，孔子論述等，並結合今賢論述，從《詩經》每首詩詩文本身出發，探究詩旨。如《關雎》，結合《孔子詩論》、夏傳才教授《〈詩經〉發祥地初步考察報告》（詳學苑出版社《詩經研究叢刊》第十輯）、詩中有「窈窕淑女，鐘鼓樂之」，而認爲詩旨是：這是一首關於有道德的君子姬昌在母親河黃河的一方綠洲芳甸上目睹以爲外表苗條美好、愛好勞動而又嫻靜都雅顯示了中和之美的賢淑女子，頓生愛心，從而探喉而出的婚戀暢想曲。而《大明》的第四章則是周國王子姬昌造舟迎娶太姒的熱鬧場面。

又如《緇衣》，今人多取情詩說，本文則依據顧炎武《詩本音》分章斷句，依據上海博物館藏楚竹書《緇衣》簡一、《孔叢子・記義》引孔子云：「於《緇衣》，見好賢之心至矣」與詩中「適子之館」的詮釋而取「尚賢」說。

與《毛序》「刺幽王」說相反對，本文則從詩文本身出發，提出《車舝》的詩旨：「怎一個德字了得！您是我的精神摯愛，您是我唯一的女神，愛您天長地久，我駕著馬車娶回您共同走進婚姻的殿堂。這是咱們的結婚進行曲。」

《蕩》，則取王暉、賈俊俠《先秦秦漢史料學》《蕩》是研究商末殷周關係的重要詩篇，是周文王討伐商王紂的誓詞與檄文。據商周交惡紂王暴虐，《商書・西伯戡黎》「天既訖我殷命。」，「此詩是商、周之交爲周代商的革命的詩化政治宣言書。」

二、關於《詩經》的校勘

從《左傳・襄公 29 年》前 544 年吳公子季札在魯國觀周樂，對《詩經》的評論，可見其時的《詩經》編目爲《周南》、《召南》、《邶風》、《鄘風》、《齊風》、《秦風》、《魏風》、《唐風》、《陳風》、《小雅》、《大雅》、《頌》。前 175 年，東漢漢靈帝熹平「思念春三月，詔諸儒正《五經》文字，刻石立於太學門外」，這是漢代考定校正《五經》文字的規範本，「《漢石經》（《魯石經》）大儒鄭玄「遊學十餘年，學徒相隨已數百千人」，曾從張恭祖受《韓詩》等，從馬融、

何休學，當不會於熹平《五經》無聞。《熹平石經》，《齊風・還》作《旋》，《經典釋文》：還，音旋。《漢石經》：《彤弓》《賓之初筵》相接，《唐石經》《青蠅》《賓之初筵》相接。《漢石經》：《既醉》《鳧鷖》《民勞》《板》《蕩》。《唐石經》：《假樂》《公劉》《泂酌》。《漢石經》：《抑》《雲漢》《崧高》《丞民》《韓奕》《桑柔》《瞻仰》《假樂》。《唐石經》：《江漢》「江漢浮浮，武夫滔滔。」本書稿用本校法，《江漢》：「江漢浮浮，武夫滔滔。」《載驅》「汶水滔滔，行人瀌瀌」。瀌瀌，〈古〉幫宵，浮浮，〈古〉並幽，聲近通借，《四月》「滔滔江漢，南國之征」，內證《江漢》二章爲「江漢湯湯」，敦煌寫本 P3383《毛詩音》、《魯詩》《風俗通・山澤》都可證應爲「江漢滔滔，武夫浮浮」。《注疏》本當是寫經者上下句互訛。

對校法，《載馳》「言采其蝱」，據《魯》《釋草》《說文》蝱作莔。《谷風》「既阻我德」，《漢石經》詎（詐诈），阻讀作詐。《墓門》「歌以訊止」，據《離騷章句》《阜陽漢詩》簡 S128 作誶，訊誶雙聲通借。《文王》「王之藎臣，無念爾祖」，《三家》《後漢書・劉長卿妻傳》念作忝，念通忝。《大明》「維予侯興」，《漢石經》興作歆，則興讀如歆歆然喜服歸心之歆。《青蠅》「營營青蠅」，據《說文》、904 年抄《玉篇》引《毛》作「營營」，則本作營營。

他校法，《定之方中》「作于楚宮」，「作于楚室」，儘管《唐石經》、敦煌 P259、《太平御覽》5 同，本書稿據《三家詩》、《考文》古本、《文選》《魯靈光殿賦》、《魏都賦》、《曲水詩序》注引，《白帖》38、《經史事類》、《太平御覽》173、《箋》與《正義》的訓釋和日・山井鼎《考異》引古本「于」作「爲」。「于」、「爲」雙聲通借。《吉日》《唐石經》作「其祁孔有」，據《漢石經》《箋》祁作麎，祁讀如麎。

理校法，《盧令》「其人美且鬈」《箋》：「鬈讀當爲權，權，勇壯也。」《廣雅・釋詁》「婘，好也」。《五經文字》《吳都賦》注，《段注》《詩經小學》捲拳，《國語》捲勇，婘，婘當是《三家》權。《信南山》「是烝是享」，《漢石經》「是烝是祔」，祔當是祊，祊，宗廟門外祭，享讀如祊。《白華》「俾我疧兮，《說文》有疧無疷，《廣韻》疧同疷，顤巴，《說文》疧，病不止，當依《說文》《唐石經》作疧，《釋文》、《疏》、小字本、相臺本、阮《校》作疷，俱誤。

《巷伯》「既不爾受，既其女遷」，《毛傳》「遷，去也」，《箋》：「遷之言訕也，王倉卒豈將不受女言乎？已則亦將復訕誹女」。很明顯，《毛》作「遷」訓爲離去，《箋》則認爲遷讀如訕，女訕倒句爲叶韻，訓爲譭謗。今人訓爲遷

怒則無據。《株林》「乘我乘駒」，儘管《漢石經》《單疏》《唐石經》都作駒，然據周制諸侯不當乘駒，又據《說文》《箋》，梁・五經博士沈重《義疏》，駒當爲驕。《月出》「勞心慘兮」，當是避曹操諱，作懆方與照、燎（嬥）、紹協宵韻，慘屬侵部，《述行賦》《毛詩音》《五經文字》《毛鄭詩考正》作懆。慘通懆。《常棣》「外禦其務」，務讀如敄，據《毛公鼎》《逨鼎銘》務作敄、孜、㪯、侮同，故本字作「外禦其敄」。

據《漢石經》，今本《毛詩》《式微》一、二章當互乙，《秦風・黃鳥》二、三章當互乙。據《阜陽漢詩》簡 S045，《北風》「攜手同車」車作居，三章層層遞進。

據《孟子・滕文公上》、《詩集傳名物抄》8《毛詩稽古編》24《茶香室經說》4《香草校書》10 等的考證，將《注疏》本《閟宮》第四章末四句、第五章前九句移於「克咸厥功」與「王曰叔父」之間，成第三章，將錯簡恢復過來。

關於《雨無正》《小旻》「旻天疾威」，運用西周《毛公鼎》，上博楚竹書《詩論》簡 8《釋文》《唐石經》與《書・大禹謨》《多士》考訂爲「旻」而非「昊」。

關於《都人士》首章，季旭升《從〈孔子詩論〉與熹平石經談〈小雅・都人士〉首章的版本問題》，發表於《詩經研究叢刊》第 11 期。本文舉出《左傳・襄公 14》、《魯說》漢・賈誼《新書・等齊》、東漢・蔡邕《述行賦》、《齊詩》《禮記・緇衣》《毛》《箋》《釋文》與香港中文大學文物館藏楚簡與該詩文例加以考辨。

關於《皇矣》「維此王季」、「維此文王」，《毛》「維此王季」，《毛詩注疏》、《左傳正義》兩說並存。本書稿則從《左傳・昭 28》、《中論・務本》、《禮記・樂記》等《三家詩》著作、《春秋正義》、《王肅注》、隋・劉炫《毛詩述義》、《單疏》、《通介堂經說》、《目耕貼》、日・內藤虎次郎等著《先秦經籍考》與文例分析，考定爲「惟此文王」。

關於《終南》《毛》「其君也哉」，「也」作何解？檢《漢石經 42》作「其君施哉」，「施」是實詞，「也」讀如「施」，迎刃而解。

三、關於《詩經》的詮釋

許多詩旨須要博覽綜觀而後知，如清末大學者羅振玉說：「漢人作文，不避國諱。惠帝諱盈，而《魯詩》及《易》殘字均有盈字。」然而對照上海博物館藏戰國楚竹書《孔子詩論》《國風》本爲《邦風》，漢籍作《國風》當是

避劉邦諱，至於《漢書・武帝紀》詔曰：「其令州郡察吏民有茂才異等」，是避劉秀諱改秀爲茂。《漢書・藝文志》：「《詩經》二十八卷，魯、齊、韓三家。《魯故》二十五卷。《魯說》二十八卷。《齊后氏故》二十卷。《齊孫氏故》二十七卷。《齊后氏傳》三十九卷。《齊孫氏傳》二十八卷。《齊雜紀》十八卷。《韓故》三十六卷。《韓內傳》四卷。《韓外傳》六卷。《韓說》四十一卷。《毛詩》二十九卷。《毛詩故訓傳》三十卷。凡《詩》六家，四百一十六卷。」「漢興，魯申公爲《詩》訓詁，而齊轅固、燕韓生皆爲之傳。或取《春秋》，採雜說，咸非其本義。與不得已，《魯》最爲近之。」《漢書・楚元王傳》《廣雅疏證》同。《黃侃國學講義錄》云：「小學之訓詁貴圓，經學之訓詁貴專。」《詩經》的訓釋如何才能得當？推闡詩旨如何才能準確？本書稿採用下列方法：

（一）考證與釋義相結合

如《文王》「無念爾祖」，《三家》「無忝爾祖」似於義爲長。前 976 年，周穆王大司徒君牙云：「無忝祖考，弘敷五典，式和民則。」（《周書・君牙》）而《毛詩》「無念」，有訓爲「無念，念也」，有訓爲「難道無念」（是增字解經），則不如《釋訓》「勿念，勿忘也」而依《漢石經》、《周書・君牙》訓釋於義尤長。《谷風》：「既阻我德」，《阜詩》簡 S036 阻作沮，《漢石經》作詐，《魯詩》於義爲長，阻、沮讀如詐，訓爲騙錢騙色。

（二）群經注經，參驗古籍

國學大師張舜徽提出群經注經的原則是很有見解的。《詩經》與先秦諸經大致多產生於殷周時期，《詩經》有不少引用於《五經》，或化用於諸經，所以群經注經是比較可靠的。如《桑柔》「力民代食」，《毛》訓爲「代無功者食天祿也」，《箋》訓爲「王爲政，民有進於善道之心，當任用之，反卻退之，使不及門，但好任用，是居家嗇於聚斂作力之人，令代賢者處位食祿」，《疏》訓爲「又教王用人之法，當愛好是知稼穡艱難之人、有功於民者，使之代無功者食天祿」。蘇軾訓爲「退而稼穡，盡其筋力，與民同事，以代祿食而已」。朱熹同。其實，力民即力穡，化用於《商書・盤庚上》：「若農服田、力穡，乃亦有秋。」《烝民》「天生烝民，有物有則。民之秉彝，好是懿德」。本自《虞夏書・五子之歌》：「民惟邦本，本固邦寧」，「有典有則，貽厥子孫」。參驗史籍，如《時邁》參酌《左傳》《逸周書》、《周語》、《周本紀》，解釋時代背景與巡守路線。

（三）以聲為綱，輔以形義

乾嘉學派的代表人物戴震、錢大昕、王念孫主訓詁以聲為綱。當然兼及形、音、義。《詩經》中的音樂美、音律美、節奏美、重章疊詠美、雙聲疊韻美、韻律美自不待言。《鴟鴞》「予手拮据」，《傳》「拮据，撠挶也」。《韓詩》拮据，「口、足為病」。《正義》引《說文》：「撠挶謂以手爪挶持也。」拮据、撠挶、剞劂，雙聲疊韻詞，彎曲，因太累而手足不能伸直。《卷阿》「伴奐爾游矣，優游（柔）爾休矣」。《毛》訓伴奐，廣大有文章。其實伴奐，疊韻詞，自縱恣。《牆有茨》「中冓之言」，《傳》：「中冓，內冓也」，《箋》「內冓之言，謂宮中所冓成，頑與夫人淫昏之語」。其實，甲骨文冓是兩魚相交，當訓為非正當夫婦媾合污穢不堪之言。

（四）結合上下文例加以訓釋

《載驅》「齊子豈弟」，在《小雅》中，《蓼蕭》「既見君子，孔易豈弟（愷悌）」豈弟、愷悌，和平，樂易。《載驅》「齊子豈弟」，字的形音相同，但美惡同詞，實際上諷刺文姜的不顧廉恥。《著》「俟我於著乎而，充耳以素乎而，尚之以瓊華乎而」，乎而，多釋為語助詞，檢《漢語方言大詞典》1415頁，乎兒，中原官話，山東西部、河北魏縣方言乎兒，頂事。《臣工》「王釐爾成」，《通釋》訓釐為禧，《毛詩音》讀釐為賚，今從《說文》本字與《箋》，結合農業豐收時搶收，訓為理。《駉》「思馬斯徂」。《箋》《疏》訓徂為行，王肅訓徂為往，今依《晏子春秋‧外篇》《韓非‧外儲說》《說文》、《玉篇》訓為駿馬繁驅、煩且。

（五）運用新知識，運用新發現

在詮釋《詩經》時不是僅用古訓、舊訓，而是力求用考證過的知識加以詮釋，大量運用新《詞典》、《字典》、《辭海》的新釋，結合考古新發現詮釋，吸納海峽兩岸學者以及外國漢學家的研究成果，吸納了于省吾、王禮卿、夏傳才、高本漢、劉毓慶、季旭昇等的學術成果和近代、現代、當代中國語言學家的學術成果。如《小雅‧黃鳥》用清人訓解為黃雀，用現代天文學訓釋《大東》中的天文詞彙，關於藥材，充分運用了《本草綱目》、《中華藥海》的知識，關於《鴟鴞》則結合西周史、《周書‧金縢》、《逸周書‧作雒解》、《文物史前史》、《中國通史》、《中華遠古史》等考古圖片加以詮解。

（六）注意古音古韻，區分韻部

《小旻》「是用不集」，《漢石經》《毛詩集注》《韓詩外傳》集作就，集就雙聲通借，訓爲成就；《黍苗》「我行既集」，集讀如就，訓爲完成；《大明》「有命既集」，集讀如就，訓爲依就。《瞻仰》「無不克鞏」，就韻部而言，鞏，〈古〉見東，鞏讀如固，固，〈古〉見魚，雙聲通借，則末章憂在幽部、後在侯部，幽侯合韻。鞏讀如固，固在魚部，侯魚通韻。宋・朱熹說《周頌》無韻，誤。《清廟》士、德，之、職合韻。天、人古在眞部。承在蒸部，眞蒸合韻。《維天之命》命，耕部；純，諄部，耕諄合韻。我，歌部；收，幽部。歌幽合韻。篤，沃部。幽、沃通韻，《唐石經》《我將》「維羊維牛」，當從《齊詩》《周禮・羊人》作「維牛維羊」，則享羊方王饗，陽部；右之，之部；夜，魚部。威，微部。之、魚通韻，之、微通韻。

四、關於《詩經》的評論

前儒對《詩經》的評論有對《詩經》思想內容、藝術價值、藝術結構、藝術技法與詩歌語言、用韻的評論，也有對《詩經》總體評論，也有對《詩經》某一章、某一句的評論，也有對《詩經》在中國文學史上的影響的評論，近人也有將《詩經》放在世界文學史加以比較的評論。

本文對海峽兩岸的詩經學家、對中外有關學者的評論加以吸納融攝，對先秦、漢晉以降的昔儒的評論，則不僅吸納了《四庫全書》、《存目叢編》、《續修四庫全書》《中華大典》等書的評論，吸收了吳公子季札、《孔子詩論》《孔叢子》《荀》《孟》《墨》漢儒等的評論，也有一些則是在用比較文學方法、結構分析等方法運用時的拙見，就正於海內外賢達。

對《十五國風》《小雅》《大雅》《周頌》《魯頌》《商頌》分別都有評論，對每首詩也有評論。如對《鄘風》總評分評後，對《柏舟》的評論：「之死矢靡它！」是此詩詩眼，又是堅貞愛情的格言（Proverb），故流傳千古。下啓《漢樂府》《焦仲卿妻》《上邪》唐・孟郊《烈女操》白居易《贈內》。《牆有茨》則評論其「黑色幽默」。《君子偕老》「詩人高明之處不是突出名媛的高貴，而是突出她的豔麗優雅，不是用襯托，正在於對絕代佳人作正面描摹，首飾、面目、玉顏、衣服，又用比喻、誇飾，顯示詩人筆力遒勁之美，藻繪之美，雖漢《陌上桑》亦不如，《載馳》「女詩人她無愧於迄今爲止有文字可考的世界第一位女詩人（比古希臘抒情詩人薩福早出 47 年），此詩成爲中國乃至世

界婦女詩歌藝術史上不可多得的開山之作。女詩人許穆夫人是預聞國政、愛國心切，又有遠謀、有功業、有愛國詩篇傳之千古的偉大女性之一。」

《出其東門》「此詩是男士貞情詩，比此詩晚出十個多世紀的蘇格蘭詩人彭斯《瑪麗・莫里孫》兩首愛情詩令人思謀名句雋旨。」

《長發》，引用《荀・王霸》「故能當一人而天下取，失當一人而社稷危。……故湯用伊尹，文王用呂尚，武王用召公，成王用周公旦。」

《丞民》，引用孔子、孟子、《魯詩傳》《韓詩外傳》晉・摯虞等有關評論後，則從效法古訓、頒令於外；出納王命，布政於外；明哲保身，夙夜非懈；不侮鰥寡，不懼強梁；推舉賢良，能補王缺；城於臨淄，穩定東方等六個方面所顯示的形象美、人格美，末章為晉代詩人謝道韞所激賞。

《采芑》「此詩與《采薇》、《六月》諸英概沉雄之詠，文筆雄快，開啟了屈原《九章》、劉邦《大風歌》、曹植《贈白馬王彪》、楊炯、王昌齡《從軍行》、高適《燕歌行》，在中國詩歌藝術的長河中，卷起了一股沛然莫之能禦的雄風。

《大東》「此詩顯示了詩人對國民的終極關心，以歷歷如繪的藝術語言，由大道如底的周道寫到東方各國『杼柚其空』，『哀我癉人』，勞役不均，貧富懸殊，誠如宋・蘇軾『為文以反常合道為趣』，又以浪漫主義手法，飛騰想像，寫到天上織女也無法相助，牽牛星也無以襄助，雖天有北斗南箕無以相助，詭奇而深刻犀利，極具特色，抨擊權貴們的欲壑難填，貪心難厭。與《節南山》《北山》《十月之交》為《小雅》傑構，均可目為周代『詩史』。下啟屈原《天問》《九章》，三曹建安七子、李白《古風》《登高》、杜甫《三吏三別》。

五、關於《詩經》的今譯

如果從 1922 年郭沫若出版《卷耳集》到 2011 年中華書局出版劉毓慶、李蹊譯注《詩經》則已是 90 個春秋。從 20 年代起，50 年代今譯、注釋進入興盛時期，夏傳才教授云：「單行本中傳播較早、影響較大的有余冠英、李長之、陳子展、高亨、金啟華的選譯（或選注）本。」「在這些注譯本中，影響最大、成績最著的，是余冠英的《詩經選譯》、《詩經選》。」（夏傳才著，《二十世紀詩經學》，學苑出版社，2005.175）

其實無論是注釋還是今譯，應該是以善本與準確的注釋詩旨、詩義為前提條件的，這是以精確縝密的校與注作為前提的。如《泂酌》「泂酌彼行潦，

挹彼注茲」，許多本子同此，然而晉・摯虞《文章流別論》則定爲九字句，泂迴絅音義同，《說文》：絅 jiǒng，則訓爲汲 jí 引，從水利學則當譯爲遠距離引水灌溉。《巷伯》「既其女遷」，《毛傳》訓遷爲去（離去），《箋》遷之言訕（訕，譭謗，譏諷），譯爲遷怒則是增字解經。《臣工》「王釐爾成」，有的譯爲「王董理你們的收成」，如結合上下文則是寫收穫季節，似當訓王爲往；釐，治，本義是用連枷鞭打麥粒、豆粒、稻粒，即搶收。《頍弁》「實維何期？」其實期應讀如其，是語詞，《釋文》期，本亦作其，如譯作實詞期，則誤。《權輿》「於嗟乎，不承權輿」，而《魯詩》《爾雅》郭璞注引作「吁嗟！胡不承權輿？」則《魯詩》尤善於抒情，譯文自不同。《株林》「乘我乘駒」，我是結構助詞，如不按周制校正駒當讀如驕，雙聲通借，仍譯作駒，則成笑話。《月出》不校正慘當爲懆，則慘在侵部，前後不協韻，失卻韻律美。《賓之初筵》「匪由勿語」，本是後人妄改爲匪由與上句「匪言勿言」成偶語，實則《漢石經》、《箋》作「勿由勿語」，段玉裁《詩經小學》已指出其妄，沿襲其誤，誤釋誤譯則非。《鳧鷖》「公尸來止熏熏」當依《三家》、《說文》作「公尸來燕（宴）醺醺」作今譯。

六、堅持學術性與普及性相結合、理論性與可讀性相結合的原則

　　於諷詠涵濡《詩經》後，在今譯中參考語言學家關於實詞、虛詞的訓釋，力求詩的文學性、抒情性、細節性、詩趣詩韻詩味。如《芣苢》則參考了丁聲樹先生的論文與《俞敏語言學論文集・〈詩〉薄言解平議》。有的篇迻用余師譯文。在《詩經》每首詩的詩旨、詩義、章句、技法、文例等的總體把握上，涵泳玩味，力求信、達、雅。如《車舝》、《毛詩小序》「刺幽王」，在詩旨總體分析上尚未見託諷，所以詩是情事歡快的，譯文亦當歡暢。特就正於海內外賢達。

　　2014 年 9 月 10 日《揚子晚報》：A2 版報導習近平總書記不贊成古詩詞退出課本。「北師大教師參加了全國課標的製作，習近平說，我很不贊成把古代經典詩詞和散文從課本中去掉，『去中國化』是很悲哀的。應該把這些經典嵌在學生腦子裡，成爲中華民族文化的基因。」《〈詩經〉劃詮評譯》從 1963 年發心，積纍，2005 年董理，十易其稿，於淡定中堅守，唯盡報國之忱。我深受余冠英、啓功、陸宗達、王汝弼、郭預衡、俞敏、程千帆、李學勤、饒宗頤、傅璇琮、程毅中、王運熙、喻蘅諸公影響。蒙中國詩經學會會長、91 歲

高齡的夏傳才教授與董乃斌、趙逵夫、錢宗武、姜莉敏、金持衡諸方家賜序。蒙劉毓慶、王長華教授深切關心。承康莊、趙玉林、王運熙、田遨、仲貞子五老題簽，謹此致以謝忱。恭祈國內外方家教正。

　　1961 年負笈北京師範大學以來，母校的程今吾書記、王正之副書記、陳垣老校長、方銘副教務長、鍾敬文、黃藥眠、陸宗達、王汝弼、郭預衡、俞敏、蕭璋、李修生、聶石樵、鄧魁英、韓兆琦、程正民、童慶炳、劉錫慶、張之強、鄒曉麗教授、中國社會科學院文學研究所顧問余冠英先生、前江蘇省文聯主席李進、南京大學程千帆教授，復旦大學王運熙教授、喻蘅教授、上海大學董乃斌教授、前總書記胡耀邦的機要秘書高勇前輩等的良殷關懷和教誨，豈敢淡忘?近代國學大師，1927～1931 年大學院特約著作員李審言先生，清代乾嘉學派的代表人物王念孫、王引之，《李審言文集》《〈清代學術概論〉舉正》，《廣雅疏證》、《讀書雜誌》、《經義述聞》、《經傳釋詞》、《高郵王氏父子手稿》，給我極深的啓迪。學術研究是偉大祖國的一項事業，是高尚的事業。作爲新中國培養的教育工作者，學術研究工作者，本應高尚其德、高尚其事，有端有範，公允公正，公平競爭，反映出應有的創造精神與學術水準。唯盡報國之心。

2015 年 11 月 30 日於揚州古邗之南

詩經新詮評譯

詩經新補詮

蔡文錦著

詩經新詮

仲貞子題年九十一

—圖3—

文錦同志學詩甚勤，就余討
論，書此請教。

一

子美詩稱史，江河此上游。
舊瓶新酒法，生活是源頭。

二

作詩貴活句，圓轉彈丸如。
人民唇吻上，自有活詩書。

冠英
1962.10月

注：余師 1962 年 10 月題詞，已載北京商務印書館《冠英談詩》。

—圖4—

文錦 同志：

寄贈大著《陶淵明詩文彙評新解》一冊等大札，已收到，謝々，遲覆為歉。

大著注釋內容丰富翔實，引錄前此有關解釋十分詳贍，對深入研究陶詩很有參考价值。這方面取得的成績，超過前此之出的龔斌《陶淵明詩校箋》、袁行霈《陶淵明集箋注》，令人欣喜。

您勤于著述，不久又將完成王念孫引之評傳，還擬撰述其他著作，令人欽佩。囑為新著題簽，勉力寫出，寫得不好，請諒。

順頌

撰祺

王運熙

2006.9.25.

夏 商 周 斷 代 工 程
Xia-Shang-Zhou Chronology Project

地址：北京建內大街5號　　　　　　　Add：5 Jiannei Dajie.
電話：010-65137744 轉 5840；010-65276132　　　Beijing 100732. P. R. China
傳真：010-65276132　　　　　　　　Tel. & Fax：86(10)65276132

　蔡文錦先生惠鑒：

　　蒙賜示大著"國學大師王念孫引之評
傳"，不勝感澈。專此致謝。至尊函所
引諸前輩語，殊不敢當。惠董理"詩
經斠詮"，自為盛業，至盼早日完成，
使學林受益。今後仍祈指教。

　　　　崇慕

　近安

　　　　　　　　　　李學勤　敬上

　　　　　　　　　二〇〇九年五月廿六日

—圖6—

目
次

第四冊

凡　例

　　一、本書含《序》、《自序》、《國風》、《小雅》、《大雅》、《周頌》、《魯頌》、《商頌》，因有《商頌》著作是正考父還是商代人作的學術爭論，作論文《〈商頌〉是〈商頌〉，非〈宋頌〉》，後記與參考書目。

　　二、本書以中華書局 1980 年版《十三經注疏附校勘記》爲底本，簡稱《毛詩》，校以臺灣臺北縣藝文印書館 1976 年版馬無咎《漢石經集存》、2014 年上海書店馬衡著《漢石經集存》（簡稱《漢石經》）、中華書局 1996 年版《景刊唐開成石經》（簡稱《唐石經》）、人民文學出版社 2012 年版《南宋刊單疏本毛詩正義》（簡稱《單疏》）、上海古籍出版社 1986 年版李善注《文選》（簡稱《文選》）、四川人民出版社 1990 年版《英藏敦煌文獻》（簡稱《英藏》）、上海古籍出版社 2001 年版《法藏敦煌西域文獻》（簡稱《法藏》）、臺灣黃永武主編，新文豐出版公司版《敦煌文獻》（簡稱《台》）。

　　三、本書體例：一，經文；二，詩旨；三，校勘；四，詮釋、韻部；五，評論；六，今譯。

　　四、本書在校勘時，爲節省篇幅南宋石經殘本、孟蜀石經殘本、宋小字本、相臺本等一般不再標出，尤其南宋石經殘本中、孟蜀石經殘本避諱字多與《單疏》同，故略。敦煌本中多有或體別字，也不一一標注。

　　五、在引用時凡卷數用阿拉伯數字標出，凡頁數則在阿拉伯數字前注明「頁」。

六、在校勘、詮釋、評論中引用參考書目則標明簡稱。

七、本書恪守學術有範、求是與創造、公允三原則。

八、上海博物館藏戰國楚竹書《孔子詩論》簡稱《詩論》，《魯詩》簡稱《魯》，《齊詩》簡稱《齊》，《韓詩》簡稱《韓》，《阜陽漢詩簡》簡稱《阜》，《毛詩》簡稱《毛》，《毛傳》簡稱《傳》，鄭箋簡稱《箋》，《毛詩王氏注》簡稱《王肅注》，《毛詩集注》簡稱《集注》，孔穎達《疏》簡稱《疏》，《經典釋文》簡稱《釋文》，至於《爾雅》、《尚書》、《逸周書》、《史記》、《漢書》、《後漢書》、《楚辭章句》、《文選》中篇目則直用篇名，或簡稱《史》、《漢石經》、《孟》、《墨》、《荀》。至於宋儒著作中相同書名則標明如蘇轍《詩集傳》、朱熹《詩集傳》、呂祖謙《呂氏家塾讀詩記》、戴溪《續呂氏家塾讀詩記》則分別簡稱為《讀詩記》、《續讀詩記》，陳僅《詩誦》、牛運震《詩志》、牟庭《詩切》分別簡稱《詩誦》、《詩志》、《詩切》，段玉裁《毛詩故訓傳定本小箋》、陳奐《詩毛氏傳疏》、胡承珙《後箋》、馬瑞辰《毛詩傳箋通釋》、黃焯《毛詩鄭箋平議》分別簡稱《小箋》、《傳疏》、《後箋》、《通釋》、《平議》。臺灣著名詩經學家王禮卿教授《四家詩恉會歸》簡稱《會歸》。

卷一　國風一

國　風

　　《國風》、《孔子詩論》作「邦風」，西漢時避漢高祖諱作《國風》。前544年，吳公子季札觀周樂，評論《國風》：聞歌《周南》、《召南》，曰：「美哉！始基之矣，猶未也，然勤而不怨也。爲之歌《邶》、《鄘》、《衛》，曰：美哉！淵乎！憂而不困者也。吾聞衛康叔、武公之德如是，是其《衛風》乎？」爲之歌《王》，曰：「美哉！思而不懼，其周之樂乎？」爲之歌《鄭》，曰：「美哉！其細已甚，民弗堪也，是其先亡乎？」爲之歌《齊》，曰：「美哉！泱泱乎，大風也哉！表東海者，其大（太）公乎！國未可量也！」爲之歌《豳》，曰：「美哉！蕩乎！樂而不淫（過度），其周公之東乎？」爲之歌《秦》，曰：「此之謂夏聲。夫能夏則大，大之至也，其周之舊乎？」爲之歌《魏》，曰：「美哉！渢渢（fánfán，宛轉悠揚）乎！大而婉，險（當爲儉）而易行，以德輔此，則明主也。」爲之歌《唐》，曰：「思深哉！其有陶唐氏之遺民乎？不然，何憂之遠也。非令德之後，誰能若是？」爲之歌《陳》，曰：「國無主，其能久乎！」發此論時，孔子8歲。《孔子詩論·詩序》簡3：「《邦風》丌內勿（其納物）也，尃觀人谷（溥觀人俗民習）安（焉），大僉（歛）材安（焉）。丌言뮟（其言文），丌聖（讀如聲）善。」（《上海博物館藏戰國楚竹書》（一），上海古籍出版社，2001.129）《漢書·藝文志》：「古有采詩之官，王者所以觀風俗，知得失，自考正也。」《孔子詩論》：《關雎》之攺，《樛木》之時，《漢

－1－

廣》之智，《鵲巢》之歸，《甘棠》之報，《綠也》之思，《燕燕》之情，曷曰動而皆賢於其初者也。《關雎》以色喻於禮（10）……好，反納於禮，不亦能改乎？《樛木》福斯在君子，不……（12）……可得，不窮不可能，不亦知恒乎？《鵲巢》出以百兩，不亦有離乎？甘……（13）……兩矣，其四章則喻矣。以琴瑟之悅，凝好色之願。以鐘鼓之樂……（14）……及其人，敬愛其樹，其褒厚矣。《甘棠》之愛，以邵公……（15），《關雎》之改，其思益矣，《樛木》之時，則以其祿也。《漢廣》之智，則知不得也。《鵲巢》之歸，則離〔者也（11）《甘棠》之報，美〕邵公也。《綠也》之憂，思古（故）人也。《燕燕》之情，以其獨也。孔子曰：吾以《葛覃》周氏初之詩，民性固然。見其美，必欲反，一本大葛之見歌也，則（16）。（湯一介、李中華主編《中國儒學史》先秦卷，北京大學出版社，2011，459～460）

《孔叢子·記義》引孔子云：「吾於《周南》、《召南》，見周道之所以興也。」

漢·匡衡云：「《國風》之詩，《周南》《召南》被賢聖之化深，故篤於行而謙於色，鄭伯好勇，而國人暴虎；秦穆貴信，而士多從死；陳夫人好巫，而世淫祀；晉侯好儉，而民畜聚；太王躬仁，邠國貴恕。由此觀之，治天下者審所上（慎重考察政府所崇尚）而已。」

周　南

周南，周成王時分陝而治，封周公於今陝西省陝縣以東，極於湖北，封召公於今陝縣以西。《周南》，周文王至成王時的詩選。案：詩主純情，《周南》諸篇抒發人的真情，姬姜聯姻中周文王的戀情（《關雎》），少婦是那麼樂於勤勞「為絺為綌，服之無斁」抒寫那麼敬重女師、孝順父母以及歸甯父母的喜悅之情（《葛覃》），士大夫行役在外的伉儷情深（《卷耳》），如葛藟縈繞枓木的夫婦情濃（《枓木》），渴求繁衍以興旺，惴惴以戒慎的子孫興旺又尚德見傳（《螽斯》），新娘子如桃花之豔、「宜其室家」的新婚和樂之情（《桃夭》），良將賢弼「為國干城」，「公侯腹心」宣示了周文王、周武王、周成王善於選賢任能開創西周勝利大局（《兔罝》），採掇拮擷車前子的歡快心情（《芣苢》），《漢廣》寫人神之戀，極具風神，興象深微，千古天籟之音，《汝墳》寫士之因父母而出仕，夫婦纏綿繾綣之情，亦抒真情，《麟之趾》寫望女成鳳、望子成麟、

子孫仁厚的祈福心理，上述透示了處於上升期周部落聯盟的太平景象與群賢奮進的精神境界，詩歌藝術誠如宋·范處義《詩補傳》：「《周南》以化言，《召南》以德言，蓋道德者，教化之本；教化者，道德之效。」誠所謂國以德而興，人以德而立。1177 年，朱熹《詩集傳序》：《國風》「多出於里巷歌謠之作，所謂男女相與詠歌，各言其情者也。惟《周南》《召南》，親被文王之化以成德，而人皆有以得其性情之正。故其發於言者，樂而不過於淫，哀而不及於傷。」顯示了周文王以降注重教化、文化的巨大魅力，其詩圓熟流美，又具有整飭諧暢的音韻美、音律美。

關　雎

關關〔喵喵開〕雎鳩，　　　　　　王雎喵喵和唱，
在河之洲〔州〕。　　　　　　　　在那黃河芳洲上，
窈窕〔茭芍〕淑女，　　　　　　　好姑娘窈窈窕窕，
君子好〔岈〕逑〔仇坐〕。〔1〕　　君子想和她成雙。

參〔攙〕差荇〔莕〕菜，　　　　　水荇菜參差不齊，
左右流〔撈〕之。　　　　　　　　她帶頭擇取荇菜。
窈窕淑女，　　　　　　　　　　　好姑娘苗苗條條，
寤寐〔唔眛寤寐〕求之。〔2〕　　　夢中想和她成對。

求之不〔弗〕得，　　　　　　　　追求她一時不能，
寤寐〔寤寐〕思服。　　　　　　　連做夢把她念想。
悠哉〔縐才〕悠哉〔縐才〕，　　　思悠悠思謀太長，
輾〔展媕〕轉〔槫〕反側〔廁〕。〔3〕　盡翻身不覺天亮。

參〔攙〕差荇菜，　　　　　　　　水荇菜長短不齊，
左右采之，　　　　　　　　　　　她領頭採取水荇，
窈窕淑女，　　　　　　　　　　　好姑娘窈窈窕窕，
琴瑟友之。　　　　　　　　　　　彈琴瑟向她親近！

參〔攙〕差荇菜，　　　　　　　　水荇菜參差不等，
左右芼〔覒〕之。　　　　　　　　她帶頭忙著挑揀，
窈窕淑女，　　　　　　　　　　　好姑娘妖妖嬈嬈，
鍾〔鐘〕鼓樂之。〔4〕　　　　　　敲鐘鼓使她快樂！

注：以上參照余師譯文。

【詩旨】

《詩論》簡 11，「情，愛也。《關雎》之改（馬承源先生釋改爲怡。李學勤院士釋改爲更易，見《清華簡帛研究》2003.03，饒宗頤院士釋改爲合疊之疊，見《饒宗頤新出土文獻論證》，上海古籍出版社，2005.188），則丌（其）思瞡（益）矣。

案：這是一首關於有道德的君子姬昌在母親河黃河的一方綠洲芳甸上目睹一位外表苗條美好、愛好勞動而又閒靜都雅顯示了中和之美的賢淑女子，頓生愛心，從而探喉而出的婚戀暢想曲。《關雎》宣導勞動美、婉麗美、端莊美、貞靜美、兩情相悅之美。

《詩論》「《闥疋》以色俞於豊」，是說《關雎》以色喻於禮。

《魯說》說是刺周康王《列女傳·魏曲沃婦篇》「自古聖王必以正妃匹，妃匹正則興，不正則亂。」《後漢·皇后紀論》引《魯》：「康王晚朝，《關雎》作諷。」

《韓序》：「《關雎》，刺時也。」（宋·王應麟《詩考》）《韓詩章句》：「詩人言雎鳩貞潔慎匹，以聲相求，必於河之州隱蔽無人之處。」

《齊說》《漢·匡衡傳》《疏》：「匹配之際，生民之始，萬福之原，婚姻之禮正，然後品物遂而天命全。」《易林·小畜之小過》：「關雎淑女，賢妃聖偶，宜家壽母，福祿長久。」

《毛序》：「《關雎》，后妃之德也。……是以《關雎》，樂得淑女以配君子，愛在進賢，不淫其色，哀窈窕，思賢才，而無傷善之心焉，是《關雎》之義也。」

【校勘】

〔1〕《唐石經》關關，《玉篇》關關或喈喈，喈，或體字。《詩論》簡 3，「國風」稱「邦風」，本來十五國風是周朝鄰近中樞不甚遠的十五邦之風，楚邦等未收進《詩經》，而稱「國風」則是避漢諱。故仍應回覆到稱邦風爲是。簡 10《關雎》作《闥疋》。敦煌 S1722 關作開。《白文》一、二句相連，以下不贅。《三家》《說文》馬融《長笛賦》摻、州，《毛》參，本字作摻、州，《三家》《春秋·成 18》《漢石經》《說文》《後漢·馮衍傳》注引《韓》、《法藏》32/P218《毛詩》殘卷作州。洲是後起增旁字。《唐石經》《台》13/83，C1722 洲。州古字。《說文繫傳》：州，今別作洲，非是。窈窕，《爾雅》《四家詩》《方言》都作窈窕，漢馬王堆帛書《老子》甲本後附古佚書《五行》引作「苭芍」，聲近通假。案：本字作㓜仇，《漢石經》《箋》《考文》仇，《三家》滬博《緇衣》

簡 22 好作𡥩，述作𡥩，好作𡥩，《石鼓文》作孜，孜、𡥩，古字。《太玄・內》《方言》作𡙡，古仇字。《齊》漢・匡衡《疏》引作仇，《三家詩》《釋詁》《說文》《箋》《景福殿賦》《琴賦》注引《毛》《列女傳》《漢・匡衡傳》魏・王肅《王氏注》。《緇衣》《考文》《釋文》、《文選注》11、18、24、《白帖》17、敦煌寫本殘頁 S1722 號背面《箋》《群書治要》日本《本朝文粹》卷中嶽珂《五經》：作「仇」。《唐石經》《詩集傳》述。述讀如仇。臧琳《經義雜記》張汝霖《學詩毛鄭異同箋》1：仇作述，出後人妄改。案：《唐石經》述，《廣韻》仇，台 13/83，S1722《法藏》32/218《正義》殘卷述，述仇雙聲通借。《釋文》述，本亦作仇。《方言》𡙡，𡙡仇古今字。

〔2〕本字作槮，《三家詩》、《說文》：槮。《唐石經》參。參爲槮之形省。《說文》又作篸，字異音義同。采，S1722 采，俗字，以下相同，不再標出。本字作苦，《釋草》《顏氏家訓》《釋文》《五經文字》《廣韻》苦，《說文》作蕎 jiē《唐石經》荇，《三家》蒁，異體。荇苦同。流，《思玄賦》摎，流、摎，求。

〔3〕漢馬王堆帛書，古佚書《五行》作「求之弗得，唔昧思服」，《唐抄文選集注匯存》、S1722 窘寐，俗體，聲同通假，以「寤寐」爲是。《五行》引作「繇才繇才」，與「悠哉悠哉」，聲近通假。本字作展。《唐石經》輾，作輾是自晉人呂忱《字林》增形字，因下文「轉」字加車旁。《三家詩》《後漢》《九歎注》《廣雅》、《淮南》《外傳》《登樓賦》《秋懷》《秋興賦》注引、S2729 號、S1722、《考文》《群書治要》《眾經音義》45 作展。《釋文》「本亦作展」。《五行》「婼摶反厠」，婼摶讀如展轉，厠側音義同。《毛》側，《三家》《說文》仄，古作仄，側讀如仄。

〔4〕案：本字作覒。《三家》《說文》《玉篇》覒。芼，草覆蔓，毛聲。《詩》曰：「左右芼也。」《群經音辨》《毛》S2729 號《毛詩音》《唐石經》芼，芼通覒。本字作鍾，《齊》《周禮》《唐石經》《韓勅碑》《五經文字》《毛》「鐘鼓樂之」，S1722 號「鍾皷樂之」，皷古字。《外傳》5 作「鼓鐘樂之」，《外傳》1「鐘鼓樂之」，則當作「鐘鼓樂之」。《呂覽》《漢志》作鐘。鐘鍾古通。

【詮釋】

案：《三家詩》繫於周康王時，《毛詩》繫於周文王時，此處從《毛詩》，詳中國詩經學會會長夏傳才《〈詩經〉發祥地初步考察報告》學苑出版社《詩經研究叢刊》第十輯。時代背景是：商末，文王、鬼侯、鄂侯爲三公，商紂王寵妲己爲長夜之飲，政治日漸衰落。周文王主變革，主德治，是上升、進

步勢力，周文王、大姒結合是這種進步勢力在大周政治聯盟方面的體現之一。此詩是周文王、太姒傾心相戀的情歌。在今陝西省合陽縣城東有國內最大的黃河濕地，湖泊型國家級風景名勝區，有洽川八景，有十萬畝蘆葦蕩，72 種珍稀鳥類，漢 fēn 泉七眼。有帝嚳、大禹、伊尹、太姒遺址，有《詩經》磚，是中國詩經文化之鄉。

〔1〕《毛》關關，《魯》關關，音聲和。關關，喧喧guān guān，雙聲疊韻詞，間關，擬聲詞，雎鳩和鳴聲很和諧悅耳。雎鳩，王雎，魚鷹，鶚科，古稱摯情鳥。河，黃河。州，水中陸地。案：窈窕 yǎo tiǎo 上古音影幽、定宵，影、定準鄰紐，幽宵通轉，屬於比較寬的聯綿詞，《魯傳》《九歌注》窈窕，好貌。案：窈窕美是中國古來宣導的體型美，乃至唐代仍爲主流，如敦煌文獻「窈窕之姿」，白居易「窈窕雙鬟女」。《關雎》同時又突出淑善美，主體型美、內心美的辯證統一美。《方言》：自關而西，秦、晉間凡美色，謂之好、窕，美狀爲窕，言閑都也。美色爲豔，言光豔也。美心爲窈，言幽靜也。《秋胡詩》李注引《韓詩章句》：「窈窕，貞專貌」，《毛傳》：「幽閒」（本《禮記・中庸》「致中和」，突出心靈的賢淑、貞靜嫻雅之美。）淑俶 chù，善。《既醉》「令終有俶」。淑，善良賢淑。《東門之池》「彼美淑姬」。總之，《關雎》宣導美好、賢淑之美。政治聯姻，周古公亶父娶太姜、王季娶大任、周文王娶太姒。周姓姬 jī，黃帝姬姓，姜，炎帝姓姜，姬姜聯姻，炎黃後裔兩大姓系聯姻。這是政治婚姻美妙結合的藝術體現。案：「窈窕淑女，君子好逑」成爲中國文學情詩中的美好意象而流傳永久，《文心雕龍・神思》：「獨照之象，窺意象而運行。」君子，有道德的男士，逑通仇 qiu，匹配。

韻部：鳩州（洲）仇（逑），幽部。

〔2〕《說文》槮，木長貌。參是槮的形省，參差 sēn cī，參 sen，差 cī，屬廣義上的聯綿詞，參差不齊。荇，荇菜。苦 Xìng 菜（Nymphoides peltatum），睡菜科，多年生水生草本，嫩莖可食，全草入藥，可作飼料、綠肥，可供觀賞，《唐本草》：「主消渴，去熱淋，利小便。」主治：清熱利尿解毒，治療癰腫、火丹，利水通淋，治療熱淋。寤寐 wù mèi，醒也好，夢也好，都念想追求她。左右，音佐佑，《釋詁》左右，勴（《說文》作勷 lù。相助，勉勵）也。她引導著採荇菜，眾人相助。或訓爲左邊採右邊採。高本漢《詩經注釋》訓爲「向左右方擇取」。流 liú，摎 jiū，擇取。

韻部：流求，幽部。二、四、五章由實詞，虛字組成的合成韻，即富韻。

〔3〕案：思服，連語，疊韻詞，思 sī，（古）心之；服，fú，（古）奉職，上古音之、職對轉，心、奉准鄰紐，屬比較寬的聯綿詞，服，思存，思念，《書·康誥》：「服念五六日，至於旬時。」悠哉，哉，語助詞，《玉篇》悠，思悠悠貌。（9）展轉，雙聲疊韻詞；反，翻。側，轉側。反側，翻過來覆過去難以入睡。形容思念之深，刻骨相思。

韻部：得服側，職部。采友，之部。

〔4〕《說文》覒 mào，擇也。芼 mào，本義是草覆蔓，芼通覒，擇取。案：鐘鼓，敲著鐘擊著鼓。鍾，編鍾在先周及周代是朝廷或諸侯、貴族用的樂器。《單疏》《山有樞》《正義》：「獨言鐘鼓者，據娛樂之大者言之也。」樂之，使淑女樂之。當指迎娶。故此詩不當訓爲民歌，是王子姬昌向大姒的求愛詩的又一力證。《詩志》「末二句筆勢一揚一頓、一曲一直，唱歎深長，令人黯然銷魂。此謂君子思淑女也，若作宮人輾轉反側便無謂。」

韻部：芼（覒），宵部；樂，藥部。陰、入通韻，宵、藥通韻。

「窈窕淑女，君子好仇」，是《關雎》的核心句。在黃河綠洲上目睹一位美妙的善良、賢淑、勤勞、閒雅的女子，詩人、周國王子姬昌鍾情於大姒，乃至「寤寐思服」，逗起「琴瑟友之」，「鐘鼓樂之」的遐想。《文選注》晁說之：《關雎》文王詩。（《詩考》）黃焯《平議》云：「此篇皆詩人反覆詠歎之詞，二章設言其未得之思，三章設言其既得之樂耳。」可備一說。

《堯典》：「詩言志，歌永言，聲依永，律和聲。」詩主純情。《詩論》：「邦風，其內勿（納物）也，博觀人谷（欲，民願）焉。」夏傳才先生《〈詩經〉發祥地初步考察報告》（《詩經研究叢刊》第十輯）：陝西省合陽縣莘里村有太姒故址，在黃河魂風景區中，有河心水洲，有百餘種鳥，大片荇荄，有關於周文王在洲上戀上太姒的古老傳說，有「詩經圖」磚。

【評論】

案：詩主純情，詩緣激情。上古口耳相傳，姬昌太姒的愛情故事應視爲歷史傳說。《關雎》是寫年輕的周國王子姬昌到外婆家，外婆家古莘國（有莘 shēn，夏商古國）人氏，在黃河的綠洲上遇見帶頭採苦荄的太姒，從而相戀。「窈窕淑女，君子好逑，」這是《關雎》的核心句，千古名句，在黃河的一灣綠洲上，周國的王子姬昌豁眸於美妙的善良賢淑、勤勞、嫻雅貞專的太姒，而鍾情於她，乃至「寤寐思服」，逗起「琴瑟友之」、「鐘鼓樂之」的遐想，詩人反覆詠唱，而生婚戀之情。此詩善於描寫，善用雙聲詞，疊韻詞，富於音

韻美。清·李重華《貞一齋詩說》:「疊韻如兩玉相扣,取其鏗鏘,雙聲如貫珠相連,取其宛轉。」此詩塑造了中國傳統意義上的美女意象。《關雎》是婚戀暢想之歌,是《大明》的前奏曲,引吭而歌的抒情風情曲,世人為之傳唱。比意大利詩人但丁·阿利基埃里《誰能從女人群中見到我的女郎》早出一千多年,而且更具意象美、整飭美、音樂美。《大明》是《關雎》的雅詩續篇,「文王嘉止,大邦有子。」《魯說》《韓說》《列女傳》:「姒氏之女,仁而明道,『文王嘉之』,親迎於渭。」《孔子詩論》簡14:「丌(其)四章俞(愉)矣。曰蜜敬(以琴瑟之悅),㤽(疑,一說嬉)好色之㥆(《玉篇》:忨玩,愛也)。曰(以)鐘鼓之樂。」《詩論》《邦風》簡10孔子評此詩「怡」。情怡。一言以概之。孔《疏》認為君子即文王,朱熹《詩集傳》:淑女指太姒。此詩開中國愛情詩的先河。宋·戴溪《續〈讀詩記〉》:「方求之未得,寤寐在念,通夕不安寢。及其既得也,欲以『琴瑟友之』,示其親也;『鐘鼓樂之』,結其歡也。雎鳩和而有別,荇菜柔而深長,故因興以為比。」明·戴君恩《臆評》:「詩之妙全在翻空見奇。此詩只『窈窕淑女,君子好逑』便盡了,即翻出未得時一段,寫個牢騷憂受的光景;又翻出已得時一段,寫個歡欣鼓舞的光景。無非描寫『君子好逑』一句耳。若認做實景,便是夢中說夢。……局陣妙絕!分明指點後人作賦法。」胡適《談談詩經》「《關雎》完全是一首求愛詩,他求之不得,便寤寐思服,輾轉反側,這是描寫他的相思苦情。」余冠英師《詩經選譯》「這詩寫男戀女之情。」李長之教授《詩經試譯》:「這是一首賀婚詩。」〔瑞典〕高本漢《詩經注釋·序言》(以下簡稱高本漢):「這是一篇求愛和結婚的詩,而與『后妃之德』毫無關係。」臺灣屈萬里《詩經釋義》:「(《關雎》)賀南國諸侯或其子之婚也。」

聶石樵師《漫談〈關雎〉》:聲、情、文、義俱佳,足以為《風》之始,《三百篇》之冠。

葛　覃

葛之覃〔蕈〕兮,	葛藤蔓延長長,
施于中谷。	蔓蔓延延谷中央,
維葉〔萊〕萋萋〔妻〕,	葛葉萋萋多茂盛,
黃鳥于飛。	黃雀飛來飛往,
集于灌木,	停在叢生綠樹上,
其鳴喈喈。〔1〕	喈喈和鳴聲遠揚。

葛之覃兮，
施于中谷。
維葉〔萋〕莫莫，
是刈是濩〔穫鑊萑〕，
爲絺爲綌，
服〔備〕之無〔亡〕斁〔臭斁默斁射〕。〔2〕

葛藤蔓蔓長長，
蔓蔓在那谷中央，
葛葉茂盛正旺長，
於是割葛，於是煮葛，
細葛粗葛織成衣，
穿之無厭眞涼爽。

「言告師氏，
言告言歸。
薄汙我私〔厶私〕，
薄澣〔浣〕我衣。
害〔曷〕澣〔浣〕害否？
歸寧父母〔以晏父母〕。」〔3〕

「我告訴女師，
我要回家鄉，
快快潔淨我的內衣，
快快洗滌我的衣裳，
哪件該洗哪件該藏，
我今探望我的爹娘！」

【詩旨】

　　案：俗語云：「八十歲斷不了娘家路。」詩中有師氏，當是貴族女兒，由女抒情主人公與師氏對話，可見是少婦。新娘子忙完了趕製葛布，有粗布，有細布，穿起來眞舒坦，給女師說，哪件洗好哪件收藏，我要探望爹娘。活脫脫寫出一位滿懷織絺綌的喜悅，勤快、乾淨的女子意象，因爲有「師氏」，當是貴族家的少婦意象。核心句：「爲絺爲綌，服之無斁」，「害澣害否，歸寧父母」。當是少婦歸寧之吟。公木教授歸之於農夫的女兒，詳《詩經全解》。

　　《魯說》、《古文苑》引漢・蔡邕《協和婚賦》：「《葛覃》，恐其失時。」

　　《齊說》、《燕禮》注：「《葛覃》言后妃之職。」清代許秉簡《洽陽紀略》：「《葛覃》，正妃太姒所作。」

　　《毛序》：「《葛覃》，后妃之本也。后妃在父母家，則志在於女功之事，躬儉節用，服澣（浣 huàn）濯之衣，尊敬師傅，則可以歸安父母，化天下以婦道也。」

【校勘】

　　〔1〕案：覃爲本字，葛覃。《唐石經》《御覽》頁264、蘇轍《詩集傳》覃，《傳》「覃，延」，可推知本字作覃。滬博簡16作《萬尋古》，武威漢簡《燕禮》引作《葛勝》，勝讀如覃。《九經字樣》、S2729《毛詩音》、晉・陸雲《贈顧驃騎詩》李注引作覃，《五經文字》《詩葛覃》亦作覃。由「爲絺爲綌」可知是葛，如明・林兆阿《多識編》：即絺綌草，可織葛布。《禮記》《鄉飲酒注》

《燕禮注》《緇衣注》《協和笙賦》《五經文字》《釋文》罩，本亦作罩，均非。此為《齊傳》《魯傳》。其實同為《魯傳》，《淮南·原訓》高誘注與王肅《毛詩注》S.2729作罩。葛，豆科蔓延類植物，Pacraria lobata（Willd）ohwi，葛穀（子）主治清熱解毒化濕下痢，補心清肺健脾，解酒毒。葛根粉入胃經，去煩熱，利大小便，止渴、醒酒，治喉痹、齒痛。葛又名絺綌草，莖可製布、衣、巾、帶。罩xùn為菌類植物蛇菇科植物，蛇茹Balanophorajaponica Mak，又名葛乳、葛菌。顯係兩種。《五經文字》《九經字樣》罩，傳寫之誤。當從《毛》《魯》《淮南》高注、《王肅注》、敦煌寫本作罩。罩讀如罩。《羽獵賦》《詠懷詩》李注引《韓》惟，《毛》維，下同。經傳中通用。本字作葉，《毛》葉，S1722作萊妻妻，妻讀如萋。《唐石經》葉，葉、萊當是葉，避唐諱。以下同。《魯》檟，《毛》灌，《爾雅》《釋文》檟，P4634 B卷樓，檟古字。通作灌。

〔2〕《魯》《爾雅》與《釋文》引《韓》刈、S1722號背面作刈，《毛》《考文》《釋文》艾，艾刈共乂。本字作鑊，《三家》《說文》《釋訓》《釋文》鑊，《唐石經》濩，《釋文》「鑊，又作鑊」，字亦作鏵。《英藏》4/220獲，S1722號背面作蔭，由《傳》濩煮可見當為鑊。獲濩穫鏵讀若鑊。滬博《緇衣》簡21作「備之亡臭」，備服古通，亡讀無。《魯》《爾雅》部注《說文》《唐石經》、蘇轍本作斁，郭店楚簡《緇衣》簡14作備之亡懌，S1722背面作斁。《魯》《釋詁注》《齊》《緇衣》作射。斁、臬、懌、射讀如斁。

〔3〕《說文》《玉篇》厶，厶私古今字。《唐石經》汙。《三家》《毛》《法藏》32/4634 B.《正義》澣，《說文》瀚，俗字作澣，《毛》澣。《釋文》澣，本又作浣，《一切經音義》17：浣，古文澣，同。《毛》害，S1722害，俗字。《唐石經》：「歸寧父母」，《三家》《說文》「以晏父母」。S1722歸作婦，婦歸（歸）古今字。師受不同，晏，安。以晏、歸寧義同。

【詮釋】

〔1〕葛gé（Pueraria.Lobata），藤本，有塊根，莖皮纖維可織葛布、造紙，莖葉可作牧草，葛根有「亞洲人參」的美譽，具清熱解毒，解痙鎮痛，升陽解肌，透疹止瀉，增加腦和冠狀血流，改善腦微循環等作用。臨床上用於高血壓、高血脂、冠心病、心絞痛、腦血栓、頭痛、頭暈、頸項強痛、突發性耳聾、肺炎等病的輔助治療。而且葛根中含有的大量黃酮類物質還具有防癌抗癌、豐富女性荷爾蒙誘導素和春量素醇（誘導素具有豐胸美容的功效）的

作用。覃 tàn，葛藤蔓延。施古讀如延 yì，蔓延。萋萋，茂盛貌。黃鳥，黃雀，腹白腰黃，鳴聲清脆，觀賞鳥。于，將。灌木，樹木叢生。喈喈 jiējiē，鳥鳴和聲遠聞，悅耳。

韻部：谷木，屋部。萋喈，脂部；飛，微部，脂微通韻。

〔2〕《魯說》：莫莫 mò mò，茂貌。是，乃。艾刈乂 yì，割。濩通鑊 huò，似鼎大而無足的鼎鑊烹煮器。濩通鑊，名詞當動詞用，用鑊煮，高溫脫膠質，取葛的纖維好織布、巾、帶。距今 7000 多年的浙江餘姚河姆渡遺址發現有麻雙股線，詳《中國大百科全書·考古學》。絺 chī，精細葛布。綌 xī，粗葛布。為，製作。服 fú，穿葛布衣。《箋》訓服為整（治理）。斁 yì，厭倦。射通斁。

韻部：谷，屋部；莫，鐸部，屋鐸通韻。濩綌斁，鐸部。

〔3〕《釋詁下》：言，我。一說：言，助詞。師，女師，《公羊傳》稱傅師氏，《士婚禮》作姆，《說文》娒，又作㜊，《白虎通·嫁娶》稱師，《魯》《列女傳》《齊》《易林》《後漢》李注引作傅母，《史·倉公傳》稱阿母，娒姆同。負責教導女德女功的婦人。歸，歸甯，歸安，歸而告安於父母，讓父母安心。薄，語詞。俞敏師：薄通迫，急切。歸甯父母乃人之常情，何況周朝規定一年才一次？薄 bó，（古）並鐸；迫 pò，（古）幫鐸，同在鐸部，并、幫鄰紐，漢馬王堆帛書《老子》乙本前古佚書《稱》：「不用輔佐之助，不聽耵（聖）慧之慮，而侍（恃）其城郭之固，古（怙）其勇力之禦，是胃（謂）身薄。身薄則貸（殆）。」趕緊洗衣，換新衣，探望雙親鄉親。私，衵 rì，貼身內衣。案：汙，污 wū，此處當用反訓法詮釋，如亂訓為治，《書·皋陶謨》「亂而敬，」洗滌而清。《正字通》：去垢汙曰汙（wū）。私，日常衣服，內衣。害讀曷 hé，何 hé，同為匣母，害通曷、何。否，不。甯 níng，探親，省視。《公羊解詁》「歲一歸甯。」晏 yǎn，安也。

韻部：歸衣，微部；和，脂部。脂微合韻。母否，之部。之、脂合韻。

【評論】

《魯說》、《潛夫論》「故美歸甯之志。」孝親精神，千古相傳，此詩寫人之常情，是一篇由眼前美景寫到煮葛織布「服之無斁」，「薄浣我衣」而「歸甯父母」的抒寫采葛煮葛織成絺綌，穿著精細葛布新衣回鄉「歸甯父母」的心中喜悅之情，是音韻天成之佳什。《續〈讀詩記〉》：「此詩不獨見后妃之務本，刈濩為絺綌，見其勤勞；服之無斁，見其長久；言告師氏，見其守禮；害澣害否，見其簡易；歸甯父母，又見其念親之孝也。」明代戴君恩稱其為

「清麗奇崛」,「秀色映人,字字生動,如在耳目之間。」(《叢存目編》經 61
～233),王夫之《薑齋詩話》:「意相承而韻移矣,盡古今作者未有不率繇(由)
乎此。」《講意》:「此詩本爲治葛而作,首二章已意其事,若無末章則意義淺
短,氣象寂寞矣。他都從治葛上說到歸甯,歸寧內仍帶說衣服,合而復離,
遠而復近,立意冠冕,氣脈悠長。後人作體物生意,蓋本於此。詩中如此等
處不獨人倫之準則,蓋有辭家之鼻祖。」(《叢編》經 64/155)劉沅《詩經恒
解》:「詠葛之美,次句插入黃鳥飛鳴,便覺春光滿目,音韻葩流,味之無極。
次章實敘治葛之事,而義在『無斁』二字。三章敘勤婦職,而重親師,其它
可概。」

卷 耳

采采〔采〕卷〔蓁縕〕耳,	〔思婦〕:「枲耳菜長得旺,
不盈頃〔傾〕筐〔筐筐〕,	卻採不滿斜口筐,
「嗟我懷人,	「嗟歎痛惜懷念我夫君啊,
寘彼周行,」〔1〕	把筐兒放在路旁。」
「陟〔陟〕彼崔嵬〔厜㕒裹〕,	〔征夫〕:「登上高山山崔嵬,
我馬虺隤〔虺瘣瘣蹟〕。	我的馬兒太疲憊,
我姑〔及飴〕酌〔酌〕彼金罍〔罍罍〕。	我姑且就著青銅罍飲一杯,
維以不永懷。」〔2〕	只為情思難以釋懷!
「陟〔陟〕彼高岡〔罡〕,	〔征夫〕「登上那山岡,
我馬玄黃,	我的馬兒疲軟頹唐,
我姑酌彼兕〔先先〕觥〔觵〕,	我姑且拿著兕角杯飲酒,
維以不永傷〔惕〕。」〔3〕	念情人怎能不久久憂傷。」
「陟〔陟〕彼砠〔碙〕矣!	〔征夫〕「登上石山又陡又峭,
我馬瘏〔屠屠〕矣〔誃〕!	我的馬兒晃晃搖搖,
我僕〔僕〕痡矣!	我的僕從疲瘵累倒,
云何吁〔盱忓吁籲〕矣!」〔4〕	我的憂愁如何能了?

【詩旨】

案:思婦詞,有馬,有僕役,有青銅罍,至少是士之妻。這大約是一位
貴族婦人本來是去採蒼耳子的,斜口筐都沒採滿,蒼耳雖多,她的心思在懷
念遠方的丈夫,打馬上山,策馬上岡,縱馬上那石山之巔,馬疲瘵了,僕人

累病了，她極目遠望丈夫，懷夫之情噴迸而出。一說第二章以下寫丈夫。徐有富（2013）《詩學問津錄》：「《卷耳》爲男女對唱」。即二、三章重首章，爲女唱，形成女、男對唱。

《詩論》簡 3：「丌（其）言旻，丌聖（其聲）善。」「《卷而（卷耳）》，不智（知）人。」

《魯說》《淮南・俶真訓》「故《詩》曰：『采采卷耳，不盈傾筐，嗟我懷人，寘彼周行。』以言慕遠世也。」高誘注：「言采采易得之菜，不滿易盈之器，以言君子爲國，執心不精，不能以成其道，采易得之菜，不能盈易滿之器也。『嗟我懷人，寘我周行』，言我思古君子官賢人置之列位也。誠古之賢人，各得其行列，故曰『慕遠』也。」

《齊說》《易林・乾之革》「玄黃虺隤，行者勞疲。役夫憔悴，踰時不歸。」《賁之小過》：「玄黃虺隤，行者勞罷。役夫憔悴，處子畏哀。」

《毛序》「《卷耳》，后妃之志也。又當輔佐君子：求賢審官，知臣下之勤勞，內有進賢之志，而無險詖（《釋文》詖，妄加人以罪也。《釋文》引梁・崔靈恩《集注》：「險詖，不正」）私謁之心，朝夕思念，至於憂勤也。」

【校勘】

〔1〕《魯》《釋草》作《菤耳》。《詩論》簡 3.29 作《卷而》，《本草》《毛》作《卷耳》。武威漢簡 31 作緷，疊韻通借。案：當從《魯》《釋草》作《菤耳》。《魯》《淮南》2 高注《齊》《易林・鼎之乾》《書抄》《荀》《御覽》998s.1722、S2729、俄藏《敦煌》16/166 傾，《毛》頃，頃通傾。頃古字。孫作雲《詩經的錯簡》（《人文科學雜誌》首期）認爲一章是思婦詞，後三章是征夫詞，一章是拼入。

〔2〕《唐石經》陟，S1722 陟，俗體，以下不贅。《魯》《釋山》《說文》厜㕒，《素問》癲，《靈樞》瘄，《魯》《述行賦》《九思注》虺積，《三家》《說文》瘣積，俄藏《敦煌》16/166 虺穨，至於《釋文》引《說文》《字林》作痕頹，痕通瘣，頹是積之隸變。《唐石經》虺隤。《毛》姑，《三家》《說文》及，《唐抄文選集注匯存》1.60「我酤的彼金罍」，俗字。《毛》姑，《說文》及，及古字，酤古酌，俗體。當從三家詩。《毛》罍，《法藏》32/218 作罍，罍通罍。

〔3〕《毛》岡，《台》13/84、S1722 罡，罡同岡，《齊》《易林・遯之睽》作罡。《唐石經》、《毛》兕觥，本字作兕觥。《說文》，古文作兕，《孔宙碑》兕，

《考文》作兊觴，兊同兒，兊、兒古今字。《英藏》4/220 作觴。《唐石經》傷，本字作愓，《說文》、《廣雅》愓，愓，憂。《傳》：「傷，思也。此傷即愓之假借，思與憂義相近也。《方言》傷，《廣雅》作愓。」

〔4〕本字作岨，《齊》《韓》904 年抄《玉篇》引《毛》作岨，《唐石經》、S3951 砠，S.1722、《釋文》又作碻，《說文》岨，《五經文字》砠，俱諧且聲，砠異體字，碻是後起字。《考文》觥作觴。本字作瘏，《魯》《釋詁》S28.S3951《唐石經》瘏，《英藏》4/220 作瘏，《阜詩》S001 作屠誒，屠是瘏的音同異字，「誒」是「矣」的增形字。《爾雅》《釋文》《敦煌》舊抄本作屠，屠通瘏。《釋文》瘏，本又作屠，非。《篇海類編》《英藏》4/220 作瘏，讀若瘏。本字作痡，《三家》《說文》《漢石經》《唐石經》痡，《英藏》4/220「庯」，「痡」字之誤。《爾雅》、《釋文》鋪，鋪通痡。本字作忏，《說文》忏，《魯》《釋詁》郭注作旴。旴籲通忏。「云何吁矣」，《足利》古抄本小字本岳本、《箋》：「今云何乎？」S3951、俄藏《敦煌》16/7 作吁。《毛》吁，籲吁古今字，忏。

【詮釋】

〔1〕首章興兼賦。采采，茂盛貌。卷耳，蒼耳（XanThium sibiricum），又名菓耳，菊科，莖皮可作纖維，植株可作農藥，果實蒼耳子可提取脂肪油，亦可入藥，散風去濕，通鼻淵、風濕痹痛、疥癬。因《卷耳》詩又名常思菜，味甘性溫。《本草綱目》：久服益氣，主治風頭寒痛，風濕周痹，四肢拘攣痛，去風補益，治肝熱明目，溪毒，大風癲癇，瘑疾，產後諸痢等。《藥海》：蒼耳，功效：清熱解毒，祛風殺蟲。頃通傾，容易滿的斜竹器。嗟，古作瑳，《說文》譽，嗟歎，有所傷痛。懷人，所懷思之人，丈夫，遠在外地服役者。寘，置，zhì，同在錫部，寘通置，放置。周行 háng，大道。

韻部：筐行，陽部。

〔2〕陟 zhì，升。崔嵬 cuī wéi；厜羛 zuìwèi，疊韻詞，高峻，山巔。

案：瘣穨huìtuí，瘣穨，虺隤 huǐtuí，瘣穨、瘣穨、虺隤，殟悠，疊韻詞，疲病無力貌。《玉篇·疒部》瘣，馬病。《說文》瘣，病。《集韻·賄韻》：瘣痕，風病。案：瘣穨，俗語「疲痿」。及姑，姑且。又：及，滿，盈，及酌，滿酌，勸慰，自我寬慰之詞。金罍，罍 léi，青銅製小口、廣肚、圈足而有蓋的酒器。《五經異義》6 引《韓》：金罍，大器。《疏》引作大夫器。姜紹書《韻石齋筆談》：金罍，充耳鼎足，飾以金銀，嵌雲雷紋，外如玄玉璿璣，文款繡錯。案：詩人筆下多美感，常用誇飾，如用玉杯、夜光杯，不必泥於等級社

會諸侯大夫。《類聚》56引晉摰虞《文章流別論》：「六言者，我姑酌彼金罍之屬是也。」《集疏》：「文王遠行求賢，酒或不結，取之於及，情事宜然。」

維，惟，語辭。《魯說》《離騷注》懷 huái，思也。

韻部：嵬隤（頹）罍懷，微部。

〔3〕岡，山脊。玄黃 xuánhuáng，雙聲詞，《魯說》《釋詁》：「玄黃，病也。」兕觥，兕牛角作飲酒器，後用青銅、玉製。《韓詩》：容五升。鄭玄訓罰爵，泥於《禮經》，不切於《詩》。《五經異義》引《韓》：「觥亦五升。」永傷，永惕 shāng，久久憂傷。

韻部：岡黃觥（觵）傷（惕），陽部。

〔4〕末章句句叶韻，整飭而遞進，是歌的亂詞。岨（砠）qū，覆有泥土的石山。瘏 tú，病也。僕 pū，僕從，駕車人。痡 pū，病。云何，如何？吁，盱忬共于，《說文》忬 xū，憂也。《詩經小學》：籲通忬。徐仁甫《古詩別解》：「云何籲矣，」舊讀為一句。鄭玄解為二句，且「云何」為自問句，「籲矣」為自答句，如《何人斯》、《十月之交》。籲、盱、忬共于，《魯傳》《釋詁》盱，惪（古憂字）。案：末句倒句以協韻，《說文》忬，憂。云何，如何。即憂如何啊。

韻部：砠瘏（屠）痡（鋪）籲（忬盱），魚部。

【評論】

《講意》：「只動一個『嗟我懷人』念頭，便把卷耳都不採，便去登高以望，而酌酒又不為情事，又不勝其憂歎。於此體貼，可以得詩人之性情。以上二章，詩人從容玩味，有無限意味，人情天理本非二事。」（《存目》經64/155）明·王夫之《詩廣傳》1：「不忘其所忘而忘其所不忘，至矣。不忘其所忘，愼之密也；忘其所不忘，心之廣也。『采采卷耳』，『嗟我懷人』則『不盈傾筐』矣，然且『寘之周行』焉，故曰愼也。『采采卷耳』，則『嗟我懷人』矣，登山酌酒，示『不永懷』焉，故曰廣也。」戴震《補注》：「《卷耳》，感念於君子行邁之憂勞而作也。」明代楊守陳《詩私抄》認為是大夫行役之作。明·戴君恩《讀〈風〉》臆評：「情中之景，景中之情，宛轉關生，摹寫曲至。故是古今閨思之祖。」「無端轉入登高，不必有其事，不必有其理，奇極！妙極！是三唐人所不敢道。」（《存目》，經61-233）明·張元芳、魏浣初《毛詩振雅》：「此詩妙在誦全篇章章不斷，誦一章句句不斷。虛象實境，章法甚妙。」「閨情之祖。」《詩經原始》眉批：「末乃極意摹寫，有急管繁絃之意。後世杜甫『今夜鄜 fū 州月』一首，脫胎於此。」案：大約是極寫妻子極目遠眺役夫之作，無可奈何之情，核心句

「嗟我懷人」，「云何忷矣！」微婉之極。此詩除首句未押韻，其餘都押韻。此種詩歌音韻美大盛，宜於諷誦詠唱。值得提倡。此詩下啓《古詩・行行重行行》、三國魏曹丕《燕歌行》、徐陵《關山月》、杜甫《月夜》。

樛 木

南有樛〔枓〕木，	南山高樹勾彎彎，
葛藟纍〔虆虆〕纍之，	葛藟藤兒去糾纏，
樂只君子，	使我夫君好快樂，
福履〔祿〕綏之。〔1〕	福祿安保他長遠。
南有樛〔枓〕木，	南山高樹勾彎彎，
葛藟荒之，	葛藟藤兒把它掩，
樂只君子，	快樂啊美氣啊好夫君，
福履〔祿〕將之。〔2〕	福祿扶助他久遠。
南有樛〔枓〕木，	南山高樹勾彎彎，
葛藟縈〔蘽帶〕之，	葛藟藤兒繞枝幹，
樂只君子，	快樂啊美氣啊好夫君，
福履〔祿〕成之。〔3〕	保他事業揚雲帆！

【詩旨】

案：夫婦諧和的情歌。詩作者可能是新婚妻子。也可能如戴震《詩經補注》「下美上之詩」，則是賀夫婦美滿的祝頌詩。此詩賀有道德的君子，「樂只君子，福祿成之。」極寫夫婦恩恩愛愛如葛藟枓木纏纏綿綿。《詩論》簡12：「好，反內（納）於豐（禮），不亦能改虜（怡乎）。《棣木》，福斯（斯）才（cai，（古）之從，讀爲在zai，（古）之從，雙聲疊韻通借，《大盂鼎》「王才宗周令盂。」）孞孞（君子）。」簡12：「《棣木》之肯（時時），則以刀錄（其祿）也。」

〔齊說〕、《幽通賦》李注引曹大家曰：「《詩・周南國風》：『南有樛木，葛藟纍之。樂只君子，福履綏之。』此是安樂之象也。」

《毛序》：「《樛木》，后妃逮下也。言能逮下，而無嫉妒之心焉。」

【校勘】

〔1〕《詩論》簡10《棣木》，《魯》《釋木》、馬融本、《韓》《說文》《玉篇》《韻會》《阜詩》S002《枓木》，《唐石經》《齊》《幽通賦》《釋文》《樛木》，《高唐賦》李注引《爾雅》作「下句曰糾」。S1722、S3951摎，俗體。案：《釋

木》「下句作朻」。案：朻爲正字，《韓》《毛詩馬融注》《魯》《爾雅》《說文》朻，樛或體，樑糾假借字，樛樑糾聲近。

〔2〕本字作藟、蘲，蘲《釋文》蘲，本又作藟。《後漢·黃琬傳》注引作藟。S1722、S3951，《魯》《九歎注》《考文》《廣雅》《廣韻》蘲，或作藟。《法藏》32/218 藟，《魯》《憂苦注》《英藏》4/220 藟，又作藟，藟、蘲通藟。

〔3〕《唐石經》縈。《三家》《說文》《玉篇》《廣韻》榮，《說文》又作縈。《釋文》《考文》P4634、P2660、S1722 作帑。《英藏》5/216、《台》32/538、《廣韻》縈。榮是正字，縈、帑借字。通作縈。

【詮釋】

〔1〕朻木下鉤曲的高樹，葛，見《葛覃》注。蘲，蘲藤。又名蘲草。葛屬，葉似艾，又名千歲藤。子赤，可食。藟，藟藟 lèilèi，攀緣蔓延。《魯說》：藟，緣也。案：只 zhǐ，讀如旨，快樂啊，美氣啊，詳《南山有臺》校注，君子，有道德的男士，丈夫。履 lǚ，祿 lù。《魯說》：「履，祿也。」綏 suī，安享。

韻部：藟綏，微部。

〔2〕荒 huāng，幠 hū。雙聲通借。《閟宮》「遂荒大東」，《魯》《爾雅注》引作幠。又荒、掩同爲喉音影母、曉母鄰紐。荒，掩覆。履、祿雙聲通借。將，《說文》牂、將一字異體，jiāng 扶助也。毛《傳》訓大。高本漢譯爲「快樂與尊貴使他偉大吧。」

韻部：荒將，陽部。

〔3〕縈 yīng 榮 qióng 疊韻通借，縈繞貌。成，成就。成，保佑。

韻部：縈（榮）成，耕部。

【評論】

此詩運用連章複遝的技法，以聲爲用，具有迴環美，在《詩經》中多有此例，並對後代韻文創作以深遠影響。層層遞進，核心句「樂只（旨）君子，福祿成之」，善用比喻，首章令人聯想起古印度《阿達婆吠陀》第六卷第八首「像藤蘿環抱大樹／把大樹抱得緊緊／要你照樣緊抱我／要你愛我，永不離分／」大約是獻給有道德有聲望的男士的祝頌歌，祝事業成功，家族美滿，夫婦恩恩愛愛到永遠。《讀〈風〉臆補》：「一章中兩字有呼應，三章中六字有層折，故讀重歌疊詠之詩，知風人妙境，字法迥異尋常耳。《原始》「三章只易六字，而往復疊詠，殷勤之意自見。」案：後人仿此，梁武帝《古意》：「不見松上蘿，葉落根不移。」

螽　斯

螽〔中螽螽蠡蝨〕斯〔蟴〕羽，	螽斯的羽啊，
詵詵〔莘妴甡〕兮，	這麼眾多啊，
宜〔宐〕爾子孫，	您的子孫啊，
振振兮。〔1〕	全都仁厚啊！
螽斯羽，	螽斯的羽啊，
薨薨〔狐翃弘〕兮，	群飛翃翃直響啊，
宜〔宐〕爾子孫，	您的子孫啊，
繩繩〔憴憴繩〕兮。〔2〕	戒慎，兢兢圖強啊，
螽斯羽，	螽斯的羽啊，
揖揖〔集咠〕兮，	聚集如此和美啊，
宜〔宐〕爾子孫，	您的子孫啊，
蟄蟄兮。〔3〕	清秀，都很俊偉啊！

【詩旨】

　　核心句「宜爾子孫，振振兮！」「宜爾子孫，憴憴兮！」「宜爾子孫，蟄蟄兮！」這大約是祝禱人家人丁興旺又很有品質的賀詩。祝嘏詞。

　　《魯說》《釋訓》「兢兢、憴憴，戒也。」

　　《韓說》《外傳》9，「『宜爾子孫，繩繩兮』，言賢母傳子孫賢也。」《御覽》137 引《續漢書》順烈梁皇后曰：「陽以博施爲德，陰以不專爲義。蓋詩人《螽斯》之福，則百斯男之福，所由興也。」

　　《齊說》《後漢・荀爽傳》：「諸非禮聘，未嘗幸御者，一皆遣出，使成妃（配）合。配陽施，祈《螽斯》。」

　　《毛序》：「《螽斯》，后妃子孫眾多也。言若《螽斯》。不妒忌，則子孫眾多也。」

【校勘】

　　〔1〕螽斯，《詩論》中氏，《詩傳》《詩說》蟲，同螽。《三家》《眾經音義》10 引作《螽蟴》，《魯》《釋蟲》蟴螽。《英藏》5/216　S1722 螽（當是「蟲」字之訛，《春秋》三《傳》多有「蟲」，蝗災）。《魯》《釋蟲》蟴，案：蟴、斯同爲心母。當以《螽斯》爲正。螽蠡蝨，異體。《說文》《廣雅》《玉篇》莘。《集韻》莘。又作侁。《五經文字》甡。《廣韻》甡。《說文注》：甡駪銑甡，眾多。而《說文》詵 shēn，本義是致言，詵作眾多則是假借義。《釋文》引《說文》

莘。P2660 詵，此用《毛》。故當以《三家》《說文》莘爲正字，詵通莘。《東京賦》注引《毛》莘，《毛》宜，《玉篇》《唐石經》P2660 冝，冝同宜，下同，以下不再標出。《毛》爾，S3591 爾，俗字。

〔2〕《韓》《廣雅》翃，《釋訓》《釋文》引顧舍人本作雄，當是「翃」之訛，《廣雅》翄，《集韻》翄，或作翃，通作薨。《疏證》，翃翃、翄翄，飛也。「薨與翄通。」故正字作翃或翄，薨是借字。案：本字作憴，《魯》《釋訓》憴憴 shéngshéng，《釋文》《毛傳》訓爲戒愼，則本字必爲憴，「憴憴，戒也。」《韓詩外傳》9《詩考》作承承，《爾雅》無繩。《台》123/164、P2660 作繩，俗字。繩、承讀如憴。

〔3〕《魯》《新序》《韓》《廣雅・釋訓》集集，《說文》雧（集）。《說文》揖，本義作揖謙讓，假借義爲集中。《毛》揖。《台》32/528 作捐，俗體。《說文》又作戢、㪞，戢，集揖㪞戢同在緝部。

《毛》《英藏》4/220 蟄。蟄，本義藏，《釋詁》蟄，靜。《毛》訓和集，《玉篇》蟄，和集。疑爲摯。《釋詁》摯，臻也。《爾雅正義》摯，至也；或爲智（智智），《外傳》7「智賢，智也。」

【詮釋】

〔1〕案：興兼隱喻。「斯」非語詞，斯是蟴字之省，蟴通蟴，《魯》作螽蟴。《通釋》以爲斯，語詞。非。今以阜螽、螫螽、土螽爲蝗蟲科，蟴螽、草螽爲螽斯科。害蟲。《經讀考異》《通釋》以爲「羽」字屬下句，可備一說。莘莘、莘莘、牲牲、詵詵 shēnshēn，眾多。兮、哉、乎而是民歌中詞尾附加音。這是古代祝頌人丁興旺的賀詞。這是先民生殖繁衍思想的藝術反映。《述聞》宜，助詞。振振 zhēn zhēn，毛訓仁厚，《殷其雷》「振振君子」。《詩本義》：振振、繩繩、蟄蟄，皆謂子孫之多。

韻部：詵（莘牲牲）孫振，諄部。

〔2〕翃（翃）hóng，《廣雅・釋詁》：翃，飛也。群飛貌。雄、翃同爲匣母，雄讀如翃。翄 hōng，《廣雅・釋訓》：翄，飛也。群飛貌。薨 hōng，《說文》：薨，公侯猝也。上古口耳相傳，《毛》用異本，薨通翃、翄，群飛聲。案：憴憴 shéng shéng，《魯詩》《釋訓》：「兢兢、憴憴，戒也。」晉・郭璞注：皆戒愼。《魯》憴，用本字，《爾雅》《釋文》本或作憴。《說文》「繩 shéng，索也。」原本《玉篇・系部》引《韓說》「繩繩，敬（儆警）貌。」《傳》繩繩，戒愼。《玉篇》憴，正譽也。東晉郭璞、梁陳顧野王時尚見《三家詩》，並綜合《毛

傳》。繩有修正糾正的義項，《書‧說命上》「唯木從繩則正」，而《書‧冏命》「繩愆糾謬，格其非心」，則繩通憴，戒慎。《外傳》9，引詩作「承承」，云：「言賢母使子賢也。」《爾雅》是我國第一部詞典，《魯詩》可信。《抑》：「子孫繩繩，萬民靡不承。」這是《詩經》的一貫詩旨，是周代典籍的一貫思想，《易‧升卦‧象辭》「君子以順（慎）德，積小以高大。」《左傳‧成8》：「從善如流，宜哉！」《中庸》：「爲政在人，取人以身，修身以道，修道以仁。」《詩集傳》「繩繩，不絕貌。」

韻部：薨（薧薨），耕部；孫，諄部；憴（繩），蒸部。耕、諄、蒸通韻。

〔3〕《爾雅》集，會。《說文》集集 jíjí，群鳥棲息在木。又戢戢 jíjí，盛貌，又戢戢 jíjí，會聚。揖 yì。本義作揖，謙讓，假借義集中，眾盛貌，和諧貌。《魯說》蟄 zhí，靜也。《說文繫傳》：蟄、戢義近，戢戢 jíjí，（古）精緝，盛貌。《傳》蟄 zhé，和集。朱熹訓多意。愚以爲《釋詁》訓爲「靜」於義爲長。賢智，朱熹《大學章句》：「靜，謂心不妄動。」訓釋學的一條原則是針對不同歷史條件下的語境及相關文獻資料加以準確的詮解。《通釋》2「振振與下章繩繩、蟄蟄，皆爲眾盛，故《序》但以『子孫眾多』統之。」似失之籠統。《通解》《稽古編》云：「振振、繩繩、蟄蟄，正謂子孫之賢。《毛》釋之義甚優。」《韓詩外傳》：「賢母使子賢也。意與《毛〔傳〕》同矣。今以爲《螽斯》之多子，殊少義趣。」（台《四庫》85/342）總之，蟄蟄，智智，戢戢，眾多，和集，賢良。

【評論】

案：《管‧宙合》：「君子繩繩乎，慎其所先。」《周易‧乾卦‧文言》「君子進德修業，欲及時也，故無咎。」詩人善於運用三言詩、四言詩交互運用，這是後世三言詩《練時日》、《天馬徠》的濫觴，又善於用摹狀、疊韻、重章疊韻與趁韻，刻畫多子多福的祈福心理，唱著中國傳統的祝禱歌。《齊》《中庸》：「子曰：『……苟不進德，至道不凝焉。故君子尊德性而道（由）問學，至廣大而盡精微，極高明而道中庸，溫故而知新，敦厚以崇禮。』戴君恩：「勿論其它，只細玩『詵詵』、『薨薨』字，而自是螽斯寫生手，古人下字之妙如此。」（《存目》經 61/233）陳繼揆《讀風臆補》：「豐神透逸，音韻鏗鏘，此種情境，當讓風人獨步。」

桃　夭

桃之夭夭〔枖枖㚒嫵嫵〕，	桃花怒放真美妙，
灼灼其華。	耀眼的桃花真姣好，
之子于歸，	這個姑娘出嫁了，
宜〔冝〕其室家。〔1〕	夫婦和美樂陶陶。
桃之夭夭〔枖枖嫵妖〕，	桃花怒放真美好，
有蕡〔䕺蕢〕其實。	美好的桃子又大又飽，
之子于歸，	這個姑娘出嫁了，
宜其家室。〔2〕	夫婦和諧樂陶陶。
桃之夭夭〔枖枖嫵嫵〕，	桃花怒放真美好，
其葉〔葉〕蓁蓁〔溱〕。	蓁蓁葉兒多妖嬈，
之子于歸，	這個姑娘出嫁了，
宜其家人。〔3〕	全家和睦樂陶陶。

【詩旨】

案：詩人寫婚姻以時，當豔桃似的盛裝而俏麗的新娘子不勝嬌羞又頗感幸福步入天作之合的喜筵，新郎全家滿腔熱忱地歡迎她，接納她。詩人以才人之筆即席吟上祝婚之歌。清‧戴震《詩經補注》：「歌於嫁子之詩也。」

《齊說》《易林‧否之隨》：「春桃生花，季女宜家。受福多年，男為邦君。」
《易林‧困之觀》：「桃夭少華，婚悅宜家。君子樂胥，長利止居。」

《毛序》：「《桃夭》，后妃之所致也。（朱熹《詩集傳》：《序》首句非是。）不妒忌，則男女以正，婚（古作昏，正字作昬，詳《殷契粹編考釋》《說文》）姻以時，國無鰥民也。」

【校勘】

〔1〕《漢石經》《毛》桃夭，S1772　S3951 桃之㚒㚒，案：本字作枖、嫵，《說文》枖嫵，《眾經音義》引《毛》正嫵，後作妖。《三家》《說文》《廣雅》枖、又作嫵，《漢石經》《唐石經》夭，夭是枖嫵的形省，《九經字樣》「枖作夭，隸省。」「音妖，木盛貌。《詩》云：『桃之枖枖』。」檢《爾雅》無「夭」，《說文》「夭，屈也」。《說文》枖，又嫵，一曰女子笑貌，《慧琳音義》15 引《毛》「少也」。則唐時《毛》作「嫵」。顧野王云：「嫵，謂女子好淑。」馬融曰：妖妖，和舒之貌，漢時作妖妖，《說文》嫵、枖。妖，俗體。（《續修》196/454、197/92、300）。《唐抄文選集注匯存》㚒，俗字。至少在漢代嫵冶、

妖冶、夭紹是褒義詞，夭是借字。《毛》宜，《唐石經》宐，同。

〔2〕案：本字作蕒。《釋草》虋。《毛》蕒，《書》《疏》引樊光注作蕒。金文作䒽，《樊光注》《英藏》4/220蕒，則初字當作蕒，異本為蕡虋。

〔3〕本字作葉。《唐石經》蓁，避唐廟諱。下同，以下不再標出。《齊》《詩考》引《通典‧嘉禮四》溱，《毛》《英藏》4/220蓁。《魯》《釋訓》蓁，蓁為本字，溱、榛通蓁同音通用。

【詮釋】

〔1〕詩人用豔麗的緋桃為比，狀寫新婚之喜的精神煥發、憧憬美滿婚姻、俏麗的新娘子的意象。《類聚》引《春秋運斗樞》「玉衡星散為桃」，《本草經》「梟桃在樹木落，殺百鬼」。《小箋》：夭夭是枖枖之假借。枖枖，荗荗，妖妖 yāoyāo，少盛貌，美盛貌，和舒貌。妖冶的桃花比喻新娘。《廣雅》：荗荗，茂也。《禹貢》「厥草惟夭」。荗枖夭妖姣妙同宵部，姣好。成語「桃之夭夭」出此。《通典》晉‧束皙《婚嫁時月》：「又案：《桃夭篇》，敘美婚姻以時，蓋謂壯盛之時，而非日月之時，故『灼灼其華』喻盛壯。」灼灼 zhuózhuó，鮮豔。《魯說》《釋訓》：「之子者，是子也。」，之子，此子，此女；于，將，將要。《公羊傳‧隱二》：「其言歸何？婦人謂嫁曰歸。」案：歸嫁同為見母，歸通嫁。案：宜，通儀，儀，善，善處室家，善處夫婦、家人。室家，夫婦，《左傳‧桓18》：「女有家，男有室。」家古音見母魚部。家、室、人趁韻。

韻部：華家，魚部。

〔2〕有，其，虋蕡讀若賁。蕡蕡、賁賁 bìbì，華美貌，文飾之貌。實，桃子，比喻新娘臉紅潤。《平議》訓為大貌，《新證》讀如斑，「桃實將熟，紅白相間，其實斑然」。案：蕡晥，雙聲詞，圓，飽滿。桃紅潤而飽滿。〔6〕家室即室家，為叶韻。

韻部：實室，職部。

〔3〕蓁蓁 zhēn zhēn，美盛貌。家人，全家人。

韻部：蓁人，真部。

【評論】

三章首句疊句，以盛開的桃花比喻新娘子，如《語言文字學誌》頁 315 所說「形貌之辭無疑是漢語名詞庫中具有聲色天籟的獨具魅力的一類」，為劉宋謝惠連《秋胡詩》「紅桃含夭，綠柳舒荑」與唐代崔護《題都城南莊》「人面桃花相映紅」所取法。《原始》：〔一章〕豔絕。開千古詞賦香奩之祖。」《通

論》:「桃花色最豔,故以取喻女子,開千古詞賦詠美人之祖。」錢鍾書《管錐篇》:「『夭夭』總言一樹之風調,『灼灼』專詠枝上繁花之光色。」案:開結婚詩賦的先河,啓三國魏‧曹植《感婚賦》、晉‧嵇含《伉儷詩》、陳‧周弘正《看新婚詩》、杜甫《新婚歌》、王建《新嫁娘詞》。

兔罝

肅肅〔宿縮瀟〕兔〔菟〕罝,	好一副密密的捕虎網,
椓〔捄〕之丁丁〔朾朾〕,	敲擊木樁朾朾作響,
赳赳〔糾糾〕武夫,	英勇無敵的武將們,
公侯干〔扞〕城。〔1〕	國家的干城無比堅強!
肅肅兔〔菟〕罝,	好一副密密的捕虎網,
施于中逵〔馗〕,	設在隱處一一停當,
赳赳〔糾糾〕武夫,	忠勇無比的武將們,
公侯好仇。〔2〕	國家的輔弼勇不可當!
肅肅兔〔菟〕罝,	好一副密密的捕虎網,
施于中林。	設在林中實為妙方,
赳赳〔糾糾〕武夫,	智勇雙全的武將們,
公侯腹心。〔3〕	國家的心腹誰不誇獎?

【詩旨】

案:武將贊歌,周文王善於網羅武將賢才的頌歌,前1075～前1050年,

據《周書‧無逸》《周本紀》《齊世家》《說苑‧君道》周文王、周武王、周公禮賢下士,網羅太顛、散宜生、閎夭虢仲、虢叔、南宮括、呂尚、鬻子、辛甲等一代英賢,政治家、軍事家,經邦濟世之材。英材濟濟,興邦取勝之本。要網羅賢能,方有為國先驅、為國干城、為國良弼、為國謀劃的眾賢良而為興國所用。《墨‧非攻》《尚賢上》「文王舉閎夭、泰顛於罝網之中,授之政,西土服。」《詩本義》同。

《詩論》簡23:「《兔虘(罝)》,丌甬(其用)人,則虘(吾)取〔之〕」。孔子由此詩論及用人之道。

《魯說》《呂覽‧報更》:「《詩》曰:『赳赳武夫,公侯干城,』『濟濟多士,文王以寧。』人主胡可以不務哀(哀通愛)士?士其難知,唯博之為可,博則無所遁矣。」高誘注:「言其賢可為公侯扞難其城藩也。」

《齊說》《易林・坤之困》：「《兔罝》之容，不失其恭。和謙致樂，君子攸同。」《鹽鐵論・備胡》：「此《兔罝》之所刺，故小人非公侯心腹干城也。」

《韓說》、《薦譙元彥表》劉良注：「罝，兔網也。殷紂之賢人，退處山林，網禽獸而食之，故《兔罝》之詩作。」

《毛序》「《兔罝》，后妃之化也。《關雎》之化行，則莫不好德，賢人眾多也。」

【校勘】

〔1〕《毛》兔罝，《詩論》簡 23《兔虘》S1722《菟罝》，S1722 肅作蕭，讀如肅。《毛》肅，《齊》《易林・豐之小過》「網密網宿」，肅讀宿。案：本字為菟，《左傳・宣 4》、《廣韻》作菟 tú，又作觕，《方言》《廣韻》作虒，《釋文》「菟罝，菟又作兔」。本字為菟（觕），《釋文》「菟，又作兔。」陸《疏》「菟，一作兔」，《台》13/84，1722 號正作「菟」，《左傳・宣 4》「謂虎『於菟』」《唐石經》作兔。此處兔讀若「於菟」之「菟」，《漢書・敘傳上》作「於檡 tú」。椓是正字。《疏證》〔椓……〕字並與椓同。《唐石經》椓 S1722 作椓，俗字。《廣雅》《玉篇》《慧琳音義》《考文》《廣韻》椓，杕是正字，《說文》《廣雅》《玉篇》，《英藏》4/220「杕」。《毛》丁，讀作 zhēng，丁是杕的形省。《唐石經》干，《魯》《考文》《左傳》《呂覽・報更》扞，干通捍、扞，捍禦寇難。《魯》《爾雅》《唐石經》赳，《後漢・桓榮傳》李注引《韓》作「糾」，糾通赳。干，《周書》《說文》骬 hàn，《呂覽・報更》作扞，干扞古通。《英藏》4/220 杆，讀如扞。

〔2〕《蕪城賦》《從軍詩》李注引《韓》《說文》作馗，馗是正字，逵或體，《唐石經》逵。

【詮釋】

〔1〕案：詩人用託物興詞技法，抒昌賢攬才之旨。肅肅 sù sù，案：《齊》宿，《魯》《西京賦》潚箾 sùshuò，網目細密，肅讀如縮。以前人多訓為「草兔」之「兔」，案：似欠妥。應讀若「於菟」之「菟」。從商代玉器有玉虎、玉熊看，商、周當有養虎、熊，虎以喻軍事將領，喻英材。《通釋》縮縮。《釋文》：菟罝，菟罟。兔苴，菟苴。菟，於菟 wūtú，老虎。罝，網。網羅老虎。菟罝，隱語，比喻網羅英才，古有「虎賁之士」之說。椓通琢zhuó，擊打敲琢。把木橛打深牢些。丁丁 zhēngzhēng，丁通杕，杕杕 zhēng zhēng，敲擊木樁木

橛聲。一說結網牢固之狀。糾糾、赳赳 jiūjiū，雙聲疊韻詞，英武貌。成語「赳赳武夫」出此。干 gàn，𢧵、捍、扞 hàn，捍衛。城，城藩。干城，比喻捍衛者。扞衛國家。此處指諸侯的得力捍衛者。《詩緝》「可爲公侯之干城，言勇而忠也。」

韻部：罝夫，魚部。丁城，耕部。

〔2〕施，施置。逵逵古今字。中逵，逵中。《蕪城賦》李注引《韓詩章句》逵，九交之道。案：《字林》逵 kúi，隱也。《傳疏》：逵，謂野塗也。《新證》：兔罝不當設於大路中，逵，陸。案：《新證》認爲陸屬幽部，陸 lù，（古）來屋，故今從《傳疏》。《漢石經》仇。案：匹 pǐ，（古）滂質。弼，bì，（古）並術，質、術通轉，唇音滂、并鄰紐，匹通弼，好仇，好輔弼。或訓爲志同道合者，《假樂》「無怨無惡，率由群匹。」嚴粲：「可爲公侯之美匹，言勇而良也。」

韻部：罝夫，魚部。逵（逵）仇，幽部。

〔3〕中林，林中。腹心，心腹之人。嚴粲：「可爲公侯之腹心，謂機密之事可與之謀慮，言勇而智也。」

韻部：罝夫，魚部。林心，侵部。

【評論】

尚賢，國興之本。案：此詩遙承《皋陶謨》所引賡歌：「元首明哉！股肱良哉！庶事康哉！」中的「股肱良哉！」《墨·尚賢上》「故古者堯舉舜於服澤之陽，授之政，天下平。禹舉益於陰方之中，授之政，九州成；湯舉伊尹於庖廚之中，授之政，其謀得；文王舉閎夭、泰顛於罝罔（網）之中，授之政，西土服。……夫尚賢者，政之本也。」其實，早在先商時代已開此例，《殷本紀》：「湯出，見野張網四面，祝曰：『自天下四方，皆入吾網』……諸侯聞之，曰：『湯德至矣，及禽獸。』」首章歷歷如繪，如見其景，如聞其聲，如見其情。層層遞進，寄慨良深。隔句用韻，開唐代韓愈《張徹墓銘》之先。此詩奇數句押韻，偶數句押韻，具有音韻美。詳《臆補》（《續修》58/168）戴君恩：「只誇武夫，而人才之多自見，然作詩者亦自具眼。」（《叢編》經 61～234）《詩志》：「讀之有渾穆雄武之氣。」《詩經原始》：「落落數語，可該《上林》、《羽獵》、《長楊》諸賦。」

芣 苢

采采芣苢，	車前子啊眞正多，
薄言采之。	馬快我就採起來！
采采芣苢，	車前子啊眞正多，
薄言有之。〔1〕	馬快我就採取來！
采采芣苢，	車前子啊眞正多，
薄言掇之。	馬快我就拾掇來！
采采芣苢，	車前子啊眞正多，
薄言捋〔寽將〕之。〔2〕	馬快我就捋下來！
采采芣苢，	車前子啊眞正多，
薄言袺之，	馬快我就兜起來！
采采芣苢，	車前子啊眞正多，
薄言襭〔擷〕之。〔3〕	馬快我就掖起衣襟兜家來！

注：此譯參考丁聲樹論文、俞敏師譯文。

【詩旨】

案：這是鄉間採集芣苢全草種子或製作中藥，或喂小雞時，女歌手們情不自禁吟唱的謠曲（Ballad）。朱熹《詩集傳》：「化行俗美，家室和平，婦人無事，相與採此芣苢而賦其事也。」

《魯說》《韓說》詩旨相同。清・宋綿初《韓詩內傳徵》：「傷夫有惡疾也。」《述聞》與朱士端《齊魯韓三家詩釋》（稿本存揚州市圖書館古籍部）《列女傳・貞順篇》蔡人妻傷夫有惡疾而作《芣苢》，與《辨命論》注引《韓敘》《韓詩〔章句〕》同。注引《韓詩章句》詳《文選》頁 2347～2348。《詩總聞》：芣苢，強陰益精，令人有子。

《毛序》「《芣苢》，后妃之美也和平，則婦人樂有子矣。」

【校勘】

〔1〕采，S1722 作採，俗體，下同，不贅。《詩論》簡 29《柎而》，芣苢，《辨命論》李注引《韓》同《毛》。《釋文》苢，字亦作苡。《考文》古本《正誤》苢，當作苡。「苢」爲本字，苡或體。

〔2〕本字作寽，《說文》寽，《毛》捋。寽捋古今字。S1722 作將，誤。

〔3〕本字作襭，《魯》《釋訓》《說文》《考文》《毛》《唐石經》作襭，《魯》

又作擷，《列女傳・貞順篇》《釋文》「擷」。S3951 拮、擷，或體。《說文》：襭，以衣衽扱物謂之襭，或從手。楊守敬手校日藏古抄本作擷。襭爲本字，擷或體。S1722 袺襭纈，俗字。

【詮釋】

〔1〕俞敏師：薄訓迫。《方言》郭璞注：薄，相勸勉也。一說薄言，動詞前助詞。采采，眾多貌。芣苢 fúyǐ。嫩苗作茹，大滑。車前（Planatgo asiaticaL）。种子全草入藥，种子性寒味甘，功效：利水通淋、止痢、清熱明目、去痰止咳，主治小便不利、暑熱泄瀉、目赤腫痛、痰熱咳嗽。芣苢一說芣苢是薏苡，（藥玉米，薏仁米）張崇琛（2009）《說芣苢》：芣苢，薏苡。新石器文化時期已有。這種綠色植物，嫩苗可食，芣苢可製中藥，製成蜜丸食之可以養生，至少在前 8000 年已有養雞業，芣苢子可以餵養小雞。《魯說》《韓說》《廣雅・釋詁》「有，取也」。

韻部：苢采苢有，之部。

〔2〕掇 duó，拾掇，拾取。捋 ù，捋 luō，五指捋取芣苢的子實。

韻部：掇、捋，月部。

〔3〕袺 jié，《魯說》「袺謂之襡（hú，被縫）」把衣襟向上提起兜物。襭 xié，《說文》以衣衽扱物謂之襭。《魯傳》《列女傳・貞順篇》擷，釋爲「懷擷」。襭，以衣貯物，兩袖打結，衣襟兜而繫入腰帶上。

韻部：袺襭，質部。

【評論】

案：舞蹈產生於勞動生活中，精明勤勞的鄉間婦女見了眾多的芣苢，樂從中來，天籟之聲便用白描、聯章複遝的民歌常見樣式引吭唱出來。後來在有關的歌舞中便傳唱爲樂歌。宋・吳師道：「此詩終篇言樂，不出一樂字。讀之自見意思。」《通論》：「殊知此詩之妙，正在其無所指實而愈佳也。夫佳詩不必盡皆徵實，自鳴天籟，一片好音，尤足令人低回無限，若實而指之，興會索然矣，讀者試平心靜氣涵泳此詩，恍聽田家婦女，三三五五於平原秀野風和日麗中群歌互答，餘音嫋嫋，若遠若近，忽斷忽續，不知其情之何以移而神何以曠，則此詩可不必細繹而自得其妙焉。唐人《竹枝》《柳枝》《櫂歌》等詞，類多以方言入韻，自覺其愈俗愈雅，愈無故實而愈可以詠歌。」此詩本農村天籟之歌，是漢樂府《江南》「江南可採蓮，蓮葉何田田！魚戲蓮葉間，魚戲蓮葉東，魚戲蓮葉西，魚戲蓮葉南，魚戲蓮葉北。」所本。詩主純情，信矣。

漢　廣

南有喬〔橋橋〕木，	江南有高樹啊，
不可休息〔思〕。	我卻不能休憩啊。
漢有游〔遊〕女，	漢江有女神啊，
不可求思。	我卻不能求得啊！
漢之廣矣，	漢江太廣闊啊，
不可泳矣，	我卻不能泅渡啊！
江之永〔羕漾〕矣，	江水漫漫長長啊，
不可方〔舫〕思。〔1〕	我卻無併船渡我啊！

翹翹錯薪，	眾多的薪蕘啊，
言刈〔采〕其楚。	我採那牡荊啊，
之子于歸，	如果這女子嫁我，
言秣〔餗〕其馬。	我喂飽馬兒迎新人啊！
漢之廣矣，	江水太廣闊啊，
不可泳思！	我卻不能泅渡啊！
江之永〔羕漾〕矣，	江水漫漫長長啊，
不可方〔舫〕思！〔2〕	我卻無併船渡我啊！

翹翹錯薪，	眾多的薪蕘啊，
言刈〔采〕其蔞〔蔞〕。	我去採那蔞蒿啊，
之子于歸，	如這女子嫁我，
言秣〔餗〕其駒〔驕〕。	我喂好高頭大馬把她娶到啊！
漢之廣矣，	江水太廣闊啊，
不可泳思！	我卻不能泅渡啊！
江之永〔羕〕矣，	江水漫漫長長啊，
不可方〔舫〕思！〔3〕	我卻無併船渡我啊！

【詩旨】

　　案：《唐抄文選集注匯存》1.179「李善引《列仙傳》：江斐女出遊江濱，交甫遇之。」東漢・陳琳《神女賦》「感詩人之所歡，想神女之來游。」這是一個太古老而令人神往的傳說，《漢廣》如果套用唐・張爲《詩人主客圖》，則此詩詩人是第一批塊奇美麗主，詩人寫浩浩渺渺的景物，以纏綿悱惻的情思，用意象疊加的技法寫人、神之戀，詩人戀上漢水女神，願爲伐薪，迎娶她，願爲餗馬，以致殷勤，發出這一詩束。中國古代傳說山有山神，水有水

神，海有海若。茅盾著《中國神話》，廣陵書社出版《中國歷代神異》。《文物史前史》頁 163.190，遼寧省建平縣河梁遺址紅山文化，前 3500 年有女神頭像。王國維校《水經注校》頁 650，「故道水又西南入秦岡山……山高入雲……懸崖之側，列壁之上，有神像若圖，指狀婦人之容，其形上赤下白，世名之曰『聖女神』」。《漢廣》是詩人賦寫天眞爛漫、美豔絕倫的漢水女神的意象，寄予綿綿無盡的遐想，他的詩束剖心：他願意迎娶她，爲她付出一切。於是《漢廣》作爲周詩之傑作，傳誦千古。關鍵字：知，《詩論》簡 10：「《漢廣》之知。」核心句：「漢有遊女，不可求思。」《詩論》簡 10：「《灘㞞（漢廣）》之㞢（知），則㞢（知）不可得也。」案：古文㞢，智 zhì。知 zhī。智、知，雙聲疊韻通借，相知，長相知。一說是男子思慕漢水一方的女子，無法娶到，所唱的民歌。

　　《韓序》《七啓》《舞賦》李注、《詩考》引：「《漢廣》，悅人也。」並引薛君《韓詩章句》：「游女，謂漢神也。」《南都賦》李注引《韓詩外傳》：「鄭交甫將南適楚，遵彼漢皋臺下，乃遇二女，佩兩珠，大如荊雞之卵。」（《文選》頁 1584、150～151）

　　《魯說》《列女傳》1：「江妃二女者，不知何所人也。出遊於江漢之湄，逢鄭交甫，見而悅之，不知其神人也……交甫曰：『……願請子之佩。』……〔二女〕遂手解佩與交甫。交甫悅，受而懷之，中當心。趨去數十走，視佩，空懷無佩。顧二女，忽然不見。《詩》曰：『漢有遊女，不可求思。』此之謂也。」《列仙傳》《羽獵賦》《南都賦》《楚辭・九思》同。

　　《齊說》《易林》「喬木無息，漢女難得。橘柚請佩，反手離汝。」《易林・頤之既濟》：「漢有遊女，人不可得。」

　　《毛序》：「《漢廣》，德廣所及也。文王之道，被於南國，美化行乎江漢之域，無畏犯禮，求而不可（S1722 脫「而」、「可」）得也。」

　　綜上所述，《三家詩》與傳說則是《漢廣》抒寫的是人與漢水女神相戀。聞一多、余冠英先生從《三家詩》。一位男士戀上漢水之女，求而不得，抒說相戀之情。《直解》則以爲「江漢流域民間流傳男女相悅之詞。」

【校勘】

　　〔1〕《毛》《唐石經》。S3951、S391、S1722 息，案：本字作思，思，擬聲詞，思爲本字。理由有十：一、《韓詩內傳》《韓詩外傳》1、《魯》《列女傳》1 思；二、S789 號「思」；三、《文選・琴賦》注引《韓》、《晉紀總論》

注引《毛》作思（《文選》頁 848、2184）；四、S2727 號引隋代劉炫：「疑息當爲思」。《釋文》「本亦作『休思』」。五、《說文》思，妄人改思爲息；六、淺人不顧「休」作爲韻而妄改思爲息，以爲休息，《正義》：疑作思；七、小字本、相臺本、《齊》《易林》《英藏》S2727：疑息當爲思。《詩考》引《韓》《類聚》88《詩集傳》《容齋隨筆》都作思。八、《傳》「思，辭也」，即作爲語詞，非休息之息，而《傳》於「息」實際上也作爲語詞而不作爲實詞加以詮釋，如哉。九、從用韻看，休、求爲韻，思作爲句末語氣詞。今本作「息」，乃淺人所改。所以，《毛詩音》「休息，作息，誤。蓋休與求韻也。」十、從全詩思作爲句末語氣詞來看，思，sī，（古）心之，「息」xī，（古）心職，不在之部而在職部，不協。大約是淺人改「思」爲「息」，與「休」合成俗語「休息」，從上古音韻看，思、息同爲心母，易渾，然而淺人改「思」爲「息」則破壞了全詩重章疊韻「思」、「思」的音韻美、語言的迴環美，詩的語言的音樂美又減了一些。《釋文》橋 S1722 橋，是承《齊》《易林》作橋，當是喬，橋是後人增形字，故當從《毛》作喬。《定本》遊，S1722 游，《唐石經》遊。當作遊。《說文》永、羕，並見於先秦金文，《登樓賦》李注引《韓》「漾」，《魯》、《釋言》《韓詩內傳》《齊侯鎛鐘》《說文》作羕。本字作羕。《齊侯鎛鐘》「羕保其身」，滬館藏楚竹書《性情論》簡 16「羕思而勤心」，「羕」古字，「漾」則後人增形旁。永古字。《魯》《釋言》《廣雅・釋水》《方言》9《慧琳音義》17 舫，《說文》《唐石經》方，S3951 舫，方古字。

〔2〕《毛》蔞，《唐石經》蔞，同。《會歸》頁 198：《毛》刈。今檢黃靈庚《楚辭集校》與蔡夢麟《廣韻校釋》，陳喬樅「皆作采，其義尤合」。案：本字作餗，《說文》《廣韻》「餗」，《唐石經》「秣」。《潛研堂答問》：餗即「言秣其馬」之秣，《說文》有餗無秣，本字作餗，亦作秣。秣，或体。方，《說文》《唐石經》方，又作舫，《魯》《爾雅》《英藏》5/216、S3951 舫。方、舫古字。

〔3〕案：本字作驕，《唐石經》駒，《說文》《釋文》隋・沈重《毛詩義疏》《釋文》驕，駒驕同爲見母，侯宵通轉。可能是淺人因蔞是侯部，而改驕爲駒是侯部而叶韻。其實先秦侯、宵通韻甚多。又見《株林》《皇皇者華》孫經世《惕齋經說》段玉裁《定本》馬宗霍《說文解字引經考》頁 490。S3951刈，俗字，歸，古字。S789 泳作詠，駒作駒，俗字。

【詮釋】

〔1〕興而比。南，南郡。喬木，高樹。休，休憩。思 sī，句末語氣詞。《采

薇》「今我來思」，《南有嘉魚》「烝然來思」，《白駒》「賁然來思」。思，發語
詞，《車舝》：「思孌季女逝兮」，《文王》「思皇多士」，《思齊》「思齊大任」，《公
劉》「思輯用光」，《載見》「思文后稷」，《良耜》「思媚其婦」，《泮水》「思樂
泮水」；句中語助詞，《桑扈》「旨酒思柔」，《文王有聲》「無思不服」，《閔予
小子》「繼序思不忘」。遊女，《三家》《韓詩外傳》《內傳》《列女傳》、張衡、
嵇康、《太平廣記》59：漢水女神。游，浮行水上。據《南都賦》漢，漢皋，
湖北省襄陽縣。江漢風俗，其女子好游江漢。泳 yǒng，潛行水中。永 yǒng，
長。羕 yàng，長。《登樓賦》李注引《韓詩章句》：漾，長。永泳古今字，永
泳 yǒng，游泳水上。舫 fǎng。方 fāng，方舟併船或併木。

韻部：休求，幽部。廣泳永（羕漾）方（舫），陽部。

〔2〕《三家》《廣雅》翹翹 qiáo qiáo，眾也。茂盛。錯，錯雜。薪 xīn，
《傳疏》：薪，謂楚中蔞草。案：《詩經》尤其是邦風中多保留夏商周的原始
謎語，隱語，廋辭。《詩經》多用隱語，詩中多用「薪」字，當是《文心雕龍·
諧讔》所說的諧讔手法，西南官話稱兒媳爲心抱，粵語稱新娘爲心抱，您是
我的心愛，您是我的女神，新薪心代稱新娘、新人，《古諺》：「刈薪刈長，娶
婦娶良。」廣東客話中稱媳婦爲薪臼、心舅，詳《梅縣兒歌》《赤溪縣志》。《南
山》《伐柯》《東山》《車舝》都有「析薪」。暗喻娶妻，《齊詩》《易林》「析薪
熾（煮）酒，使媒求歸，」「執斧破薪，使媒求歸。」《爾雅》：言，我。楚 chǔ，
牡荊（Vitex negundo var.cannbifolia）。馬鞭草科，果實黃荊子供藥用，可提取
芳香油。案：此詩三章本趁韻，聯繫首章、三章，《士喪禮》《疏》「荊本是草
之名。」如蔓荊、荊芥等。秣通餗mò，給馬喂糧食。詩人願餗馬，致殷勤之
心。

韻部：楚馬（mǔ），魚部。廣泳永（羕漾）方（舫），陽部。

〔3〕薪，薪柴，也可與下文蔞成互文，《傳疏》薪，謂楚木蔞草也。蔞
lóu，蔞蒿，多年生草本，嫩葉可食。初生根莖食而脆美。《本草綱目》白蒿，
《食療》蔞蒿，主治：五臟邪氣，風寒濕痹，補中益氣，利膈開胃。《藥海》
白蒿，（Artemisia sierersiana Ehrh.）ex Willd. 功效：清熱利濕，祛風除痹、補
中益氣、解毒疔瘡，治療急性細菌性痢疾。駒驕雙聲通借，驕，六尺以上的
高頭大馬。健壯貌。

韻部：蔞駒，侯部。宵部。侯宵通韻。廣泳永（羕漾）方（舫），陽部。

【評論】

《詩論》簡 11：「《灘𡉚（漢廣）》之曶（智，知，其實《說文》「𥏼，識詞也。」智、知雙聲疊韻通假。《魏策三》「智伯」，馬王堆帛書作「知伯」。知，長相知，相戀），則曶（知）不可得也。」簡 13：「不改（怡）不可能，不亦曶互虖（知乎）！」孔子是支持自由戀愛的。案：詩自眞淳歌自情，古希臘有雅典娜，中國有女媧，《漢廣》的美學意義在於塑造了作爲漢神之女與詩人的神、人之戀的戀情的清純美麗。不是荷馬《伊利亞特》中的爲一個「引起爭執的金蘋果，」天后赫拉、智慧女神雅典娜，愛與美之神阿芙羅狄蒂都想爭奪，月神阿耳忒彌斯雖冷豔，卻又是自私的代名詞；也不是意大利詩人但丁《神曲》寫美人海倫與情夫帕里斯的色欲場中的荒唐。此詩又是中國山水詩的濫觴。此詩有羚羊掛角、香象渡河之妙。《漢廣》的漢水女神形象與後來的《莊子》《楚辭・遠遊》中的海若形象深入人心，「漢之遊女」是那天眞爛漫，美麗絕倫，溫情如玉，情網網住了詩人，詩人以浩渺的背景，一往情深的眷懷，眞摯感人、風神特遠的意境，興象深微，極具風神，寫出超現實的意象意境，善用諧隱。秀句迭出，令人感動不已。比稍晚的古希臘詩人薩福《給所愛》、古羅馬詩人普布里烏斯・維吉爾・馬婁《牧歌》更簡該更淵深更蘊涵，更具結構的整飭美，音韻更諧暢。如果我們套用唐代張爲《詩人主客圖》則《漢廣》及《蒹葭》兩位詩人是首批瑰奇美麗主，屈原是第二批。開《楚辭》屈原、宋玉，漢・徐幹《室思》曹植以及後來《天仙配》《柳毅傳書》等抒情詩、傳奇戲劇的先河。意象疊加開啓了宋玉《高唐賦》、曹植《洛神賦》、漢古詩《迢迢牽女星》、唐・宋之問《明河》、唐・王維《山居秋瞑》、李白《月下獨酌》、杜甫《今夜鄜州月》等。

宋・歐陽修《六一詩話》引梅堯臣：「含不盡之意見（現）於言外。」戴君恩：「詩詞之妙全在反覆詠歎，此詩正意只『不可求思』自了，卻生出『漢之廣矣』四句來，比擬詠歎便覺精神百倍，情致無窮。……《高唐》《洛神》之祖。」《詩志》：「意思無多而風神特遠，氣體平夷而聲調若仙，《湘君》、《洛神》，此爲濫觴矣。」

汝　墳

遵彼汝墳〔坋濆〕，	沿汝水大堤，

伐其條枚〔忟〕，　　　　　　　　把枝兒幹兒砍個光，
未見君子，　　　　　　　　　　　未曾見到知心郎，
惄〔愵綐〕如調〔朝周輖〕饑〔飢〕。〔1〕　飢而又飢想得慌。

遵彼汝墳，　　　　　　　　　　　沿汝水大堤，
伐其條肄〔肆枿枍櫱櫱蘖〕。　　　把那後生枝幹砍光，
既見君子，　　　　　　　　　　　今日見著知心郎，
不我遐棄〔弃〕。〔2〕　　　　　　從不棄我心花放。

魴魚赬〔經〕尾，　　　　　　　　鯿魚累了尾巴紅，
王室如燬〔毀煤焜〕。　　　　　　官差如火亂烘烘，
雖則如燬〔毀焜〕，　　　　　　　雖則如火亂烘烘，
父母孔邇〔介爾〕。〔3〕　　　　　為贍養父母出仕從公。

【詩旨】

案：詩歌是跳躍的藝術，從接受美學的角度分析，欣賞者要善於補充與詮釋。女詩人也是文化人。當是一位堅貞的妻子寫給因父母衰老而出仕在外的丈夫的充滿刻骨相思之情的詩束。《後漢·周盤傳》李注引《韓詩章句》：「赬，赤也。焜，烈火也。孔，甚也。邇，近也。言魴魚勞則尾赤，君子勞苦則顏色變，以王室政教如烈火矣，猶觸冒而仕者，以父母甚迫近飢寒之憂，為此祿仕。」這是詮解此詩的鑰匙。一、二章寫夫妻情深，三章寫因父母飢寒之憂仕於亂世。江休復《醴爾筆錄》引《韓詩》：「如燬，紂作炮烙之刑。」可備一說。約作於西周初期周懿王至共和年間（前899～前828年）西周衰時。一說是女子懷念在外服役或為仕的丈夫，丈夫歸來，未曾拋棄她的寬慰之情。

《述聞》、朱士端《齊魯韓三家釋》：「〔《列女傳·》賢明傳》周南大夫妻言仕於亂世者為父母在故也，乃作詩曰：『魴魚赬尾』，云云，與《後漢·周盤傳》注所引《韓詩章句》合，《韓》「《汝墳》，辭家也。」宋·王得臣《塵史》中載《韓詩》：思親之詞。詩人在亂世受困於父母困窘而出仕，又捨不得父母妻子時的夫婦苦戀之詩。一說思婦之詞，此說大近此詩。徐紹楨《學壽堂詩說》認為懷念征夫。

《毛序》：「《汝墳》，道化行也。文王之化行乎汝墳之國，婦人能閔其君子，猶勉其（《唐石經》作之）以正也。」《讀詩記》《名物抄》繫於周文王時。《古義》繫於殷、周之際。

【校勘】

〔1〕《漢石經》《毛》墳，《釋水注》《齊》《漢・地理志》《後漢・周盤傳》注引《汝水注》《詩地理考》《御覽》71 濆，《說文》坋，濆墳與坋音義同。《說文義證》：濆、墳，字別義同。S1722，枚作忟，《毛》調，《齊》周，《魯》朝，S3951 作輖。當依《韓》《說文》朝饑。《毛》《方言》肄，《魯》《韓》枿。肄通枿。《韓》惄，《正字通》𢙣，《唐石經》《足利本》 S2729/5 作惄，《齊》《易林》「惄如周飢」，《說文》惄惄，惄惄𢙣同，本又作㤒，㤒字諸韻不收。案：朝爲正字，《魯》《爾雅》朝，李巡《爾雅注》「惄，宿不食之饑也」，《小弁》：「雉之朝雊，尚求其雌」，正作朝。《說文抄》李燾《五音韻譜》、楊凝式《韭花帖》、S3951 輖，輖讀如朝 zhāo。《毛》調，《齊》《易林》周，S2729/5 調，《魯》、《說文》《集韻》《廣韻》朝，《唐石經》調飢，《蜀石經》《釋文》「輖饑」，輖古字。調朝雙聲通借。調，周，輖讀如朝。

〔2〕《毛》肄，S2725/5 肆，《說文》欁《魯》《釋詁》枿，肄肆通櫱欁蘖枿。棄，《唐石經》、S1723 弃古字，避唐諱。

〔3〕《韓》《毛》楨，《齊》《說文》禋，《五經文字》：二字同。本字作煤，南方人呼火爲煤。《齊》《韓詩外傳》7《說文》《字書》《後漢・周磐傳》注引《韓》、《九經字樣》焜，《魯》《爾雅郭注》《唐石經》《毛》燬，《列女傳》毀，毀是燬的形省。《玉篇》燬同焜，煤燬焜字異而音義同。邇。《魯》、S789 尒，同爾，爾，古邇字。

【詮釋】

案：這是一首美妙的宣情詩，抒寫詩人與丈夫綿綿不已的戀情。古汝水上游即今河南省北汝河，經郾城、西平、上蔡、遂平諸縣，今汝陽、汝州等地。

〔1〕濆墳坋 fēn，大防，堤岸。條，枝；枚，幹（干）。〔3〕案：詩人用諧隱手法（詳《文心雕龍・諧隱》）惄、惄，nì，《爾雅》《說文》訓饑，〔漢〕李巡：宿不食之饑也，《慧琳音義》87 引《傳》：愁也。《方言》思，汝謂之惄。《箋》：「惄，思也。未見君子之時，如朝饑之思食。」即《小弁》：「雉之朝雊，尚求其雌，」即如法國文豪巴爾扎克寫愛情與飢餓類似。魚，比喻情慾，魚水和諧。《管子・小問》「育育者魚」。聞一多《風詩類抄・序例提綱》，「注意古歌詩特有的技巧，象徵廋語」，暗寫情慾饑渴。案：食，原始謎語，福建建甌閩語，「食尻」是性的廋語。大約辭家的感傷與性饑渴都有。又見《狡童》

《衡門》《候人》。食、殖疊韻通借，先秦時生殖繁衍尤為重要，《釋名・釋飲食》：「食，殖也，所以自生殖也。」君子，丈夫。調周輈讀若朝 zhāo，早。

　　韻部：枚，微部。飢（饑），脂部。微、脂通韻。

　　〔2〕《魯》《釋詁》：枿 niè，秦晉日肄，斬而復生的嫩枝，櫱櫱蘗同。案：既 jì，（古）見微，終 zhōng，（古）章冬，見章准鄰紐，既通終，《詩》《北風》《鄘風・載驅》《巧言》《無羊》《大東》《甫田》《正月》《頍弁》《文王有聲》《既醉》多有此例。遐，遠；弃棄古今字，遺棄。

　　韻部：肄棄，脂部。

　　〔3〕案：魚，諧音愉，原始謎語。魴，鯿。赬經，赤色。《疏》：「魴魚之尾不赤，故知勞而尾赤。」古有「伊洛鯉魴，美如牛羊」之稱。《廣韻》：燬，火盛。高本漢：「王室好像著了火。」〔8〕爾邇爾 ěr，爾通邇，近。案：此句趁韻，為協韻而倒句，孔，非常；邇，近，父母，贍養雙親，是眼前急務！《通解》邇讀為茶 nié，茶然，疲倦貌，勞苦貌。

　　韻部：尾燬（烄）燬（烄），微部。邇，脂部。微脂合韻。

【評論】

　　明・陸化熙《詩通》：「此詩曲盡久役初歸，款款慰藉情況，註中追賦只指首章言，通章亦不專重『父母孔邇』，此總是慰藉積勞之深情耳。」（《存目》 經65〜336）戴君恩「詩之妙全在翻空見奇」。清・徐立綱《詩經旁訓》「『惄如』句，後來閨怨詩不能出此四字。」《詩經原始》：「一章『調饑』，寫出無限渴想意。二章『不我棄』，寫出無限欣幸意。第三章『孔邇』，寫出無限安慰意。」案：此詩一石三鳥，既寫出了周朝衰時的悲慘，又寫出了詩人一家的不幸，情愛生活的淒慘，古印度史詩《羅摩衍那》寫羅摩在妻子悉多被劫後，「危難中他未能保護他的妻子，多麼淒慘，……與愛妻不能同床共枕，多麼難熬。」《汝墳》則尤為精緻蘊蓄。極為堅忍，又富有文化修養的女詩人善用廋詞隱語表達刻骨相思，善用準確詞彙表示心情，如「未見君子，惄如調饑」，用魚比喻這種迷隱其詞、廋隱其義的寫法，下啟漢・東方朔的隱語及後人的的諧隱之作。

麟之趾

麟〔麐〕之趾〔止〕，	麒麟有足從不踢人，
振振公子。	仁厚兒子一大群。
于〔吁〕嗟！麟兮！〔1〕	吁嗟！個個仁厚如麒麟。

麟〔麐〕之定〔乞頔頴〕，　　　　　麒麟有額從不抵人，
振振公姓。　　　　　　　　　　　　仁厚子孫一大群。
于〔吁〕嗟！麟兮！〔2〕　　　　　　吁嗟！人人仁厚如麒麟。

麟〔麐〕之角，　　　　　　　　　　麒麟有角從不傷人，
振振〔桭〕公族〔挨族〕。　　　　　仁厚子孫一大群。
于〔吁〕嗟！麟兮！〔3〕　　　　　　吁嗟！人人仁厚賽麒麟。

【詩旨】

案：麒麟，麟鳳龜龍，古稱四靈，象徵吉祥，借喻傑出的人才。貴族祝禱歌，麒麟送子、望子成麟望女成鳳，是千古以來中國人傳統的祈福心理的詩歌表現。當是祝福歌。祝福公族子孫都如麒麟成為傑出人才。《禮記》《白虎通》《墨》《論衡》等都有論述。傳說麒麟是仁獸、靈獸，是祥瑞。《文選·曲水詩序》張注引《韓說》：「《麟趾》，美公族之盛也。」《今注》斷言是孔子作的《獲麟歌》，《公羊傳·哀14》「西狩獲麟，……孔子……涕沾袍。」孔子生於前551年，「獲麟」在前481年，而吳季札在魯國觀《詩》樂在前544年，《詩經》廣布時，孔子才8歲，遑論作《獲麟歌》。

《韓說》《曲水詩序》張注引：「《麟趾》，美公族之盛也。」

《毛序》「《麟之趾》，《關雎》之應也。《關雎》之化行，則天下無犯非禮，雖衰世（《唐石經》作廿，避唐諱）之公子皆信厚如麟趾之時也。」

【校勘】

〔1〕《唐石經》麟之趾，《釋文》或無「之」字《漢石經》麐，同。《詩傳》《詩說》《毛詩音義》《說文》《足利》止，《釋文》止，本亦作趾。止趾古今字。《唐石經》于，于通吁。《八公山詩》李注引《韓》作吁，吁嗟。

〔2〕案：本字作頔。《唐石經》《英藏》4/221、S2725/5 定，《魯》《釋言》《字書》《集韻》頔，定古字。P2529 作乞，俗字。《台》6/488、S789 作頴。定、頴通顛。《毛》振振公族，P2529 桭族，俗體。S789 挨，訛字。

【詮釋】

〔1〕麟 lín，麐，長頸鹿科 giraffa camelopardacis，詳《類聚》98。止，腳趾。振振 zhènzhèn，殷殷，盛貌；又訓仁厚，《易經·蠱·象傳》「君子以振振民育德。」毛《傳》訓信厚。吁嗟，讚歎詞。

韻部：止（趾）子，之部。

案：此詩三章末句於嗟麟兮，相當於吁嗟麒麟啊，麟與二三章遙韻。遙韻與讚歎句這種寫作技法下啓《文王之聲》與現代名詩人劉半農《教我如何不想她》、郭沫若《我的母親》。

〔2〕定通頲 dìng，額。《段注》定、頲，頂顚。定通頂。黃焯《詩疏平議》頁 25：同高祖之親。公姓，公孫。

韻部：定〔頲〕姓，耕部。麟，眞部。耕眞通韻。

〔3〕《魯說》：「麟似麕，一角而戴肉，設武備而不害，所以爲仁也。」

韻部：角族，屋部。

【評論】

《詩緝》：「此詩之辭，寂寥簡短，三歎而有餘音也。」《毛詩原解》1，「世祿之家，鮮克有禮，其子弟飛揚跋扈，蛇冠而虎翼，由來漸矣。此詩公子之賢，歸於振振，命之曰『麟』，稱其趾、其定、其角，歸然端莊，令色令儀，瞻之在前，辭約而旨遠，妙于形容矣。」明代廣陵張元芳、常熟魏浣初《毛詩振雅》「各章末句接得極簡直矣，『吁嗟』二字，多少迴翔！此古人筆力之高，筆意之妙。」

卷二　國風二

召〔邵〕南

　　《召南》，隋《玉燭寶典》作《邵南》。召 shào，《毛》《克鐘》作召，《三家》《中山王壺》《漢書》顏注、《群書治要》、《初刻》8/150 邵。邵，周初周文王之子邵伯姬奭，邵伯的采邑，故地在今陝西省岐山縣西南。《召南》是邵南地區民歌選。《鵲巢》寫王姬出嫁的送行曲，《采蘩》、《采蘋》是祭祀歌，《草蟲》寫夫婦情歌，《甘棠》是召伯虎沒後的去思歌，《行露》寫堅貞女子不畏強暴的男子，《羔羊》寫節儉奉公後的官員自得其樂，《殷其雷》寫思夫情歌，《摽有梅》寫大齡女子渴盼男士的情歌，《小星》寫「肅肅宵征」的小官吏感到朝野勞逸極其不均的不平之聲，《江有汜》寫棄婦自怨自慰的情懷，《野有死麕》寫山野戀愛中的美感、愉悅之情、親昵之情又守之以禮的愛戀的多側面，《何彼襛矣》王家諸侯的迎親曲，突出華貴的氣派、雍容的禮儀，《騶虞》寫王囿騶虞為王驅趕野豬，周王或召公狩獵其樂融融之情。宋・蘇轍《詩集傳》「如《周南》言道化行，《召南》亦言王道成」。南，南方少數民族音樂名、樂章名，其內容寫大治之世召公在執法、在勤勞王事、在祭祀、在婚嫁等方面的善事，《江漢》：「文武受命，召公維翰」於此可見端倪，《詩蘊》上：「《召南》十四篇，何也？聲出而呼應之，君作而民從之，陽倡而陰和之，日曜而月承之。」如按周公、召公分陝而治，疑《殷其雷》《何彼襛

矣》三篇當是《周南》，編輯者竄入《召南》。不知海內外賢達允我否？從藝術方面看，《召南》用詞峻切激烈，又宛轉靈活，《采蘋》以倒敘見長，《甘棠》以興象見長，《行露》以刻畫人物的賢貞剛烈見長，《羔羊》以塑造敬業的雍容的官員形象見長，《摽有梅》以直白見長，《野有死麕》以寫起士玉女的戀情見長，《何彼襛矣》以描摹豪華的王姬歸齊見長。

　　元·朱公遷《詩經疏義會通圖說》：「正風，《周南》《召南》二十五篇。」《行露》大約是「正風」中的風中寓刺。

鵲　巢

維〔惟〕鵲有巢〔樔巢〕，	喜鵲壘巢窩，
維〔惟〕鳩〔鳲〕居之。	八哥今來居住啦。
之子于歸〔婦〕，	這個姑娘來嫁我，
百兩御〔**御御御訝迓**〕之。〔1〕	百輛彩車迎娶她！
維〔惟〕鵲〔舄〕有巢，	喜鵲壘巢窩，
維〔惟〕鳩〔鳲〕方之。	八哥今來居住啦。
之子于歸〔婦〕，	這個姑娘要出嫁，
百兩將〔牂〕之。〔2〕	百輛彩車來送她。
維〔惟〕鵲有巢，	喜鵲壘巢窩，
維〔惟〕鳩盈之。	八哥今來依住啦。
之子于歸〔婦〕，	這個姑娘要出嫁，
百兩成之。〔3〕	百車迎娶成個家。

【詩旨】

　　祝賀貴族女子出嫁的詩歌。《詩論》簡 10「《鵲椆》，鵲椆之遄（歸），鵲椆出呂（以）百兩，不亦徙虖（配乎，又訓為對乎，王志平訓釋為惠，愛）？」

　　《魯說》、《新序·雜事》「虎豹之居也，厭閑而近人，故得；魚鱉之居也，厭深而之淺，故得；諸侯厭眾而亡其國。《詩》云：『維鵲有巢，維鳩方之。』」

　　《齊說》《鄉飲酒》鄭注：「《鵲巢》，言國君夫人之德。」

　　《毛序》「《鵲巢》，夫人之德也。國君積行累功，以致爵位；夫人起家而居有之，德如鳲鳩（鳲鳩，布穀鳥，傳說布穀鳥用心專一），乃可以配焉。」

　　《續讀詩記》「《鵲巢》，為諸侯夫人作也。不必有主名，當時諸侯昏（婚）姻以禮，被文王之化者多矣。」大約是諸侯夫人結婚進行曲。《詩考》引漢·后

蒼《齊詩傳》周康王時詩。臺灣學者馬承風（1971）《今注今譯》：「祝嫁女之詩。」

【校勘】

〔1〕《楚竹書》作《䳡棹》，《武威漢簡》作《鵲蕉》，棹蕉讀如巢。《毛》鵲，《字林》䧿，同。P2529 作《鵲巢》，《武威漢簡》作《鵲蕉》鵲同，蕉櫟巢讀如巢。戰國文字，以至後來文字多有形聲互位，如鴆作䲺。案：《毛》維、鳩，《魏志·高堂隆傳》作惟。《英藏》4/221「鳲」，當是鳱字之誤，鳱 gān，鳱鵲，喜鵲。鵲，《說文》舄、䧿，舄、離䧿古今字。《毛》御，《漢石經》御，S789、P2529 歸作婦，婦古字，作御御，俗字。《魯》《釋詁》下《書·牧誓序》《正義》引作迓。案：本字當依《三家》《周禮書·序官》鄭注《說文》《說文繫傳》《廣韻》作訝 yà。《書·牧誓》注、《集韻》迓，御讀如訝 ya，迓後起字。《釋文》「御，本亦作訝，又作迓。一作迎」，迎，屬陽部，與居不協韻，御讀如訝、迓，御訝迓同爲（古）疑魚，與居協韻。

〔2〕《唐石經》《英藏》4/222 兩，《齊》《易林·節之賁》輛，兩輛古今字。《毛》將，《說文》牂，將通牂。

【詮釋】

〔1〕維，語詞。鵲 què，以前訓爲喜鵲。但依據目驗，《古今注》、宋·樓大防《攻瑰集》：嚴緝《詩緝》、李時珍《本草綱目》、毛奇齡《續詩傳》：鵲，八哥。劉淩雲、鄭光美《普通動物學》訓爲紅腳隼 Falco gmurensis 鵲，上古生殖崇拜的藝術反映，雀，今西南官話仍有〔tɕʻio31〕，八哥。首兩句，興。不必太泥。

〔2〕兩輛 liàng，借代，代指車。御 yà，御迓訝聲母相同，御讀如訝、迓，《魯》《離騷注》「御，迎也。」

韻部：居御，魚部。

〔3〕《述聞》方，放，旁，依。一說有，據有。並，併。

〔4〕將 jiāng，陪送，送行。

韻部：方、將，陽部。

〔5〕盈 yíng，滿，《箋》：言眾媵姪娣之多。

〔6〕成 chéng，成家。

韻部：盈成，耕部。

【評論】

　　《魯說》漢・蔡邕《琴操》記載「古琴曲有歌詩五曲：《鹿鳴》《伐檀》《騶虞》《鵲巢》《白駒》。」此詩長於比興。《原始》：「取譬只在首二語。」

采　蘩

于〔於〕以采蘩〔蔽繁〕？	在何處採白蒿呢？
于〔於〕沼于沚〔詩時〕。	在池沼裡，在河塘裡。
于〔於〕以用之？	往哪兒去用呢？
公侯之事。〔1〕	用於公侯的祭祀。
于〔於〕以采蘩？	在何處採白蒿呢？
于〔於〕澗之中，	在溪澗的水裡。
于〔於〕以用之？	往哪裡去用呢？
公侯之宮。〔2〕	用於公侯的宗廟裡。
被〔髮〕之僮僮〔童童〕，	夫人戴上假髮首飾多華麗，
夙〔夘〕夜在公。	早晚恭敬忙祭祀。
被〔髮〕之祁祁，	夫人舒徐，打扮穠麗。
薄言還〔旋〕歸！〔3〕	於是回歸她的家裡。

【詩旨】

　　《左傳・隱3》「君子曰：『《風》有《采蘩》、《采蘋》……昭忠信也。』」貴族女子採白蒿祭祀歌。《齊說》《鄉飲酒》鄭注：認為是「王后國君夫人房中之樂歌也，」「《采蘩》，言國君夫人不失職。」《齊》、《禮記・射義》：「《采蘩》者，樂不失職也。」《毛序》同。《左傳・成13》：「國之大事，在祀與戎」，由《左傳・隱3》：「苟有明信，澗、溪、沼、沚之毛（茮、草），蘋、蘩、蘊、藻之菜，筐、筥、錡、釜之器，潢、汙、行、潦之水，可薦於鬼神，可羞於王公。」可知此詩為祭祀詩。采蘩後來作為恪守婦道，克盡婦職的典故。

【校勘】

　　〔1〕沚，《阜》簡 S004 作渟時，《定聲》渟通沚。《魯》《毛》《左傳》《夏小正》《釋草》蘩，《說文》蔽，《齊》《射義》《唐石經》《台》121/513 作繁，通蘩蔽古字，蘩或體。《鵲巢》《釋文》「蘩，本亦作繁」，武威簡《采茮》，茮蘩疊韻通借。《齊》《釋文》，「蘩，字今作繁」。於古字。《阜》簡 S004 時，《說文》《廣韻》詩，詩同沚，時讀如沚。

〔3〕被通鬢髲 pí，《說文》作髲。《英藏》4/222、《注疏》《詩集傳》僮，《三家》《禮記》注、《廣雅》童，《釋文》僮，本亦作童。童僮古字通用。《說文》殈，《漢石經》夙，古今字。《鄭君碑》後隸省爲歹，再變爲夙 sù，夙是俗體。《毛》《唐石經》祁祁，《毛》還，讀如旋 xuán，《從軍詩》《詠懷詩》《雜體詩》注引、《考文》、《台》121/P513、P2529 作旋。下同。古通作旋。S789 歸，俗體。

【詮釋】

〔1〕《疏》：以，何。于於古今字。于，爰，《擊鼓》「爰居爰處，爰喪其馬。」《桑中》「爰采唐矣？」設問句，于以，于何，在何處。繁、蘩古通用，詳《大戴禮記·夏小正傳》孔廣森補注。蘩 fán，菊科，白蒿，Artemisia sieversiana Ehrh.ex Willd. 嫩苗可食，古代又作祭品，又用作生蠶（前 7000 年已有養蠶業），又是中藥材，《藥海》稱白蒿甘、平，入脾、胃二經，主治：清熱利濕、防黃疸、熱痢、淋病；祛風除痹；補中益氣，解毒疗瘡。沼，池。沚，水塘。事 zhīshì 祭 jì 崇、精準鄰紐，之、月通轉，事通祭。

韻部：沚之事，之部。

〔2〕澗，山澗。宮，諸侯或貴族的宗廟。朱熹訓爲蠶室。

韻部：中宮，多部。

〔3〕被讀如鬢 dì，假髮，之，以。于省吾先生：被讀如彼，下同，公侯夫人。童童，讀如僮僮，莊敬，一說假髮高聳貌。殈，殈，早敬也，雖夕不休。此句言早晚忙於公事。一說夙夜，跦踖 zhùjí，踖踖 jíjí，敏捷貌，恭敬貌。詳《周語》《大戴·四代》。祁祁，萋萋，盛貌。《毛》：祁祁，眾多。薄言，語詞。旋歸，回家。《釋詁》：還，歸。

韻部：僮公，東部。祁，脂部；歸，微部。脂、微通韻。

【評論】

案：此詩善用設問，是一問一答的民歌體。末句含蓄。戴君恩：「連用四個「于」字，分明寫出疾趨不寧之意，僮僮在公、祁祁還歸，何等閒飭，眞傳神妙手也！」（《存目》經 61-235）。《原始》：「首二章事瑣，偏重疊詠之。末章事煩。偏虛摹之，此文法虛實之妙，與《葛覃》可謂異曲同工。」《恒解》：「讀前二章，又見夫人盤桓於山曲水涯，讀末一章，又見其往來於雍宮肅廟間，眞文章勝境也。」

草 蟲

喓喓草蟲〔螽蟲〕,	蟲喓喓叫個不停,
趯趯阜〔蟲蟲〕螽,	蚱蜢跳躍往來蹦個不停,
未見君子,	未曾見到意中人啊,
憂〔慐〕心忡忡〔懺懺沖〕！	憂愁的心忡忡不停。
亦既見止〔之〕,	已經看見他啦,
亦既覯〔遘鉤訽〕止〔之〕,	已經相見他啦,
我〔我〕心則降〔夅〕！〔1〕	我的心兒此時才平。
陟彼南山,	登上那南山,
言采其蕨〔虌蔈 biē〕。	我採那虌荣,
未見君子,	未曾見到意中人啊,
憂〔慐〕心惙惙！	憂愁的心百無聊賴。
亦既見止〔之〕,	已經看見他啦,
亦既覯〔遘訽鉤〕止〔之〕,	已經會見他啦,
我心則說〔悅〕！〔2〕	我的心兒喜悅百倍！
陟彼南山,	登上那南山,
言采其薇。	我採那野豌豆,
未見君子,	未曾看見意中人啊,
我心傷悲！	我的心兒傷悲哀愁！
亦既見止〔之〕,	已經看見他啦,
亦既覯〔遘鉤訽〕止〔之〕,	已經會見他啦,
我心則夷〔恞〕！〔3〕	我的心兒喜悅久久！

【詩旨】

情歌,思夫詩。抒寫對丈夫遠出的刻骨相思之情,欣見丈夫歸來的歡快之情。

《毛序》「《草蟲》,大夫妻能以禮自防(詩中並無此意)也。」

《魯說》《說苑・君道》「孔子對〔魯哀公〕曰:惡惡道不能甚,則其好善道亦不能甚;好善道不能甚,則百姓之親之也亦不能甚。《詩》云:『未見君子,憂心惙惙。爾既見止,亦既覯止,我心則說。』」

【校勘】

〔1〕《毛》阜,《魯》《釋蟲》《漢・五行志》蟲。《字彙》作蟲。《毛》

趯，《爾雅》躍。案：《毛》蟲，《爾雅》螽，東漢·蔡邕《章句》螽，蟲讀如螽。蟲、螽，字異義同之例。P2529 蟲，俗體。《毛》降，《說文》夅，降讀如夅。

〔2〕《毛》蕨，《三家》、陸璣《疏》《齊民要術》《類篇》《釋文》虌，又作虌 biē，同。《毛》憂心惙惙，《說文》、馬王堆帛書作惪，古字。《魯》《雲中君注》、《哀時命注》、《釋訓》《廣雅·釋訓》《廣韻》《類編》懘，宋本《玉篇》懘。《齊》、《鹽鐵論·論誹》作沖。《毛》、《說文》、《後漢·東平憲王蒼傳》忡，懘懘，異體。沖異文。沖通忡。之爲本字。《毛》止，1973 年漢馬王堆《五行》帛書、1993 年荊門郭店楚簡《五行》之。《毛》：「未見君子，憂心忡忡，亦既見止，亦既覯止，我心則降。」S789 我作我，薇作薇，作我，俗體，作薇，訛字。《漢石經》遘，《毛》覯，郭店楚簡《五行》詢，詢讀覯。《後漢·光武十王列傳》：「未見君子，憂心忡忡，既見君子，我心則降。」此當是後人變引。《毛》降，《詩文》夅，降讀夅。《魯》《說苑·君道》《毛》覯，《漢石經》《釋詁》疏《漢書注》《詩考補遺》引《三家》遘，覯通遘。《毛》我，伯 2529 作我，異體。《魯》《說苑·君道》《唐石經》說，《韓》《孔子家語·五儀解》S789《詩考》作悅。說悅正俗字。

〔3〕《毛》覯 gòu，《魯》《說苑·君道》覯，《漢石經》遘，《詩考》作見，避宋高宗諱，睡虎地秦墓竹簡《老子》甲本卷後古佚書《五行》作鉤，鉤遘讀如覯。《唐石經》夷，古字，《魯》《九懷注》《釋言》《玉篇》《廣韻》恞，夷恞。

【詮釋】

〔1〕喓喓 yāoyāo，呦呦，擬聲詞。案：蟲讀如螽。字異義同之例，《魯》《釋文》正作螽，草蟲，直翅目螽斯科昆蟲。俗名蟈蟈，織布娘。趯趯 tìtì，跳躍貌。螽 fù 螽，中華稻蝗。害蟲。惙惙、忡忡 chōngchōng，憂慮不安。亦，語詞。止讀如之。〔5〕詢遘通覯 gòu，喜相逢。降，讀如夅 xiáng，《說文》：「夅，服也，」悅服，愉悅。

韻部：蟲蟲忡降（夅），冬部。

〔2〕言，我。南山，終南山脈。周、秦稱蕨 jué（Pteridium aquilinum. var. latiusculum）菜，齊、魯稱虌菜，又名烏糯，蕨科，其菜初生似虌腳。這是中國的長壽菜，含多種維生素、礦物質、蛋白質、脂肪。根莖有蕨粉，可供食用或釀造，藥用則去暴熱、利濕、潤腸、降壓化痰、安神、利尿。蕨，

嫩時可食。清熱解毒化痰，升清降濁，清腸通便，瀉火，生津，補五臟。詳《藥海》2141～2142 頁與《生命時報》。惙惙，chuò chuò，憂貌。說悅古今字。

韻部：蕨惙說，月部。子止止，之部。

〔3〕薇，野豌豆。恞，yí，《釋言》「恞，悅」，《九懷・陶壅注》引《三家》夷，喜。《魯傳》：說，悅也，喜也。

韻部：薇悲，微部。夷（恞），脂部。脂、微合韻。

【評論】

此詩善用賦比興，擅長抒情摹狀，尤善本於抒情的對比，唐・李商隱《夜雨寄北》、宋・歐陽修《生查子》均受此影響。宋・謝枋得《詩傳注疏》：「『惙惙』，憂之深，不止『忡忡』矣。『傷』則惻然而痛，『悲』則無聲之哀，不止『惙惙』矣。此未見之憂，一節緊一節也。『降』則心稍放下，『說』則喜動於中，『夷』則心氣和平。此既見之喜，一節深一節也。此詩每有三節：蟲鳴、螽趯、采蕨、采薇之時，是一般意思；『忡忡』、『惙惙』，『傷悲』之時，是一般意思；『則降』、『則說』、『則夷'之時，是一般意思。」《詩志》：「連用『亦既』，柔滑濃致。只是空摹虛擬，卻亹亹有神。」

采　蘋

于以采〔採〕蘋〔蘋萍〕？	到哪兒去採蘋？
南澗之濱〔頻濵瀕頻〕。	到南澗的水濱。
于以采〔採〕藻〔薻藻〕？	到哪兒去採藻？
于彼行潦。〔1〕	到那流動的溾潦。
于以盛之？	用什麼盛放祭品？
維筐〔筐〕及筥〔莒〕。	圓底的筐，方底的筥，
于以湘〔鬺鬺〕之？	用什麼來煮好？
維〔唯〕錡及釜。〔2〕	三足的釜，無足的釜。
于以奠之？	到哪兒去祭祖？
宗室牖下。	宗廟的門戶，
誰其尸之？	今天誰來主祭？
有齊〔齋齌齋齋〕季女！〔3〕	那眞有才的莊敬的少女！

【詩旨】

祭祀的樂歌。詩人以欣喜的心情直陳了一位莊敬而且有才能的少女（毛《傳》則認為卿大夫之妻）從採集祭品到主祭的一系列活動。結句則是讚歎句。《采蘋》注：「《采蘋》言卿大夫之妻能脩其法度。」《左傳・襄 28》：「濟澤之阿，行潦之蘋藻，寘諸宗室（宗廟），季蘭尸之，敬也。」（《十三經注疏附校勘記》頁 980、2001）可為佐證。《杲溪詩經補注》：「《采蘋》，女子教成之祭所歌也。」

《魯說》《潛夫論・班祿》：「背宗族而《采蘩》（馬瑞辰糾正為《采蘋》），怨。」

《齊說》《射義》：「《采蘋》者，樂循法也。」《鄉飲酒》鄭注：「《采蘋》，言卿大夫之妻能修（循）其法度也。」

《毛序》「大夫妻能循法度也，則可以承先祖，共（案：《台》121/513 循作脩，共作供。脩當為循，共通供。）祭祀矣」。

《困學紀聞》引曹粹中《詩說》「《齊詩》先《采蘋》而後《草蟲》。」

【校勘】

〔1〕黃焯《釋文匯校》：作荓為正，蘋或體。《段注》作薲，通作蘋，薲、蘋古今字。荓薲蘋同。《武威漢簡》引作雖，異體。濱，《說文》頻，《墨・尚賢》《宋書・何尚之傳》瀕。頻瀕濱瀕 bīn 古今字，省作頻。《唐石經》濵，異體。下同，不贅。《毛》采，《白帖》100 採，後起字。本作采。案：本字作藻，《毛》藻，《阜》簡 S005 薻，藻字省，《說文》藻 zǎo，藻，或體。《武威漢簡》《周禮・導師》雖，雖讀如藻。《毛》藻，《詩考》引《韓》《廣韻》《集韻》薻，《集疏》引盧文弨：當據以改正。《說文》藻，同藻。筐為正字，《魯詩世學》凡筐、匚都作匚，《單疏》蘇轍本《宋石經》筐缺筆，避宋太祖諱。《毛》筥，《台》121/513 莒，莒訛字。S789 筐作筐，筥作莒。

〔2〕本字作薈，《說文》薈，《漢石經》《漢・郊祀志》《廣雅》引《韓》鬻，後起字。《唐石經》《蜀石經》殘卷、S789 湘，湘讀如薈鬻。《毛》維，《詩考》引《韓》唯。

〔3〕《毛》牖，其，S789、P2529 牖亓，亓古字。《阜》S006 牖，異體。本字齋，《毛》《蜀石經》蘇轍本齊。《阜》《玉篇》唐寫本《台》121/513《釋文》《白帖》69 作齋，《韓》《廣雅》《玉篇》齋。S2729/5 作齋，作盉即黎，古黐，當為齋，讀如齋 zhāi。

【詮釋】

〔1〕詩人用民歌問答式，于，往。《傳》于，於。關於楊樹達先生訓「以」爲「台」之說，《聯綿詞典序》言及符定一先生親聞於黎錦熙師所云：於古書無徵。案：以 yǐ，（古）餘之，焉 yān，（古）影元。以、焉是餘、影准鄰紐，又屬於陰陽韻部旁對轉中之、元相轉，所以以通焉，焉有哪裏、什麼的訓釋。《疏》:「言往何處」。于又通爰。于以，于焉，到哪裏。蘋（萍）pín（Marsilea quadrifolia），四葉菜，蕨類蘋科，多年生淺水草本，全草入藥，解毒除熱，利濕止血，主治瘡癰、熱淋、吐血、尿血、蛇咬。〔2〕濱 bīn，水涯。藻 piáo，浮萍。藻 zǎo，水藻，和以米麵也可蒸食，也作祭品。〔3〕行潦 líng lǎo，行通洐 líng，《說文》：洐，溝行水也。潦，雨後大水。

韻部：蘋濱，眞部。藻潦，宵部。

〔2〕盛 chéng，盛裝。方筐圓筥，竹製容器。湘 xiāng，《韓》鬺，《說文》鬺shāng，湘通鬺、鬺，《說文》「鬺，煮也。」錡，yǐ，三足釜。釜，無足曰釜。金文作缶，說文作鬴。

韻部：筥釜，魚部。

〔3〕奠，祭奠祖宗。宗室，宗廟。尸，主持。有，詞頭。齋 zhāi，古代祭祀肅穆敬重，齋齋，《齊》《祭義》:「齋齋乎！其敬也！」莊敬。《考文》：齊，敬。齊讀如齌 qí，好貌。此句說少女美好。季，少，排行第四。季女，作爲祖妣之尸。《左傳》引穆叔說是季蘭尸之。《說文》「齌，材也。」齍，以米、黍、稷在器以祭祀者，即齋，古齏字通齋、通齌。末章倒敘主祭人是一位莊敬又很有才氣的美好的四姑娘。

韻部：下女，魚部。

【評論】

戴君恩：「連用五『于以』字，分明寫出疾趨不寧之意，僮僮在公，何等竦敬！祁祁還歸，何等閒飭！眞傳神手也！」(《續修》58/171)《原始》:「〔一、二章〕祭品及所採之地，治祭品及所治之器。〔三章〕祭地及主祭之人，層次井然，有條不紊。」《會通》:「五用『于以』，有『群山萬壑赴荊門』之勢」。

甘　棠

蔽芾〔朩市芾𦿢沛芾〕甘棠，	茂密高大的甘棠，
勿翦〔剪㓹〕勿伐，	莫要砍伐剪折，
召〔邵〕伯所茇〔废芺柭〕！〔1〕	邵穆公虎曾理獄歇於樹下休憩，

蔽芾甘棠，　　　　　　　　茂密高大的甘棠樹，
勿翦勿敗，　　　　　　　　莫要翦除毀折，
召〔邵〕伯所憩〔愒〕！〔2〕　邵穆公虎曾斷案於樹下休息。

蔽芾甘棠，　　　　　　　　茂密高大的甘棠樹，
勿翦〔劆剪〕勿拜〔擗扒〕，　莫要翦除屈折她啊，
召伯所說〔稅脫〕。〔3〕　　　邵穆公虎曾理政於樹下休歇。

【詩旨】

《詩論》「甘棠之保（保，自召公對百姓遺愛之惠）。」案：老百姓是天是地是明鏡，爲政一方，能給老百姓有德政，故口碑流傳。召伯，邵康公姬奭（近代學者考證爲召穆公姬虎）在甘棠之下的草房爲老百姓理訟，遺愛在民，念人及物，甘棠不伐，《甘棠》是美政的藝術記載。此爲先秦民間傳唱的遺愛之歌。

《魯說》《燕世家》「召公之治西方，甚得兆民和。召公巡行鄉邑，有棠樹，決獄、政事其下。自侯伯庶人，各得其所，無失職者。召公卒，而民人思召公之政，懷甘棠，不敢伐；歌詠之，作《甘棠》之詩。」

《齊說》《易林・師之蠱》：「甘棠聽斷，怡然蒙恩。」《復之巽》：「甘棠之人，解我憂凶。」

《韓說》《韓詩外傳》1：「昔者周道之盛，召伯在朝，有司請營召以居。召伯曰：『嗟！以吾一身而勞百姓，此非吾先君文王之志也！於是出而就烝庶於阡陌隴畝之間，而聽斷焉。召伯暴處原野，廬於樹下。百姓大悅，耕桑者倍力以勸。於是歲大稔，民給家足。」

《毛序》：「《甘棠》，美召伯也。召伯之教明於南國。」此召伯是邵穆公虎。

【校勘】

〔1〕案：本字作芾。《漢石經》《詩校記》作蔽芾。《說文》屮，《魯》《法言》12《毛》蔽芾，《韓》《漢・王吉傳》顏注引作蔽茀，《外傳》《孔子家語・廟制》蔽茀，《張遷碑》蔽沛，《劉鎮南碑頌》《魏元丕碑》蔽芾，蔽弊，或體。《玉篇》蔽市，S789.P2529 蔽茀，宋本《七經小傳》蔽芾，古茀市芾通用。《魯》《韓》《說文》《釋文》《劉鎮南碑頌》《廣雅》《玉篇》《聲類》劌，《漢・韋玄成傳》引《魯》作髴，異文作髴，《毛》翦，《說文》劗。《齊》《白虎通・封公侯》剪，俗字。劌髴翦剪聲近義通。通作翦。召，召音邵，《魯》《悼亂注》《齊》

《漢・韋玄成傳》邵，周初金文作召。本字作庻，S2729/5 柀，傳寫之訛。《五經文字》、P2529、《唐石經》芺，俗體。《毛》《齊》《說文》《玉篇》《集韻》庻，《毛》芺 ba，《說文》：草根。柀芺通庻。

〔2〕憩，唐寫本、《釋文》愒，《英藏》憩，俗字。宋本、舊抄本作愒 qì，《說文》《釋文》作揭（當是愒字之訛》。《說文》：愒，息。偈，愒。《文字典說》《慧琳音義》《集韻》《廣韻》《定本》愒，《莞柳》「不尙愒焉」，《民勞》「汔可小愒」。愒憩古今字。

〔3〕《毛》翦拜。《齊》《周禮》漢・揚雄、《阜詩》S007 踐，《台》171/513《困學紀聞》3《毛》拜，擤 bài。又作扠，拜通扠。《魯》《韓》《箋》《廣韻》剪、扠。《廣雅》《玉篇》陳啓源《稽古編》拔，《稽古編》：拜本作扠。鄭玄：拜之言拔。本字作稅。《唐石經》《蜀石經》殘卷作說，《魯》《釋詁》郭注引作稅，《應詔詩》李注引《毛》正作稅。《釋文》：說，本或作稅，又作脫。說讀如稅。

【詮釋】

〔1〕案：詩人善於寫事象意象以感化人。蔽芾，與滂沛、磐礡、蓬勃、澎湃是同族的聯綿詞，疊韻詞，茂盛貌。《毛傳》訓爲小貌。非。甘棠，杜梨，棠梨，果比梨相似而小，甜酸。翦伐，連語，伐。邵 shào 邵伯，《魯說》《風俗通義》杜勇（1998）據金文認定是周初開國元勳召伯奭，甘棠樹在岐山縣城西南劉家源村，岐山劉家源甘棠樹。近代學者考證爲邵伯虎。《括地志》：召伯廟在洛州壽安里西北五里，甘棠在九曲城東阜。《唐石經》芺，芺通庻 bá，田間草舍，所謂寄廬。《雍水注》：岐山縣城西南劉家源村有召公祠，甘棠樹。後人稱邵伯棠、邵伯樹、召棠，詳南朝・梁・劉孝綽《棲隱寺碑銘》、前蜀・貫休《上盧使君》。翦、伐，連語，伐。案：寫邵伯虎棲止、理政於基層，故民眾有遺愛在心，作去思之歌。後人以棠陰比喻良吏的政績。

韻部：伐芺（庻），月部。

〔2〕翦敗，連語，敗，折斷。《詩緝》：敗，殘毀。〔5〕愒憩（愒），止息。

韻部：敗憩（愒），月部。

〔3〕翦拜，連語，伐。拜，唐・施士丏《施氏詩說》：拜，屈。高本漢：拜，攀折。案：拜 bài、扠同爲幫母，拜拔疊韻通借。說讀如稅 shuì，（古）書月，《魯》《釋詁下》稅，舍也。舍車休息。

韻部：拜說（稅），月部。

【評論】

《詩論》簡 15：「及丌（其）人，敬懋丌杢（敬愛其樹），丌保（其褒）厚矣。《甘棠》之懋（愛），呂（以）邵公也。」案：此詩是以具體生動的事象意象感人的故事，寫邵穆公蒞政清平，故詩高古而蘊涵，邵公萎矣，其清音美政獨遠。《說苑·貴德》引孔子云：「吾於《甘棠》見宗廟之敬也甚。尊其人必敬其位，順安萬物，古聖之道幾哉！」這是有文字可考的作為詩歌藝術的第一篇去思篇，遺愛之歌，所謂美政在民心。《左傳·襄14》「武子之德在民，如周人之思召公焉，愛其甘棠，況其子乎！」《魯傳》《韓傳》《說苑·貴德》：「聖人之於天下百姓也，其猶赤子乎！饑者則食之，寒者則衣之，將之養之，育之長之，唯恐其不至於大也。《詩》曰『蔽芾甘棠，勿翦勿伐，召伯所茇。』」《考文》：「不重煩勞于百姓。」宋·謝枋得《詩傳注疏》：「思其人，一節深一節；愛其樹，一節緊一節。此詩人法度，亦可見其忠厚之至也。」《原解》：「是詩語緩而情切，辭約而旨深。不言召伯之仁，有言不能盡者，千古去思，此為首唱。」清·顧廣譽《學詩評論》：「不言愛其人，而言愛其所茇之樹，則其感戴者益深。不言為時之愛，而言事後之愛，則其懷思者尤遠。」《會通》：「舊評云：千古去思之祖。」此詩開啓杜甫《蜀相》。

行　露

厭〔淊獻〕浥〔挹〕行露，	路上繁露濕漉漉，
豈不夙夜？	早晚趕路太辛苦，
謂行多露〔路〕。〔1〕	無奈趟露怎怕苦？
誰謂雀〔爵〕無角〔觜喙〕？	誰說雀兒沒有喙？
何以穿〔穿〕我〔我〕屋？	憑什麼穿破我的房？
誰謂女〔汝〕無家？	誰說你家無妻子？
何以速我〔我〕獄〔獄〕？	憑什麼抓我進牢房？
雖速我〔我〕獄〔獄〕，	雖說抓我爭訟，
室家不足！〔2〕	逼迫我成婚不可能！
誰謂鼠無〔無〕牙？	誰說老鼠沒有牙？
何以穿我〔我〕墉〔壙〕？	憑什麼打穿我的牆？
誰謂女〔汝〕無家？	誰說你家無婆娘？

何以速我〔我〕訟？　　　　憑什麼抓我對簿公堂？

雖速我〔我〕訟，　　　　　　雖召致我吃官司，

亦不女〔爾〕從〔従〕！〔3〕　絕不順從你這白眼狼！

【詩旨】

　　周代，有一惡男企圖越禮強逼女子爲妾，並令人吃驚地送她吃官司。遭到這一位堅貞不屈的女子的嚴詞痛斥與強烈反抗，該女子勝訴了？大約遇到能親民、持法理、通民情的召伯理獄，她勝訴了。於是美政和詩流傳千古，堅貞不屈的女子形象也深深感染後代。方麗傑（2005）《〈詩經・召南・行露〉的千年誤讀》考證：是一位傷心欲絕的妻子憂傷堅定的離婚誓詞。

　　《魯說》《列女傳・貞順篇》《左傳・宣一》《正義》引服虔曰：「古者一禮不備，貞女不從。《詩》曰：『雖速我訟，亦不女從！』」《列女傳》：《行露》爲召南申女作。夫家訟之於理，致之於獄。女守節持義，必死不往，而作詩曰：「雖速於獄，室家不足。」朱熹《詩集傳》同。

　　《齊說》《易林・大壯之姤》：「婚禮不明，男女失常。《行露》反言，出爭我訟。」《無妄之剝》：「《行露》之訟，貞女不行。」

　　《韓說》《韓詩外傳》1：「夫《行露》之人許嫁矣，然而未往也。見一物不具，一禮不備，守節負理，守死不往。君子以爲得婦道之宜，故舉而得之，揚而歌之，以求無禮之求，防汙道之行。《詩》曰：『雖速我訟，亦不爾從。』」

　　《毛序》「《行露》，召伯聽訟也。衰亂之俗微，貞信之教興，強暴之男不能侵淩貞女也。」

【校勘】

　　宋・王柏《詩疑》、王質《詩總聞》認爲首章與後二章意思不貫。

　　〔1〕《魯》《韓》《說文》《廣雅》《廣韻》《集韻》《繫傳》湆，厭讀如湆，《毛》厭，假借字。浥，舊抄本《經典釋文》：浥 yì，本又作挹。挹通浥，當從《說文》浥，《說文》《廣雅》《玉篇》《繫傳》《英藏》4/221 浥，S789.P2529 挹我，俗體。以下不再標出，露，S789 號路，當是露字之訛；《考文》暮，當是異本。

　　〔2〕《毛》獄，S789、P2529 獄，俗字。

　　〔3〕《毛》無，《阜》S008 無，古字。《毛》墉。雀，S789 P2529 墉，俗字。爵 jué，爵雀字異音同，爵通雀。角，觜，舊抄本作喙，義同。《蜀石經》咮，當作咮，咮喙噣字異義同。穿穿，古今字，《集韻》《龍龕手鑑》穿，《毛》

作穿。《釋文》穿，本又作窄。《韓詩外傳》爾，下同。《毛》女，P2529《蜀石經》汝，古今字。

【詮釋】

〔1〕如楊蔭瀏《中國音樂史稿》所說，〔首章〕這是一個曲調的幾次重複之前，用一個總的引子。《魯》《韓》《廣雅・釋詁》：湆湆，濕。案：湆 qì，浥 yì，疊韻詞，幽濕。行 háng，路上。豈不，有此。黃焯《毛詩鄭箋評議》：「豈不，乃詩人設爲反正之詞。」夙，早。夜，暮。早晚趕路。謂 wèi，《述聞》：謂，奈。《說經》：露通路。

韻部：露露，魚部。夜，鐸部。魚鐸合韻。

〔2〕雀，樹麻雀。角，《世本古義》當爲觜 zuǐ，鳥喙 huì。《詩經稗疏》1：雀實有角，鼠實有牙。《類聚》56引晉．摯虞《文章流別論》：「五言者，『誰謂雀無角，似以穿我屋』之屬是也。」何以，以何，憑什麼。穿，穿破。女，汝，你。家，家室，妻。許家璐師校孫詒讓校《十三經校勘記》孔：男得〔稱〕夫，女稱家。速 sù，召致，告上。讓我吃官司。獄，爭訟。訟，倒句以協韻，訟我。

韻部：角屋獄獄足，屋部。

〔3〕牙 yá，大牙，臼齒。後以角牙，比喻誣陷他人的卑劣手段。墉，yōng，牆壁。訟 sòng，爭訟。互相對質於公堂。亦，也；縱然你送我吃官司，也絕不屈從你。

韻部：牙家，魚部。墉訟訟從，東部。末章用隔韻。

【評論】

《文心雕龍・章句》：「五言見於周代，《行露》之章是也。」《原解》2：「誦此詩者想見貞淑之氣，如疾風勁草，挺然孤秀。」《詩志》：「得力在疊兩『行露』之子，婉絕！峭絕！」「『雀』、『鼠』〔兩章〕，罵得痛快而風致。」《詩志》1「平空撰出兩造對簿之辭，奇甚！」《臆補》上：「妙於用反，若正說，便索然。」杜甫《花卿歌》取法於此。此詩是五言詩之祖。至蘇、李詩，《古詩十九首》，五言詩體制大備。

羔　羊

羔羊之皮，	瞧他那羔羊裘衣，
素絲〔絲〕五紽〔它他佗紽〕，	素絲 25 根來縫啊，

退食自公，	節儉奉公，正直奉公，
委蛇委蛇〔逶迤褘它蟡褘隋〕。〔1〕	他進退有度，心地雍容！
羔羊之革，	瞧他那羔羊裘衣，
素絲五緎〔䟴〕，	素絲 100 根來縫啊，
委蛇委蛇，	他進退有數，心地雍容，
自公退食。〔2〕	因為他能節儉奉公，正直奉公！
羔羊之縫〔䩺〕，	瞧他那羔羊裘衣，
素絲五總〔緵〕，	素絲 400 根來縫啊，
委蛇委蛇，	他進退有數，心地雍容，
退食自公。〔3〕	只緣他節儉奉公，正直奉公！

【詩旨】

案：西方曾以絲的民族稱中國。絲的潔白柔韌之性是耐人深味的。此詩讚美周朝處於上升時期的士大夫善於律己，務在奉公惠民，《羔羊》詠嘆的是公職人員從公門公膳進出，清廉節儉，有潔白柔韌之性，退食自公之節，正直節儉之德，杜絕苟進之風，而有平易自得、公正怡然之樂。

《魯說》《漢・谷永傳》《疏》：「退食自公，私門不開。德配周召，忠合《羔羊》。」

《齊說》《易林・晉之臨》：「羔羊皮弁，私門不開。德配周召，以合萬福。」《易林・謙之離》：「羔羊皮革，君子朝服，輔政扶德，以合萬國。」《古文苑》2：曹大家《鍼縷賦》：「退逶迤以補功，似素絲之羔羊。」

《韓說》《後漢・王渙傳》注引《韓詩章句》：「詩人賢仕為大夫者，言其德能稱，有潔白之性，屈柔之行，進退有度數也。」

《毛序》：「《羔羊》、《鵲巢》之功致（《注疏》本作「之功致也」。案：《唐石經》作「鵲巢之功致也」，P2529 號作「功之所致也。S789 號作「鵲巢之功所化也」）也。召南之國，化文王之政，在位皆節儉正直，德如《羔羊》也。」朱熹《詩集傳》同。《詩切》、蔣立甫《選注》則以為諷刺，恐不切詩文。

【校勘】

〔1〕《毛》革，《玉篇》：襧kè，或作䪗。䪗、革古今字。《毛》絲紽，S789 絲紕。P2529 絾，同。紽，《釋文》本又作他它，本或作紽。通作紽。錢大昕《潛研堂答問》：縺shī，即「素絲五紽」之紽。《注疏》作紽，舊抄本作紕，敦煌本作蚖，佗、紕、蚖異體或傳寫之訛，都在歌部。《毛》「退食自公」。《阜》

簡 S0011 作「蛇蛇自公」，異本。《漢石經》《唐石經》委蛇，S789 委委虵虵，《英藏》4/221 作絁，P2529 委委蛇蛇，《費鳳碑》逶虵，《詩考》引《韓詩內傳》《衡方碑》禕隋，《唐扶頌碑》逶隨，《廣韻》逶蛇，通作委蛇。《齊》《鍼縷賦》《釋文》引《韓》作逶迤，敦煌本「委委蛇蛇」，漢・郭舍人《爾雅注》《玉篇》「禕禕它它」，台 6/489「委委虵虵」。《馬汧督誄》注引《毛》作「逶迤逶迤，自公退食。」沉重《義疏》「讀作委委虵虵」（《續修》1201/396）古蛇 yí 字多寫作虵、虵，《唐石經》「虵」。上述字異而音義同。

〔2〕《魯》《釋訓》《毛》緎，《齊》《說文》黬 yú。《玉篇》：黬，亦䵮字。同。

〔3〕《毛》縫，《字林》韃，異體。《唐石經》緫，P2529 総，同。《漢石經・聘禮》《史・孝景紀》《漢・王莽傳》注《玉篇》緵，《五經文字》悤。悤忽蔥是總的古寫，如銀雀山簡《孫子兵法》總字作蔥 cong 讀爲總。緵 zōng 古字。

【詮釋】

〔1〕《集注》：「天子諸侯朝祭之服，先著明衣，又加中衣，又加裘衣，外又加裼衣，裼衣之上，乃加朝祭之服。」羊，大爲羊，小爲羔。皮，皮裘。紽 tuó，《疏證》：五絲爲紽，四紽爲緎，四緎爲總。公，公門，朝廷。自，從，從公門回家。在公門則盡心公門。自公門減膳回私家，奉公守法，正直節儉，進退有數，又杜絕苟進之風，所以雍容自得，保持了素絲一般潔白之性、正直節儉之節。盡心爲公。所以，《故敦煌長史武君碑》云：「孝深《凱風》，志絜《羔羊》。」委委蛇蛇，wēiwēiyìyì，疊韻詞，雍容自得貌，《韓》逶迤 wēiyì，公正貌。《魯》、《爾雅》委委佗佗，美也。漢・郭舍人《爾雅注》：禕禕，德之美。

韻部：皮紽蛇（迤），歌部。

〔2〕革裲䪏 ke，裘皮。此處爲叶韻。緎黬，yù，20 根絲爲緎，縫羔羊接縫處。《魯說》：《釋訓》緎，羔羊之縫。《韓說》：緎，數。《述聞》：「五絲爲紽，五紽爲緎。」退食，從公門退食於家。

韻部：革（䪏裲）緎食，職部。

〔3〕縫 fèn，衣縫，裘皮界緎。總（緫）zōng，80 根絲爲一總。

韻部：縫總（緵）公，東部。

【評論】

《韓說》：委委佗佗，德之美也。《魯說》漢・蔡邕《正交論》「斷交者貞

而孤，孤有《羔羊》之節。」《續讀詩記》1：「《羔羊》，國人美其大夫而作也。以羔羊爲裘，以素絲爲縫，其節儉可知也。退食自公，委蛇委蛇，職事整暇，心志寧謐。門無私謁，出無躁進。此之爲正直矣。退食者委蛇，行役者不遑，各守其職也。」明代朱得之《近古詩話》：「《羔羊》，三疊『退食自公』，『委蛇委蛇』，初美其從容自得，次則即其從容自得。舉時舉地，抽繹以詠歎之也。」《杲溪詩經補注》：「《羔羊》，美職修也。官民無事，政明而頌聲作，是故望其服飾容度，誠有味乎其言也。」《原始》：「〔一章〕摹神。〔一二三章〕三章迴環諷詠，有歷久無改厥度之意。」

殷其靁〔霆〕

殷〔磤印霅〕其靁〔離靁雷〕，	聽那磤磤的雷聲，
在南山之陽。	響在南山南方，
「何斯違〔韋〕斯？	「何以急乎乎離開此地？
莫敢〔或〕遑〔皇〕。	不敢有空暇的時光！
振振〔桭〕君子，	敦敦厚厚的郎君啊！
歸哉！歸哉！」〔1〕	回來喲！回來喲！快快回到我的身旁！」
殷其靁，在南山之側。	聽那磤磤的雷聲，響在南山南方。
何斯違〔韋〕斯？	何以急火火離開此地？
莫敢〔或〕遑〔皇〕息。	不敢有空暇稍息的時光！
振振〔桭〕君子，	敦敦厚厚的郎君啊！
歸哉！歸哉！〔2〕	回來喲！回來喲！快快回到我的身旁！
殷其靁，在南山之下。	聽那磤磤的雷聲，響在南山山麓。
何斯違〔韋〕斯？	何以急如風火離開此地？
莫敢〔或〕遑〔皇〕處〔処〕。	不敢抽空與我同居。
振振〔桭〕君子，	敦敦厚厚的郎君啊！
歸哉！歸哉！〔3〕	回來喲！回來喲！快快回到我的門戶。

【詩旨】

思夫詩。《阜詩》：「《印其離》，傷痛別離也。」應是詩旨。朱熹《詩集傳》：「婦人以其君子從役在外而思念之，故作此詩。」《名物抄》1：「《殷其靁》，大夫、士之妻思其夫。」《杲溪詩經補注》卷下：「《殷其靁》，感念君子行役而作也。」《通論》、《會通》都否定《詩序》「勸以義」之說，吳氏指出：「詩

意但懷人之作，未見『勸以義』之意。」《談經》：「此篇爲婦勸其夫之詞。」

《毛序》：「《殷其靁》，勸以義也。召南之大夫遠行從政（P2529「政」作「正」，正通政。《台》6/489「政」作「士」（當是「仕」字）），不遑寧處，其室家能閔其勤勞，勸以義也。」P2529 號殷作璘，經文亦同，政作正。殷、碅皆擬聲詞，碅更準確，政、正古通用，正通政。

【校勘】

〔1〕案：《魯》《韓》《漢石經》《廣雅》《玉篇》作靁。靁，古字。《毛》《唐抄文選集注匯存》、S789《唐石經》殷其靁，《阜》S0014「印其離，離、雷同爲來母，離讀如雷。靁，雷。案：本字作碅，《釋詁》《疏》建本作隱，P2529 號作碅。案：殷印隱碅轕字異音義同，《通俗文》《廣雅》《玉篇》《景福殿賦》注《廣韻》引《毛》正作碅。《釋文》靁，亦作雷。S014 殷作印，違作韋，雙聲通假。《毛》違，《阜》S0011 韋。韋 wéi，《說文義證》：韋通作違。《毛》違，《眾經音義》6 引《韓》P2570、S2514、S2049「皇」，案：作「皇」是古本。六朝前作皇，唐寫本作違。皇違古今字。《釋言》作徨。《釋文》本或作徨。徨，後起字。《毛》「莫敢遑息」，《考文》古本作「莫敢或皇息」。宋本「或」字作敢。阮元《刻〈七經孟子考文並補遺〉序》：「《毛詩·殷其靁》，《足利》本二章作『莫敢或皇息』，三章作『莫敢或皇處』，此二章承首章加『息』、『處』二字，爲韻極合，而淺人於二章刪『或』字，三章刪『敢』字，以成四言，古人之文不若是纖巧矣。」《毛》《注疏》《集解》均無「或」字。當從《足利》本。《毛》振，P2529 桭，俗字。《毛》違，S789 皇，雙聲通借。

〔2〕《毛》違，《阜》S0013 號作韋，韋讀如違。

〔3〕《毛》處，當依《足利》本作「莫敢或遑處。」《說文》処古字。

【詮釋】

〔1〕一章觸景懷人。女詩人善用擬聲詞、趁韻。殷其，殷殷，碅璘隱殷印 yǐn yǐn，殷殷碅碅隱隱，宏大的雷聲。女詩人聞雷起興。靁，古字。案：離與靁、雷同爲來母，在陰聲韻旁轉中歌、微相轉，離通靁。《韓》作靁，zhuī，《廣雅·釋天》「靁，雷也」。《疏證》：「靁之言嘽嘽然也。」山之陽，山南。案：何斯之斯，《助字辨略》：「斯者，則辭，辭之急也。」是表示急切的語氣詞。違，離。《箋》：「何乎此君子，適居此，復去此？」或、有雙聲通借。不敢稍有空暇休息。莫，不。皇違，《魯》《釋言》徨 huáng，暇。振振 zhēn zhēn，信厚敦實貌。君子，丈夫。

韻部：陽皇（偟遑），陽部；子哉，之部。

〔2〕側，山旁。或、有。息，稍息。

韻部：側息，職部；子哉，之部。職之合韻。

〔3〕下 xià，（古）匣魚，當讀如戶，今吳語區仍讀音如戶。山麓。《眾經音義》43引《毛傳》：處，居，止。

韻部：下處，魚部；子哉，之部。

【評論】

案：聞雷聲而起興，抒發了強烈的思夫之情，此中國閨怨詩之祖。此詩善於暗用廋詞，雲雨，歡會，又見《伯兮》《衡門》《東山》。龔澄《詩本誼》：「《殷其靁》，婦人思行役也。」《後箋》：「細繹經文三章，皆言在，而屢易地，正以雷之無定在，興君子之不遑甯居。」

摽有梅

摽〔茇叐芺蔉摽〕有梅〔某某楳〕，	成熟的梅子落了。
其實七兮〔也〕。	十成還有七成。
求我庶士，	追求我的眾小夥子，
迨其〔及〕吉兮！〔1〕	願您選個吉日來娶親。
摽〔茇叐芺蔉摽〕有梅〔某某楳楪〕，	成熟的梅子落了，
其實三〔也〕兮，	十成還有三成，
求我庶士，	追求我的眾小夥子，
迨其〔及〕今兮！〔2〕	願您娶親就在即今。
摽〔茇叐芺蔉摽〕有梅〔某某楪〕，	成熟的梅子落了，
頃〔傾〕筐墍〔既摡〕之，	用斜筐取吧，
求我庶士，	追求我的眾小夥子，
迨其〔及〕謂之！〔3〕	願您明說娶吧！

【詩旨】

案：誰願為剩女？抒情主人公用直白的語言，吐內心衷曲，言摽梅之年（婚姻及時），遠早於英國的「穀子熟了，親愛的，就等你來收割」一詩，比喻新穎，寄寓深刻，寫女子尋求心上人的迫切心情。今人蔣立甫《選注》以為採梅情歌，可備一說。大約是聚會時，女子大膽唱給男士們的情歌。台·

馬承風《今注今譯》:「這是描寫一位女子感於青春易逝而急於求士的心理。」

《魯說》蔡邕《協和婚賦》:「《葛覃》恐其失時,《摽梅》求其庶士(《初學記》14 引作事。)唯休和之盛代,男女得乎年齒,婚姻協而莫違,播欣欣之繁祉。」

《韓說》《周禮‧媒氏》《疏》引張融曰:「《摽有梅》之時,殷紂暴亂,嫁取(娶)失其盛時之年;習亂思治,故戒(《經義雜記》作嘉)。」文王能使男女得及其時。

《毛序》:「《摽有梅》,男女及時也。召南之國被文王之化,男女得以及時也。」

【校勘】

〔1〕正字是受,當從《三家》受。《漢石經》《五經文字》摽摽通受。《說文》《玉篇》《集韻》《廣韻》受,《韓》芟,又作莩,《毛詩音義》、《孟‧梁惠王上》注引《韓》莩,《漢‧食貨志贊》注引作藁芟,是受字增形字;莩此處音通受。《魯》受,《毛》摽,S2729/5 摽,東漢‧蔡邕《協和婚賦》、《類聚》86、《白帖》99、《P2529 標,俗字,莩是芟的誤字。《三家》《說文》受,《毛》摽,摽是受的俗字,《敦煌》本作摽、標,藁標摽通受。某是正字 méi,《說文》槑,古字,《韓》《說文》《玉篇》、《集韻》某,《毛》梅,後通作梅。《釋文》引《韓》楳。《阜》S016某,楳、某是某字增形字。楳同梅。兮《阜》S015作也。

〔2〕《白帖》99 作既。《三家》《說文》《玉篇》引《韓》「傾筐摡之」,塈讀如摡。《毛》頃、塈。P2529 傾、塈。S789 頃,頃通傾,既塈通摡。迨,本字作隶,俗作迨,字異義同。《漢石經》《毛》其謂之,《蜀石經》作及,異本。

【詮釋】

案:用直白語言,寫渴求愛情。

〔1〕《周禮‧媒氏》:「中春之月,令會男女。於是時也,奔者不禁;若無故而不用令者,罰之。」受 piǎo,物落。藁摽標通受。有,名詞詞頭。槑、某,今作梅,酸果(Myrica rubra Sieb, et zuce),薔薇科,花分紅白二色,有清香,可供觀賞,果可作調味品,可食,可製蜜餞,可製藥。養陰生津,治下痢、煩渴、霍亂,和胃消濕,傷酒等。實,梅子,七,七成。《錢鍾書集》頁 151「尚是從容相待之詞。」庶士,眾士。士,指未婚男士。《韓》迨,願。《魯》《釋言》迨,及。吉,吉日,好日子。

韻部：梅士，之部；七吉，質部。

〔2〕三，三成。《錢鍾書集》：「則敦促其言下承當。」今 jīn，《傳》釋爲「急辭」。今，即今，即，「《魏策》曰：臣今從。《燕策》曰：『馬今至矣。』」

韻部：梅士，之部；三今，侵部。

〔3〕頃通傾。案：墍 xì，讀如摡 gài，取，洗滌。迨，願。謂，徐灝《通介堂經說》「庶幾其告之也」，俗話說：你挑明說娶我好了。《詩本義》：「謂者相語也，遣媒妁相語以求之也。」此當爲確訓。《周禮·媒氏》：「仲春，令會男女。」《通釋》：謂，徦，彙，聚會，可備一說。

韻部：梅士，之部；墍（摡）謂，微部。

【評論】

朱熹《詩集傳》以爲「淫詩」。謬甚。《續讀詩記》以爲父母「擇婿之辭」，牽強。左寶森《說經嚲語》以爲「殆召國行南國求賢之所作也」，《原始》亦然。鑿矣。《稽古編》2 遙承宋·程顥《遺書》《摽有梅》「汲汲惟恐不及時」，《摽有梅》，女之求男汲汲焉。近之。《詩志》：「開後世閨怨之祖。」案：詩本情性，此詩是大齡姑娘善於用喻的率性之作。《樂府詩集》北朝民歌《折揚柳枝》：「門前一株棗，歲歲不知老。阿婆不嫁女，那得孫兒抱？」《摽有梅》是其濫觴。

小 星

	〔我是卑官小吏〕
嘒〔曀嘒〕彼小星，	那眾多星星，
三五在東。	參星三顆昴星五顆在東方夜空，
肅肅宵〔宵〕征〔延〕，	我速速連夜趕路，
夙〔夘夘風〕夜在公，	我早晚不休一心全爲公，
寔〔實〕命不同。〔1〕	苦樂何其不均，是命不同。

	〔我是卑微的小吏〕
嘒〔曀〕彼小星，	那眾多的星星，
維參〔曑〕與昴〔鼎鼎〕，	參宿昴宿懸在西方夜空，
肅肅宵〔宵〕征〔延〕，	我速速連夜出發，
抱衾〔裯〕與裯〔幬〕，	帶好被子帳子，
寔〔實〕命不猶〔猷〕。〔2〕	可悲喲！我命數比別人窮。

【詩旨】

案：政務公務全由小吏一肩擔，苦樂極其不均，小官吏日夜不休，表面上恨命不同，抒發內心的不平之聲。《續讀詩記》1「《小星》，庶妾作也」，《詩集傳》，《召物鈔》：眾妾美南國夫人，均失之牽強。《通論》2：「此篇章俊卿以爲『小臣行役之作』，是也。」

《齊說》《易林・大過之夬》：「旁多小星，三五在東。早夜晨行，勞苦無功。」

《韓說》《外傳》1：「任重道遠者，不擇地而息；家貧親老者，不擇官而仕。故君子橋褐趨時，當務爲急。《傳》云：不逢時而仕，任事而敦其慮，爲之使而不入其謀，貧焉故也。《詩》曰：『夙夜在公，實命不同。』」

《毛序》：「《小星》，惠及下也。夫人無妒忌之行，惠及賤妾。進御於君，知其命有貴賤，能盡其心矣。」

【校勘】

〔1〕本字作曀，《韓》《玉篇》《廣韻》《集韻》《正字通》曀。《毛》訛作嘒，星無所謂「小聲」，《台》6/489、S789 嘒，嘒同曀，嘒通曀，嚖異體。《魯》《九歎注》《毛》宵，P2529「霄」。霄，俗字。《毛》征，本作延，俱讀爲 zhēng。《毛》夙，《說文》夙，《漢尉氏令碑》《鄭季宣碑》夙。本字作夙，隸省爲夙，再變爲夙。徐鉉：今俗書作夙，訛。P2529 風，風夙字之訛。《毛》寔，《外傳》1、《張表碑》《校勘記》實，實讀如寔。

〔2〕金文作昴，《毛》昴。《齊》《魯》《史・天官書》《說文》昴。孫志祖：昴，卯，一名罶，與裯猶爲韻，《釋文》音卯，非也。《律書》「北至於留」，《索隱》：留即昴（昴、留，昴星別名，《集韻》留（liǔ，力九切）。蜀石經罶。檢《敀簋 guǐ》作曑昴。《毛》抱衾，《英藏》4/221，S2729 衾。俗字。《三家》《釋訓疏》《贈白馬王彪》《招魂》《說文》《慧琳音義》63 引《韓》、《箋》訓作床帳則必爲幬，《魯》《九辯》P2529、S2729/5、《毛》裯。裯裯異體。裯幬同。《魯》《釋言注》猶，《毛》猶。案：《說文》無猶，猶猶通。

【詮釋】

〔1〕嘒通曀。有曀，曀曀，眾星貌。彼，形容詞尾語。二十八宿 xiù，是中國人在先秦時代傑出的天文學發明，中國古代天文學家把周代黃道（太陽、月亮所經天區的恒星分成二十八座星座。西方七宿：奎婁胃昴畢觜參。參 shēn 四、七，獵戶座七顆亮星中最亮的紅超巨星，藍超巨星。昴 mǎo，有

七顆星團。《述聞》5:「三五，舉其數也。考定昴宿五星、參宿三星西方七宿，著其名也。」蕭蕭、速速音義同，疾速出發。征，行。恭謹不懈。《說文》「夙〔夙〕sù，早敬也。從丮、夕。持事雖夕不休，早敬者也。」在，自。公，公務。實、寔，是。命，命數。

〔2〕抱 bào，抱持。衾 qīn，大被。裯通幬，《魯》《釋訓》《韓詩外傳》：幬 chóu，床帳。猶 yóu；如 rú，餘紐、日紐准鄰紐，陰聲韻部旁轉幽魚相轉，猶，如，同。《魯》《釋言》：猷 yóu，若也。末句詩人自寬之詞。

韻部：星征（延），耕部；昴裯（幬）猶猷，幽部。

【評論】

案：「夙夜在公」是重要的行政思想，大家都在為公務、為國家民族而孜孜努力，國家方有希望，方能圖強。這短詩則是抒發了周朝苦樂極其不均時詩人的不平。洪邁《容齋三筆》：「此詩本是詠使者遠適，夙夜征行，不敢慢君命之意。與《殷其雷》之旨同。」戴君恩：「逼真！逼真！」《詩古微》下編一：「使臣勤勞在外，以義命自安也。」

江有汜

江有汜〔沍汜〕，	江上有支流的汜水，
之子〔于〕歸〔婦〕，	這個男子回歸，
不我〔我〕以，	竟不與我親與，
不我〔我〕以，	竟不與我親與，
其後〔浚〕也悔！〔1〕	將來你必定後悔！
江有渚，	江上有芳洲，
之子〔于〕歸，	今日這個男子把家回，
不我與〔與〕，	竟不與我一起把家歸，
不我與〔與〕，	竟不與我一起把家歸，
其後也處〔瘋〕！〔2〕	則有你病堪幽憂！
江有沱〔汓池〕，	江上有支流，
之子〔于〕歸，	這個男子回家走，
不我過，	竟不與我和和美美過，
不我過，	竟不與我和和美美過，
其嘯〔歗〕也歌〔謌〕！〔3〕	則有你悲嘯號哭的時候！

【詩旨】

案：女詩人自怨自寬的情歌。這是一部周代梁、荊地區悔作商人婦的簡略而痛楚不已的既抱憾終生又不免懷有癡望的感傷的羅曼史的詩的展示。《原始》2「此必江漢商人遠歸梓里，而棄其妾不以相從。」台灣學者馬承風《今注今譯》與劉毓慶、李蹊全注全譯《詩經》認爲是男子失戀詩。

《齊說》《易林・夷之噬嗑》：「江水沱汜，思附君子。伯仲爰歸，不我肯顧。姪娣恨悔。」

《毛序》：「《江有汜（《唐石經》作氾，誤，當作汜）》，美媵也。勤而無（《台》121/513 作「不」）怨，適（《唐石經》作嫡）能悔過也。文王之時，江、沱之間，有嫡不以其媵備數。媵遇勞而無怨，嫡亦自悔（《台》6/489「悔」下有「者」字）也。」

【校勘】

〔1〕案：正字作汜，《魯》《漢石經》殘碑《韓》《說文》《玉篇》《集韻》《廣韻》洍，《齊》《考文》《毛》汜，《唐石經》氾，洍汜同，氾當作汜。《唐石經》「之子歸」，S789.P2529 皈。《漢石經》《考文》《蜀石經》「之子于歸」下同，《注疏本》脫「于」。二、三章同。可能因爲有別於《桃夭》「之子于歸」與上下句是三字句爲求整飭刪「于」字。當從古本、《蜀石經》。三章皆同。《古籍叢編》、敦煌本《毛詩故訓傳殘卷》作「不二（不不）我二（我我）與與。」S789.P2529 作秡、湲，俗字。《漢石經》不我以，段玉裁：古作「不我㠯」，「不我㠯」者，不來我也。

〔2〕處，古文作処。《毛》與，S789 與，古簡體。

〔3〕沱，S789 池，P2529 沲，池沲異體，讀如沱。《說文》歗、謌，古字。《漢石經》《毛》《韓》嘯、歌。

【詮釋】

〔1〕汜（洍）sì。由幹江分出又匯合到幹江的水。詩人暗寫癡情於重歸於好。之子，此男子。歸，回。以 yǐ，與 yǔ，同爲餘母，之魚通轉，以通與。不與我相親，又以 yi，〈古〉餘之；㠯，〈古〉來之，餘、來鄰紐，同在之部，以通㠯逨。不逨我，不到我處來。《周書・君奭》「其汝克敬以予監于殷喪大否」，《擊鼓》「不我以歸」。《小明》「式穀以女」，即不再與我相處。悔，後悔。俗語「有你後悔的時候！」責怪對方，寬釋、自慰自己。

韻部：汜（洍）以以悔，之部。

〔2〕《詩考》引《韓》「一溢一否曰渚。」渚 zhǔ，江中小洲。案：與 yǔ，相親與，交，今揚州方言仍有「與，交」之義。《論語·微子》：「吾非斯人之徒與而誰與。」憂病，處 chǔ 瘋 shǔ，疊韻通借，漢·郭舍人《爾雅注》：「瘋癀瘋瘀，皆心憂懣之病。」《呂覽·愛士》：「陽城胥渠處。」《箋》：處，止。

韻部：渚與與處，魚部。

〔3〕沱（沲）tuó，支流，沱江，在今湖北省枝江，江水分流處。過 guò，至，探望。《義門讀書記》7「過猶及」。歗（嘯）xiào，蹙口而吟，以舒憂鬱憤鬱之情，《慧琳音義》15 引《韓說》：「歌無章曲曰嘯。」其，則。嘯而歌，悲歌號哭；嘯，悲嘯；而，而且；歌，歌哭悲歎。《素問·陰陽應象大論》：「在聲為歌。」

韻部：沱過過歌，歌部。

【評論】

《詩總聞》：「悔，悔不以我同也。處，處無與同也。嘯歌，所謂嬉笑之怒，長歌之哀，觖（jué，怨）望之辭也。」《四庫》72/452）戴君恩：「無望之恩，無望之慶，故自信至。曼言急節，拍度可想。」（《存目》經 61/237）明·謝榛《四溟詩話》：「《江有汜》，乃三言之始，迨《天馬歌》體製備矣。」《臆補》2：「每章以跌宕作收筆，句法神品。」鄧翔《詩經繹參》：「第四句連迭三字句成章，調始於此。此《陽關三疊》《陽關曲》第四聲也。唐詩蓋祖此。」

野有死麕

野有死麕〔麕麞麇〕，	野外獵得一香獐，
白茅〔芧〕包〔勹苞〕之，	白茅苞裹贈姑娘，
有女懷春，	有個女子生情思，
起士誘〔羑〕之。〔1〕	善男引逗好姑娘。
林有樸樕〔楝樕〕，	林中有些槲樕樹，
野〔埜〕有死鹿，	野外獵得一金鹿，
白茅純〔紃屯純〕束，	白茅苞束贈姑娘，
有女如玉。〔2〕	姑娘清純溫如玉。
「舒而脫脫〔娩娩〕兮，	「輕輕地舒遲些，

無感〔撼撼撖撼〕我帨〔帨〕兮，　　莫撼動我的佩帨，
無使尨〔狵〕也吠！」〔3〕　　莫讓我家大猛狗吠！」

【詩旨】

案：早在遠古已有狩獵業，周代大盛飼養業，獵鹿、養鹿比較多。山野之間吉士與玉女在勞動中萌生愛苗，吉士獵得了獐子，也贏得了清純、溫婉如玉的女子的芳心，吉士以鹿爲贄，當了毛腳女婿（吳語。訂婚而未成婚的女婿）不免產生衝動，玉女婉拒：莫越雷池一步。無疑是周初純樸的山野情歌。

《韓說》劉昫《舊唐書‧禮儀志》引：「平王東遷，諸侯侮法，男女失冠昏（婚）之節。《野麕》之刺興焉。」

《毛序》「《野有死麕》，惡無禮也。天下大亂，彊暴相凌，遂成淫風，被文王之化，雖當亂世，猶惡無禮也。」

《詩總聞》1，「尋詩，時亦正，禮亦正，男女俱無可譏者。」《通論》2，「此篇是山野之民相與及時爲婚姻之詩。」《韓說》的「刺」論，《毛序》的「惡無禮」論，《原始》的「拒招隱」論俱失之牽強。

【校勘】

〔1〕籀文《唐石經》《詩本義》麕，《韓》《詩傳》《詩說》麇，《魯》《釋畜》《釋文》麕，本亦作麕，籀文作麏，《宿東園》注引《毛》《慧琳音義》88麇。音義同。S789作齎 zi，誤，讀如麇。《毛》茅，《台》121/513 芧，芧字誤。本字作苞，《毛》《蜀石經》包，《疏》苞，《齊》《曲禮》《類聚》81、《釋文》《唐石經》、《木瓜》《正義》、《詩經小學》苞，古本、《說文》作勹。《白帖》100、《木瓜》《正義》《初刻》8/149、《御覽》996、《白文》作苞。包古字。《毛》誘，案：《三家》、《周書‧康王之誥》《說文》《玉篇》《廣韻》作羑，羑誘古今字。《說文》羑，羙古字。

〔2〕《毛》樕野，S789.P2729/5 楝，《漢石經》樕墅，墅同野。《御覽》51.275 樸蕀，《魯》《釋木》《說文》樕，樕楝同，楝爲樕之省。《毛》純，《三家》屯，《唐石經》紈，避唐憲宗諱。

〔3〕《毛》脫脫，《三家詩》《集韻》娧娧，脫通娧。無，宋本作无，古「無」作「无」。《毛》感，《說文》撼，《三家》《釋文》《御覽》904 撼。《說文》：撼，搖也，亦作撼。感讀如撼撼。P2529 無作无，撼作撼，俗字。感古

字。帨，《說文》帥 shuài，《龍龕手鑒》帥、帥，S789 稅，誤，當作帨。無，宋本作「无」古字。《毛》漢‧李巡《爾雅注》尨，S789 號唐寫本《說文》《詩集傳》《稽古編》尨，《玉篇》《字林》《釋文》、P2529、《廣韻》《御覽》904 狵，俗字，「犬」下有「尨」字。《御覽》636 龐。《魯》《釋獸》《說文》尨，《廣韻》狵，亦作尨。《毛》《集傳》作厖。尨厖有大義，龐厖通狵，讀如尨 máng。

【詮釋】

〔1〕案：這是青年男女萌生愛情後，清純的愛，又未越過底線。麕麏麇同 jūn，獐子，梅花鹿。周代以鹿皮爲訂婚禮，《周禮‧士昏禮》：「玄纁、束帛、儷皮（鹿皮），如納吉禮。」包通苞。勹苞 bāo，苞苴，以茅苞裹，以爲聘禮。《考文》古本：白茅，取其絜清也。案：純屯共屯，屯 tún，《魯說》《史‧蘇秦列傳》《索隱》引高誘注：純，音屯，屯，束也。純束，連語，捆束。懷春，萌生情思。吉士，男士美稱。《說文》羑，誘的古字。《魯》《招魂章句》：誘 yòu，導。〔日本〕山本章夫《新注》：吉士，反語，謂其爲凶人也。此說欠當。

韻部：麕（麏麇）春，諄部。包誘，幽部。隔句韻。

〔2〕案：樸 pú，樕（樕）sù，案：樸樕，疊韻詞，叢生樹木，槲樕木。案：清純可貴，以玉喻人，清純溫潤其德如玉。

韻部：樕（樕）鹿束玉，屋部。

〔3〕而如然，脫通娧，娧娧 tuìtuì，舒遲貌。感 hān 撼 hàn，搖動。《說文》帨、帨 shuài，佩巾。案：稅讀如帨，帨 shuì，佩巾，圍裙之類，至於皇甫謐《女怨詩》「施衪結帨」之帨是嫁時佩巾。女貞潔自守。《詩誦》：「語婉而嚴。」尨狵 máng，尨尨茸狗，體壯力大、多毛的猛犬。《多識編》：「絕有力狵尨，狗也。」吠 fèi，狗吼叫。顧頡剛《〈野有死麕〉之三》有錢玄同用蘇州方言的今譯：「倷慢慢能嘘！倷勿要拉我格絹頭嘘！倷聽聽！狗拉浪叫哉！」寫淑女婉言拒絕吉士越過底線。

韻部：脫帨吠，月部。

【評論】

明‧鍾惺《詩經》：「『舒而脫脫』四字妙，甚於屬詞。」《詩志》：「懷春二字蘊藉，寫閨情最雅相。」

何彼襛〔荍穠〕矣

何彼〔被〕襛〔戎荍穠襛〕矣？	怎麼不濃豔華貴？
唐〔棠〕棣之華。	棠棣花實在可誇，
曷不肅雝〔雍〕？	怎麼不肅穆雍和？
王姬〔姬〕之車。〔1〕	王姬車多麼豪華！
何彼襛〔戎荍穠〕矣？	怎麼不濃豔絢麗？
華如桃李。	像那怒放的桃李。
平王之孫，	是平王外玄孫女兒，
齊侯之子。〔2〕	嫁給齊侯當儿媳。
其釣維何？	那釣綸用什麼製成？
其絲伊緡〔罠婚綸〕。	那是兩股絲搓製成。
齊侯之子，	嫁給齊侯當兒媳，
平王之孫。〔3〕	迎娶周平王的玄孫女成婚。

【詩旨】

案：據《春秋・莊一》《容齋・五筆》《日知錄》：周莊王 4 年，三《傳》當是齊襄公 5 年（前 693 年），周平王外玄孫女下嫁齊襄公。此詩寫下嫁時寶車大馬的美盛。這是周、齊通婚，帝冑、諸侯政治聯姻的賀婚詩。《春秋・莊一》「夏，單伯送王姬，秋，王姬之館於外。」三《傳》都說「王姬歸於齊」。

《魯說》賈疏《士昏禮》《疏》引鄭玄《箋膏肓》：「《何彼襛矣》『曷不肅雝？王姬之車。』言齊侯嫁女，以其母王姬始嫁之車遠送之。」《詩古微》下編一：「至齊襄取王姬，立已五年；齊桓取王姬，立已三年，尚稱『齊侯之子』，亦乖君薨稱世子、既葬稱子。逾年稱君之例，唯《箋膏肓》得之。」「美王姬之女也。齊侯嫁女於諸侯，以其母王姬始嫁之車遠送之。《儀禮疏》（引鄭玄《箋膏肓》）言齊侯之子女，而平王之外孫女也。齊女所嫁，當是西畿諸侯虞、虢之類。其風采於西都畿內，不可入東都《王風》，復不可入《齊風》。故從《召南》陝以西之地而錄其風爾。」

《齊說》《易林・艮之困》：「王姬歸齊，賴其所欲，以安邦國。」《申鑒・時事二》：「尚主之義，非古也。釐降二女，陶唐之典；『歸妹元吉』，帝乙之訓；王姬歸齊，宗周之禮。」

　　《毛序》「《何彼襛矣》，美王姬也。雖則王姬，亦下嫁於諸侯，車服不繫
其夫，下王后一等。猶執婦道，以成肅雝之德也。」《編年史》繫於前 693 年，
云「齊人作《何彼襛矣》，以美王姬下嫁齊桓（齊襄王）。」

【校勘】

　　〔1〕本字作禮，P789、P2529 作禮。《韓》《說文》《釋文》《集韻》莪，《傳》
「襛猶戎」，《韓》莪。《疏》「戎戎者，華形貌」。《說文》蕭子顯《代美女篇》、
《釋文》《唐石經》《台》121/514、《集注》S2729/5、《雜詩六首》注引、《白
帖》37、99、宋本《禮部韻略》宋·王觀國《學林》、《台》四庫經 69《詩緝》
《御覽》152.《蜀石經》禮，《考文》《詩童子問》元刻本、隋·《玉燭寶典》、
朱熹《詩集傳》誤作禮。《五經文字》：「禮，見《詩風》，從禾者訛。」至於
P2529.S789 禮作禮，矣作矣，俗字。案：作禮，最早是從《正義》本作爲底
本的隋代劉炫《毛詩述義》作禮，所以《群書治要》P28、《白帖》96、《御覽》
152、540、792 都誤引作禮。顧炎武《九經誤字》：「何彼襛矣？襛，如容反。
《石經》及監本、《注疏》皆從衣，今本作禾者，非。」各本作唐，《廣絕交
論》注引、P2529、《御覽》27、152 作棠，通作棠。《唐石經》《蜀石經》、P2529、
《初學記》10 雍，《毛》雝，《文選·宋孝武宣貴妃詩》注引作雍，《魯》雝，
雝同雍。

　　〔3〕《說文》《字林》《玉篇》罠。罠與緡（緡）、綸古今字。《毛》緡，
《類聚》《唐石經》《蜀石經》緍，避唐太宗諱。S789.P2529 作婚，傳寫之訛。
《魯》《釋言》《說文》《急就篇》《廣雅》《玉篇》綸 lún。

【詮釋】

　　詩人以沉浸濃鬱的筆致寫王姬嫁齊的盛況。全詩用設問句。用描摹王姬，
周平王外孫女，《春秋經·穀梁傳·莊 1「王姬歸（嫁）於齊」。

　　〔1〕何，怎麼。彼，bǐ。不 bù 經傳中彼與匪，匪與不通假的例證甚多。
「何彼」對「曷不」。戎，戎戎，莪莪，襛襛共農，鮮豔華貴貌。唐棣，仲春
時節棠棣花盛開，很豔麗。曷 hé，何。肅雍，肅穆莊敬又和諧。用當年王姬
的嫁車送她。嫁齊襄公。

　　韻部：襛（戎莪禮）雝，東部；華車，魚部。

　　〔2〕華如桃李，顏如桃李豔麗的花朵。據《春秋》《左傳》事、義兼釋
類，如《疏》「王姬者，王女而姬姓，《春秋》『築王姬之館於外』，杜預云：
不稱字，以王爲尊是也。言雖則王姬亦下嫁於諸侯者……上章美王姬適齊侯

之子，故先言平王之孫。此章主說齊侯之子以善道求王姬，故先言齊侯之子。」關於王姬歸齊，詳《注疏附校勘記》頁 1762、1769、1770、293～294。《齊說》突出了「王姬歸齊」這種政治聯姻的政治功效：「王姬歸齊，賴其所欲，以安邦國。」從齊太公爲周武王軍師，封於齊，到齊桓公稱霸，齊是東方大國。子，愍（愛），所愛的兒媳，《書・益稷》：「予弗子。」大約是前 693 年，周平王玄孫女嫁給齊侯。

　　韻部：李子，之部。

　　〔3〕其釣維何，其，彼。釣，釣魚絲繩。維，爲何，以何。（8）維，語詞。伊，爲。罠緡（緍）mín，綸 lún，同屬諄部，罠是古字，緡綸同，釣魚絲繩，是由兩股絲糾合而成。案：先民因魚繁殖能力強，先民文學藝術多以魚暗喻婚姻，詩人用諧隱技法，綸諧倫，絲諧思。《管子・小問》：「《詩》有云：『浩浩者水，育育者魚。未有室家，而安召我居？』」《續〈讀詩記〉》：「以絲緡爲綸而得魚，猶以禮爲媒而得妻也。」

　　韻部：緡（緍）孫，諄部。

【評論】

　　《讀風偶識》2，「《何彼襛矣》一篇，明言平王之孫，其爲東遷後詩無疑。鄭漁仲固已言之矣，蓋此詩雖晚作，然以王姬下嫁而不侈言其貴寵，盛稱其車服，但以『肅雝』美之，則是猶有先代淳樸之遺，是以聖人猶有取焉。」全詩用設問句，描摹王姬，周平王孫女。」《詩誦》1，「體物寫象，只用兩疊字（《通雅》謂之「重言」），而其神情態度無不曲繪，詩人之能事。後人亦有善傚者。至以一字傳神，如『何彼襛矣』，『新臺有泚』，『有敦瓜苦』，『有鶯其羽』之類，則非後人所能彷彿。」《臆補》2：「通篇俱在詩人觀望中著想，『曷不』二字，宛然道路聚觀，企踵盱眙，相類歎賞之語，前後上下，分配成類，是詩家合錦體。」案：此詩以沉浸濃鬱的語言極寫王姬嫁齊之盛，開《荀・賦》、曹植詩文之先河。

騶　虞

〔在周王春苗狩獵中〕

彼茁者葭，　　　　　　撥開那怒茁的蘆葦蕩，
壹〔一〕發五豝〔巴〕，　　一發箭射中五頭一歲的豬，

于〔吁〕嗟〔譴〕乎！騶〔翢〕虞〔厷牙吾〕！⑴　　　　眞美啊！爲王驅獸的騶虞！

彼茁者蓬，　　　　　　　　　　　　　　撥開那怒茁的蓬蒿地，

壹〔一〕發五豵〔犯猭猻猻〕。　　　　　　一發箭射中五頭公豬。

于〔吁〕嗟〔譴〕乎！騶〔翢〕虞〔厷牙吾〕！⑵　　　　眞美啊！爲王驅獸的騶虞！

【詩旨】

案：先秦《性情論》「君子兊（敆、嬔 wēi，美）其情」（《楚竹書》一/236）在周成王時，大約在前1034～前1026年間，春日蒐田，掌鳥獸官騶虞驅翼野豬，國王發箭射中五頭公豬，宮廷詩人或史官讚美道：「吁嗟乎！騶虞！」《御覽・樂部》3，引《墨・三辯》：「周成王因先王之樂，又自作樂，命曰《騶虞》（抄本《御覽・樂部》3作「《鄒吾》」，字並通）」《周禮・大司樂》「王大射則奏《騶虞》」。繫於前1033年。

《魯說》《新書・禮篇》：「禮者，臣下所以承其上也。故《詩》云：『一發五犯，吁嗟乎！騶虞！』騶者，天子之囿也；虞者，囿之司獸者也。天子佐輿十乘，以明貴也。二牲而食，以優飽也。虞人翼（驅趕）五犯以待一發，所以復中也。」蔡邕《琴操》：「《騶虞》者，邵國之女所作也。古者，聖王在上，君子在位，役不踰時，不失嘉會；內無怨女，外無曠夫。及周道衰微，禮義廢弛，強淩弱，眾暴寡，萬民騷動，百姓愁苦；男怨於外，女傷於內，內外無主；內廹情性，外偪禮儀，歟傷所說，而不逢時。於是援琴而歌。」

《齊說》《射義》：「騶虞，樂官備也。」鄭注：「樂官備者：謂騶虞曰：『壹發五犯，喻得賢者眾多也；『於嗟乎！騶虞！』歟仁人也。」《易林・坤之小畜》：「五範四軌，優得饒有，陳力就列，騶虞悅喜。」

《韓說》《五經異義》《鐘師》《疏》引：「騶虞，天子掌鳥獸官。」

《毛序》說騶虞「仁」獸。高本漢《注釋》：騶虞，騶虞虎。

【校勘】

〔1〕《漢石經》于譴《毛》壹、于嗟《爾雅注》《新書・禮》《齊》》《說文》《箋》《說郛》10引《詩氾厤樞》、《鄉射禮》鄭注《說文・豕部》引作一，古字《禮書》吁。《魯》《新書・禮》作吁，《白帖》98引作籲同。《阜》S018作於、譴，于通吁，譴是異本。《三家》《新書》《射義》《易林・坤之小畜》《五經異義》《鐘師》《疏》騶虞，《說文》《汗簡》唐寫本作厷，厷古虞字。《困學紀聞》《解頤新語》引《齊》騶牙，《魯詩世學》鄒。《釋文》騶，本亦作翢。《別雅》騶牙，騶虞。後魏・劉芳《毛詩箋音義疏》騶吾。音同義同。

〔2〕《毛》猦，《台》121/514「猦，亦作豝，非」。猦，又作猣，《七命》李注引《毛》鄭玄曰：「豕生三子曰猣，」猣是本字，豝是訛字，與韻不協，猦是異體。

【詮釋】

清・戴震《杲溪詩經補注》1：「《騶虞》，言春蒐之禮也，除田豕也。」

〔1〕茁 zhuó，茁茁然，旺長貌。葭 jiā，初生蘆葦。首句言藏獸處。十二矢爲一發。案：豝 bā，二歲公豬，或如何承天《纂文》訓豝，大豬。豝，《傳》、《釋文》訓爲「豕牝曰豝」，誤。案：《周禮・大司馬》鄭玄注引鄭司農注：「二歲爲豝」。豝把爬巴共巴。《吉日》《箋》「豕牡爲豝」，《吉日》《釋文》同；《釋文》本亦作巴。《漢語大詞典》《漢語大字典》有關詞條、何焯《校》俱沿《傳》之誤。巴，雄性，理由有五：一、《韓》《玉篇》豝，牡豕；二、《考文》訓牡，詳四庫 190/229；三、《類聚》頁 1640「牝豝」，即雌雄；四、蘇中方言「帶把兒的」，湘語女婿稱「巴公」，詳《漢語方言大詞典》頁 2587 及把字條、爬字條；五、朱熹《詩集傳》頁 17 與宋・輔廣《詩經協韻考異》均訓爲「豝，牡豕也。」於通吁，吁嗟乎，深深讚歎聲。《傳》《山海經．海內北經》《說文》《五經異義》《毛傳》、陸璣《疏》、朱熹《詩集傳》，《通釋》：騶虞，仁獸義獸，《齊詩》訓爲樂官，《魯說》《新書・禮》《韓說》天子掌鳥獸官。案：厹虞古今字，掌管山林的官吏。當依《魯》《韓》《詩本義》訓司獸官，此補充十二條：一、《周禮・地官》：山虞掌山虞之政令，澤虞掌澤國之政令；二、《禮記》：季春命野虞毋伐桑柘，孟夏命虞人入山林，毋有斬伐；三、《左傳・昭20》：藪之新蒸，虞候守之。四、《魯語》「古者大寒降，土蟄發，水虞於是乎講眾罶，取名魚，登川禽，而嘗之寢廟，行諸國，助宣氣也。鳥獸孕，水蟲成，獸虞於是乎禁罝羅，矠魚鱉以爲夏槁，助生阜也。鳥獸成，水蟲孕，獸虞於是禁罝麗，設穽鄂，以實廟庖，畜功用也。……」五、《晉語》：虞人入材，甸人積材。六、漢・賈誼《新書・禮》：「騶者，天子之囿也；虞者，囿之司獸者也。」七、《文選・東都賦》李注引《毛（當爲魯）詩傳》曰：「古有梁鄒。梁鄒者，天子之田也。」八、《字彙》：厹古虞字，乃虞人之虞。九、《同文備考》：厹，守山澤之吏也。十、「四庫」本曾氏藏抄本《詩傳》：「虞人克舉其職，國史美之，賦《騶虞》。」十一、《詩本義》「以時發矢豝，下句直歎騶虞不食生物，若此，乃是刺文王曾騶虞之不若也，故知毛、鄭之失。」（台《四庫》經部 70/193）。十二、清・牟應震《詩問》：「〔《傳》〕以爲〔騶虞〕

仁獸，不能食生也，白虎黑文則以食生為生矣。必食自死之肉，則種類早餓絕矣。詩人何自詠歎之？《魯》《韓》皆以為養鳥獸官，是矣。」一說虎圖騰，獵人披虎皮狩獵。

韻部：葭犯乎虞，魚部。

〔2〕蓬 péng，蓬蒿。豵 zōng，一歲豬。

韻部：蓬豵，東部；乎虞，魚部。

【評論】

案：周初英主有成熟的政治戰略鞏固東方，同化南方，《二南》反映了對西北方、南方的文明化，就詩本身而言，以描繪意象，反映情況為主，本詩用遙韻，虞、虞遙韻，有文字可考至少可以從《荀‧大略》所記載的商湯《禳旱祈雨歌》（「政不節與（歟 yú）？使民疾與？何以不雨？至斯極也？宮室榮與？婦謁盛與？何以不雨？至斯極也？苞苴行與？讒夫興與？何以不雨？至斯極也？」極、極、極遙韻）早已有。在中國短詩中常見。詩歌的記實性與音樂性的完美結合，簡筆描寫細節，雖僅僅 26 字，韻律、音樂美，諧和，賦寫與詠歎兼而有之。《詩總聞》：「舊一章三句，今四句，語意尤長。」《詩集傳》頁 17：「南國諸侯，承文王之化，修身齊家以治其國，而其仁民之餘恩，又有以及於庶類。故其春田之際，草木之茂，禽獸之多，至於如此。」《通論》：「此為詩人美騶虞之職也。」《詩志》「陡出《騶虞》，較《麟趾》篇少一折，奇調遠想。」

卷三 國風三

邶 風

　　邶，1890 年河北省淶水張家窪出土十枚古器，《邶子簋》《北白鼎》銘文作「北」。《詩論》簡 26《北伯卣》《阜》S052「北」，《漢》100 下、《釋文》、P2529 S2729/5 鄁，北古字，鄁，異體，《毛》邶，今河南省湯陰縣東南有邶城鎮。自殷城而北爲邶。案：故址在今河南省淇縣以北、湯陰縣東南、河北省魏縣、淶水一帶。《邶風》是該地區民歌選。《柏舟》委婉幽抑，《綠衣》輓歌之祖，《燕燕》送別之祖，《日月》歎不復古道，《終風》哀家庭暴力，《擊鼓》重申「執子之手，與子偕老」百年好合的感人盟誓，《凱風》高歌偉大的母愛，《雄雉》刻骨相思的心歌，《匏有苦葉》鍾情心上人，《谷風》幽微而博大，雖遭棄尤有博愛的偉大情懷，《式微》《旄丘》，逃亡者之歌，《簡兮》女粉絲唱給高大勇武的舞師的心歌，《泉水》《二子乘歌》別歌，《北門》寫小官員的不平，《北風》寫艱難中的迎親曲，《靜女》情歌，《新臺》刺向橫刀奪愛的衛宣公的民歌。

　　元·朱公遷《詩經疏義會通圖說》「《邶》至《豳》十三國一百三十五篇」歸入「變風」。其實有不少是正面歌頌的民歌。

柏　舟

汎彼柏〔白栢〕舟，　　　　　　汎汎然漂流的柏木舟，
亦汎其流。　　　　　　　　　　汎汎漂浮河中流，
耿耿〔炯〕不寐〔寐〕，　　　　我憂心如焚難入眠，
如有隱〔殷慇〕憂。　　　　　　一入愁城又痛又憂。
微我無酒，　　　　　　　　　　非我無酒相伴，
以敖〔遨〕以遊。〔1〕　　　　能四方遨遊。

我心匪鑒〔監〕，　　　　　　　我的心兒絕非鏡兒，
不可以茹！　　　　　　　　　　不能什麼都包容。
亦有兄弟，　　　　　　　　　　雖說我也有兄有弟，
不可以據〔楊〕。　　　　　　　不可以作為我的憑依。
薄言往愬〔訴想〕，　　　　　　我去向他們訴說鬱悶，
逢彼之怒。〔2〕　　　　　　　竟然遭到他們的怨氣。

我〔我〕心匪〔非〕石，　　　　我的心兒不像那石頭，
不可轉也！　　　　　　　　　　絕不可以任人翻轉！
我〔我〕心匪席，　　　　　　　我的心兒不像那竹席，
不可卷也。　　　　　　　　　　絕不可以任人翻捲！
威儀棣棣〔秩逮〕，　　　　　　繁縟的封建禮節，
不可選〔算〕也！〔3〕　　　　竟多得難以計算。

憂心悄悄，　　　　　　　　　　憂心切切惹人煩惱，
慍于群小，　　　　　　　　　　多被群小怨恨騷擾，
覯〔覯遘〕閔〔潣〕既多，　　　遭遇憂傷已經太多，
受侮不少。　　　　　　　　　　平日受欺更是不少。
靜〔靖〕言思之，　　　　　　　靜靜審思實在憤悶，
寤〔晤〕辟〔擘擗〕有摽。〔4〕　醒了拍胸其聲嘌嘌。

日居！月諸〔媘〕！　　　　　　太陽啊！月亮啊！
胡迭〔戜〕而微？　　　　　　　為何常有時也虧微？
心之憂矣，　　　　　　　　　　誰能理解我的憂愁？
如匪澣〔瀚〕衣，　　　　　　　像那洗衣不洗髒兮兮，
靜〔靖靜〕言思之，　　　　　　安下心兒審思自己啊，
不能奮飛。〔5〕　　　　　　　不能像鳥兒向天奮飛。

【詩旨】

《詩論》簡 24、與《阜詩》都作《白舟》:「《白舟》悶」。「憂心悄悄,慍于群小。覯閔既多,受侮不少」,《孔叢子・記義》:「孔子云:『於《柏舟》,見匹夫執志之不可易也。』」案:詩人於社會生活被群小怨恨、欺侮,抒發了鬱悶的心情與非石可轉、非席可卷的正直的剛烈之志。《詩補傳》3,「終篇皆君子憂國之言,不以己之不遇而少替,此其所以爲仁也。衛頃公與君子則不合,而與小人自近,則其國可知矣。」《續讀詩記》1:「仁人與小人同朝,仁人不遇合於君,傷於小人而作也。」《詩集傳》2:「婦人不得於其夫,故以柏舟自比。言以柏爲舟,堅緻牢實,而不以乘載,無所依薄,但汎然於水中而已。故其隱憂之深如此,非爲無酒可以敖游而解之也。」《列女傳》以此爲婦人之詩。今考其辭氣,卑順柔弱,且居變《風》之首,而與下篇相類。豈亦莊姜之詩也歟?」繫於前 866~前 860 年間。

《魯說》《列女傳・貞順》:「衛宣(前 718~前 700 年)夫人者,齊侯之女也。嫁於衛,至城門而衛君死。保母曰:『可以還矣。』女不聽,遂入,持三年之喪畢。弟立,請曰:『衛小國也,不容二庖,願請同庖。』夫人曰:『惟夫婦同庖。』(後八字據范處義《詩補傳》補)終不聽。衛君使人愬(訴)於齊兄弟,齊兄弟皆欲與君,使人告女,女終不聽。乃作詩曰:『我心匪石,不可轉也。我心匪席,不可卷也。』厄窮而不湣,榮辱而不苟,然後能自致也。言不失也,然後可以濟難矣。詩曰:『威儀棣棣,不可選也。』……」《潛夫論・斷訟》:「貞女不二心以數變,故有『匪石』之詩。」

《齊說》《易林・屯之乾》:「汎汎柏舟,流行不休。耿耿寤寐,心懷大憂。仁不逢時,復隱窮居。」

《毛序》:「《柏舟》,言仁而不遇也。衛頃公之(《唐石經》同。《台》121/514頃作傾,脫「之」案:當爲「衛頃侯」)時,仁人不遇,小人在側。」

【校勘】

〔1〕《毛》柏,S789.P2529 作栢,異體。《漢石經》《毛》《齊》耿耿。《魯》《遠遊注》作耿耿,一作炯,《哀時命注》作炯炯。耿、炯上古音同爲耕部見母。通作耿。《毛》不寐,S789.S2529 不寐,異體。《齊》《易林・屯之乾》寤寐,寤寐即不寐。案:慇是本字,《說文》《答謝靈運詩》、《養生論》李注引作慇。《毛》《蜀石經》隱,《三家》、《易林》、《哀時命注》、P2529《淮南・說山》、《歎逝賦》注引作殷,P2538、《呂覽・貴生》高注、《衡方碑》《桔頌》

注引作隱，隱通慇，《桑柔》「憂心慇慇。」慇是慇之形省。《毛》據，P2529 撂，俗字。《毛》弟，P2529 苐，苐當爲弟。本字作訴，《毛》愬 P2529、S789 愬，作訴，P2538 想，想愬讀同訴。《漢石經》《說文》《文字集略》《毛》敖，《釋文》：敖，本亦作遨。敖古字。《玉篇》《蜀石經》《唐抄文選集注》P1473 遨。敖通遨。

《漢石經》《毛》微、敖，《初刻》8/150 徽，徽當是微。《毛》匪，《魯》《列女傳》4 非，同。

〔2〕S769 作監，《韓》《說文》鑒。《魯》《外傳》《玉篇》《釋文》《毛》《唐石經》、相臺本作鑒。

〔3〕《說文》秩秩，《唐石經》《魯》《新書·容經》棣，《釋文》棣，本或作逮。《齊》、《孔子家語》《漢·韋玄成傳》《台》6/499. S789 逮逮。棣讀如逮。棣逮通秩。《唐石經》《釋文》《齊》《鹽鐵論·雜事》《漢·公孫劉田等傳贊》、S2729/5 選，《三家》《後漢·朱穆傳》算，選通算。

〔4〕《唐石經》觀閔，《魯》《哀時命》注漢·后蒼《齊傳》《漢·敘傳》、《五經文字》「遘閔」，《齊》《幽通賦》遘湣。閔古字。閔通愍。《說文》靖《漢石經》覯、竫，《唐石經》靜，同。案：本字作寤擗。《毛》寤，辟《魯》《齊》《說文》晤，晤通寤。《詩考補遺》引《三家》《韓》《玉篇》《釋文》擗。《魯》《釋訓》《九懷注》《毛》作辟。《長笛賦》李注引《毛》正作擗。《考文》、S789 擘，《韓》《玉篇》P2538 擗，或體。《說文》晤辟有摽。《說文義證》擘，通作辟。辟讀若擗。《會歸》作辞，僅見《釋名》，辞同辟。

〔5〕《毛》諸，《類編》《集韻》渚，諸通渚。《毛》迭，《釋文》引《韓》**戴戴**（dié，案本字作戴）盧文弨《考證》作戴，迭通戴。古字作瀚，《石經》相臺本作瀚，又作浣。

【詮釋】

〔1〕汎，汎汎 fàn 然。憂心如火炯炯然。《傳》訓耿爲儆可備一說，案：耿耿 gěng gěng，憂。炯 jiǒng。儆 jǐng。耿炯儆古音都是耕部見母，儆愼警戒。成語「耿耿不寐」出此。《述聞》：如，而。慇慇 yīnyīn，憂痛貌，《北門》「憂心慇慇」，《正月》「憂心慇慇」，《常武》「憂心慇慇」，隱（隐）yǐn，慇是慇的形省，三字都是雙聲疊韻字。隱慇通慇，大。《魯》《釋訓》：慇，憂。微，非。以，助詞。敖通遨 ao，遨遊，連語。

韻部：舟流憂酒遊，幽部。

〔2〕監通鑒，鏡，鑒照監察。茹 rú，納，《韓說》：「茹，容也。」含忍，容茹，吞咽。《毛》茹，度，《錢鍾書集》頁 154：「度，大度包容」。據 jù，依靠。薄言，語助詞。愬 sù，同訴，告訴。

韻部：茹據愬怒，魚部。

〔3〕匪，非。轉 zhuǎn，翻轉。匪，象那；席，蓆。卷 juǎn，捲曲。案：棣棣，逮逮 dìdì，通秩秩，繁縟的禮節。選通算，算 suàn，計數。《通解》選讀爲異，是破字改經。《魯傳》《新書·容經》：「棣棣，富也。不可選，眾也。言接君臣、上下、父子、兄弟、內外、大小品事之各有容志也。」

韻部：石席，鐸部；轉卷選，元部。

〔4〕悄悄 qiǎo qiǎo，憂深。《悲回風》注：悄悄，憂心慘慘。慍 yùn，怨恨。于，被。小，姦佞小人。被小人們怨恨。陳啓源指出朱熹謂群小爲眾妾，尤無典據。覯、遘音義同。閔、湣音義同，《說文》：湣 mǐn，痛。遭遇傷痛憂病。「覯閔既多，受侮不少」，這是周代對偶句。案：靜通靖，善自。言，助詞。晤通寤 wù，醒，覺。辟、擗 pǐ、擘 bò，太鬱悶太氣憤，連連拍胸。案：摽 biào，（古）並宵。嘌 piāo，（古）滂宵。摽、嘌同在宵部，唇音并、滂鄰紐。摽通嘌，有嘌，嘌嘌，象聲詞。

韻部：悄小少摽，宵部。

〔5〕居 jū、諸 zhū，語氣詞，《日月》「日居月諸，照臨下土。」或訓居，積；《集韻》：「（𥩟 zhū，專於切，）月行也，《詩》曰：『日居月𥩟。通作諸。』」迭 dié，戜（戜）dié，《韓》戜，常也。朱熹訓迭爲更。微，虧，虧損。范家相《詩瀋》：「故常而微，言日月至明，常有時而微，不照見我之憂思。」如，猶如。匪，彼。澣衣，《石經》引鄭玄：「衣之不澣，則憒亂垢辱。」靜婞靖 jin ，清靜，安定。朱熹：「奮飛，如鳥奮翼飛去也。」

韻部：微衣飛，微部。

【評論】

案：《詩論》簡 10「《北·白舟》悶」，即是說在小人成群得勢的社會中，有道德的人受欺侮，太鬱悶了。《孔子家語》引此詩云：「小人成群，斯足憂矣。」《魯傳》《說苑·立節》引孔子云：「《詩》云：『我心匪石，不可轉也；我心匪席，不可卷也。』言不失己也。能不失己，然後可以濟難矣，此士君子之所以越眾也。」明·戴君恩：「佈局極寬，結構極緊。」明·楊愼《升菴詩話》4「韋蘇州（應物）《詩》：『春漸帶雨晚來急，野渡無人舟自橫。』」此

本於《詩》『汎彼柏舟』。《三百篇》爲後世詩人之祖，信矣。」鍾惺：「簡奧而工妙。」明‧謝榛《四溟詩話》1，「《詩》曰：『覯閔既多，受侮不少。』初無意於對也。《十九首》亦云：『胡馬依北風，越鳥巢南枝。』屬對雖切，亦自古老。」鍾惺《詩經》：「『如匪澣衣』，形容工妙，後人累言不盡，此只四字了了。古人文字簡奧如此。」《詩誦》2，「《邶‧柏舟》是《離騷》藍本，試兩兩對勘，無不吻合。」俞平伯《葺芷繚蘅室讀《詩》雜說》：「五章一氣呵成，娓娓而下，將胸中之愁思，身世之飄零，婉轉申訴出來。通篇措辭委婉幽抑，取喻起興，細巧工密，在《詩經》中是不可多得之作。」

綠 衣

綠〔褖〕兮衣兮，	綠色的外衣啊，
綠衣黃裏。	黃黃的裏衣。
心之憂矣！	心裡的憂傷啊，
曷維〔惟云〕其已〔巳〕？⑴	哪有個了期！
綠兮衣兮，	綠色的上衣啊，
綠衣黃裳。	黃黃的裙裳。
心之憂矣！	心裡的憂傷啊，
曷維〔惟〕其亡〔忘〕？⑵	怎能夠遺忘！
綠兮絲兮，	綠色的絲啊，
女〔汝〕所治兮。	你親手理過。
我思古人，	想念啊我的故人，
俾〔卑〕無訧〔試尤〕兮〔焉〕！⑶	她使我沒有差錯。
絺兮綌兮，	葛布啊有粗有細，
淒〔凄〕其以〔北〕風。	穿上身涼風淒淒。
我思古人，	想念啊我的故人，
實〔寔〕獲我心！⑷	眞正是合我心意。

注：參考余師譯文。

【詩旨】

案：俗話說「滿堂兒女不抵半床夫妻」，不是天上退去的虹霓，而是銘諸心版的情愛，甘苦與共，相濡以沫，睹衣思人，觸處皆是深情，難忘溫馨歲

月，詩人淚眼婆娑地觸摸綠衣，緬懷亡妻，以纏綿悱惻、淒婉動人的筆致悲悼（ament ationg）倩魂麗影。此乃中國悼亡詩之祖。

《詩論》簡 16：「《綠衣》之憂，思古（故）人也。」

《韓說》《魯說》《列女傳》8，班婕妤《〔自悼〕賦》：「綠衣兮白華，自古兮有之。」

《齊說》《易林・觀之革》：「黃裏綠衣，居服不宜。淫湎毀常，失其寵光。」

《毛序》「《綠衣》，衛莊姜傷已（《台》121/514《白文》作己）也。妾上僭，夫人失位而作是詩也。」《編年史》繫於前 740 年，云：衛莊姜作《綠衣》而自傷失位。

【校勘】

〔1〕《漢石經》《魯》《毛》《列女傳・班婕妤・賦》《淮南・精神訓》高注引《法言》4、禰衡《鸚鵡賦》《齊》《易林・觀之革》《英》4/221、《台》121/513.P2538 作綠。《箋》：「綠當作褖，故作褖，轉作綠，字之誤也。」鄭玄適當運用《三禮》等訓釋《詩經》自無不可，濫了則不可，尤其《詩經》作者怎麼幾乎都是國王王后諸侯大夫貴夫人？尤其是國風作者出自上層的大約不占絕大多數，《箋》訓褖 tuàn，王后的便服，此詩找不出王后諸侯夫人的絲毫依據。《傳》指出黃，正色；綠，間色，訓釋甚是，迄今人們穿衣仍重配色，可證。胡承珙《後箋》、程晉芳《詩毛鄭異同考》、張汝霖《學詩毛鄭異同簽》均已駁正鄭說。《毛》維，P2529 云，《漢石經》《初刻》8/151 作惟，下同，惟維同。

〔2〕案：本字當作惟、忘，《唐石經》曷維其亡，《三家》《箋》《漢石經》曷惟其忘，P2529 曷云其亡，亡通忘。

〔3〕《毛》女，《集注》本云：毛如字，鄭云汝。《毛》俾。《毛詩音》卑。卑俾古今字。訧訧尤，古代本字作尤，通作尤，《魯》《離騷章句》《韓》《贈劉琨》注引作尤，《毛》《英藏》4/221、《台》121/523.P2538 作訧，《廣雅》尤，《疏證》訧尤通作尤。《釋文》訧本亦作尤。檢金文、甲骨文，古代多作「亡尤」。故本字作尤。訧後起字。《毛》巳，《唐石經》作巳，當作巳。

〔5〕淒，本字作淒，《說文》《玉篇》《注疏》本《東門行》注引、《唐石經》作淒，淒是俗字，《魯》《思玄賦》作悽，陶淵明《形贈影》作淒，《說文》悽，淒淒同悽。《毛》以，《初刻》8/868 作北，異本。案：本字作寔。《漢石經》《唐石經》實獲，《釋文》《英藏》《鄭箋》（一）頁 1 作「寔，是也」。實

通尳。《說文》《毛》《釋文》訧，本尤，P2538、《唐石經》訧，同。《毛》兮，P2538 焉。

【詮釋】

寫詩如寫新聞當有由頭，有所感而發，故詩有個性與共性的辯證關係，此是輓歌。

〔1〕兮，語助詞。綠對黃，衣對裏，黃，正色；綠，間色。由《易‧坤》「黃裳」，可見周人以黃色爲正色，吉祥、富貴之色，此處指黃色下服，代指嫡妻。黃生《字詁》裏，內衣，《小弁》「不離於裏」。裏 lǐ。之，語助詞。曷，何，何時。維、惟、云，語助詞。已讀若已 yǐ，止。亡，忘。

韻部：裏已，之部。

〔2〕裳 cháng，古代稱下身衣裙爲裳，男女都服。《東方未明》：「東方未晞，顛倒裳衣。」《箋》：「亡之言忘也。」亡讀如忘。

韻部：裳亡，陽部。

〔3〕絲，綠衣之絲，黃帝正妃嫘祖植桑養蠶抽絲，赤峰紅山文化出土玉蠶。《綠衣》反應商、周中國絲織業、印染業的發達。女，汝，您，亡妻。治 zhì，理，親自整理，理絲織衣。思，懷思，緬懷，悼惜。古，故，《烝民》「古訓是式」，《魯詩》作「故訓是式」，古人，故人，作古之人，亡故之人，此處指亡妻。〔10〕卑、俾，bǐ，使令。尤、尤、訧 yóu，過失，亡妻又是諍友，使得我避免了一些過失。

韻部：絲治訧，之部。

〔4〕絺，chī，精葛布衣。綌 xì，粗葛布衣。凄其，涼爽。《小戎》「溫其如玉」，「溫其在邑」，《韓奕》：「爛其盈門」，此處用反襯法。實通尳，是；獲獲 huò，獲得，俗說「中意」。尤訧訧尤同，過失罪過。

韻部：風心，侵部。

【評論】

案：詩人用哀歌體〔Elegiac〕以悲情泣血之辭，寫美眷逝去的悲愴，綠衣黃裳，葛布衣這兩個細節描繪，觸處盡是綿綿不絕的哀思，痛怛徹骨之語，追思溫婉感人、齎志以沒的亡妻，此詩流傳千古。如果與晚得多的意大利詩人卡爾杜齊（1835～1907）《古老的輓歌》相比，兩者都善於運用富於色彩的語言，《綠衣》則更善於對映比照更擅長抒情寫悲悼之情，復詠「我思古人」，悼情尤深。下啓漢武帝、曹植、阮瑀、王粲、張載、潘岳等悼亡之作。晉‧

潘岳《悼亡詩》「望廬思其人，入室想所歷，幃屏無彷彿，翰墨有餘跡，流芳未及歇，遺掛猶在壁……寢息何時忘？沈憂日盈積。……凜凜涼風升，始覺夏衾單……」實胚胎於此。清·王士禎《池北偶談》:「予六七歲，始入塾受《詩》，誦至《燕燕》、《綠衣》等篇，不覺根觸（觸動）欲涕，不自知所以然。」《通論》:「先從綠衣言黃裏，又比綠衣方絲，又從絲言絺綌，似乎無頭無緒，卻又若斷若連，最足令人尋繹。」《會通》:「哀豔，《離騷》所祖。」

燕燕〔鶻鶻〕

燕燕〔鷰鷰鶻匷〕于飛，　　　　　雙雙燕子自在飛，
差〔甑〕池其羽。　　　　　　　　前前後後相追隨，
之子于歸，　　　　　　　　　　　這個姑娘出嫁了，
遠〔袁〕送于野。　　　　　　　　遠送到野不忍離。
瞻〔章〕望〔忘〕弗〔不〕及，　向遠瞻望望不到，
泣〔淇沛〕涕〔汲沸〕如〔女〕雨。〔1〕情不自禁淚紛垂。

燕燕〔匷匷〕于飛，　　　　　　　雙雙對對燕飛翔，
頡〔吉〕頏〔亢〕之。　　　　　　紛紛飛下又飛上，
之子于歸，　　　　　　　　　　　這個姑娘出嫁了，
遠于將之。　　　　　　　　　　　姐妹爲她送遠行。
瞻〔章〕望〔忘〕弗〔不〕及，　向遠瞻望望不到，
佇〔宁竚〕立以泣。〔2〕　　　　　久久佇立淚汪汪。

燕燕于飛，　　　　　　　　　　　對對燕兒親又親，
下上其音。　　　　　　　　　　　飛下飛上呢喃音。
之子于歸〔婦〕，　　　　　　　　這個姑娘出嫁了，
遠送于南。　　　　　　　　　　　遠送出嫁到東南，
瞻〔章〕望弗及，　　　　　　　　向遠瞻望望不到，
實〔寔〕勞我心。〔3〕　　　　　　只是憂傷咱們心。

仲氏任只，　　　　　　　　　　　二妹妹是善良人，
其心塞〔寒寒實〕淵〔洲鼎捌〕。　她有誠實淵深心，
終溫且惠，　　　　　　　　　　　既溫婉又慈惠名聲好，
淑愼其身。　　　　　　　　　　　賢淑謹愼廣行仁。
「先君之思，　　　　　　　　　　莫忘亡父所囑託，
以勖〔畜〕寡人。」〔4〕　　　　　勉勵我共同圖存。

【詩旨】

《詩論》簡 16「《躘躘（燕燕）》之情，呂丌（以其）蜀（篤）也。」案：這是感情至誠至篤的送嫁詩，朝夕相處一旦分手，情何以堪？瞻望不及，泣涕如雨，佇立以泣，是勞我心，唯相勗勉。案：前 719 年春，衛莊公弟州吁殺衛桓公而自立，州吁不能安定民心。九月，州吁被殺於濮。此詩大約是定姜送嫁時暗訂除州吁的大計，相勗勉之詩。詳《左傳·隱 4》、《衛世家》、趙良霈《讀詩經》。

《魯說》《列女傳·母儀》：衛姑定姜者，衛定公之夫人，公子之母也。公子既娶而死之，其婦無子。畢三年之喪，定姜歸其婦。自送之，至於野。恩愛哀思，悲以感慟，立而望之，揮泣垂涕。乃賦詩曰：『燕燕于飛，差池其羽。之子于歸，遠送于野。瞻望弗及，泣涕如雨。』送去歸，泣而望之。又作詩曰：『先君之恩，以畜寡人。』君子謂定姜為慈姑，過而之厚，頌曰：『衛姑定姜，送歸作詩，恩愛慈惠，泣而望之。』《詩考》引《列女傳》：定姜歸作。《坊記》鄭注引《魯》：「此衛夫人定姜之詩也。」

《齊說》《易林·恒之坤》：「燕雀衰老，悲鳴入海。憂在不飾，差池其羽，頡頏上下，在位獨處。」《萃之賁》：「泣涕長訣，我心不快；遠送衛野，歸寧無子。」

《詩考》引李迂仲云：《韓說》：「定姜歸其娣，送之而作。」

《毛序》，「《燕燕》，衛莊公送歸妾也。」劉建生（2012）《精解》：「這是衛君送妹妹遠嫁的詩，表現了兄妹之間的深厚情誼。」陳致（1999）《〈燕燕〉新解》認為寡人是武庚。

《詩切》：為定姜送歸妾。《讀風偶識》：衛女嫁南國，其兄送之之詩。

【校勘】

〔1〕《毛詩》《燕燕》，三家同，《玉篇》作《鸞鸞》。《楚竹書》《孔子詩論》簡 10《躘躘》、《阜》021《匽匽》、漢馬王堆帛書《老子》甲本後古佚本《五行》引作《嬰嬰於翟》，皆異本，聲近通用。郭店楚簡《五行》簡 17 作女，女讀如。《毛》「差池」。古佚《五行》「鷙池」，乃異本。《毛》「瞻望弗及」。古佚《五行》「詹亡」，《阜》S022「章望」，《文選注》2、《類聚》92「弗」作「不」，皆異本。《毛》歸，P2529　　，古字。《毛》遠。古佚《五行》「袁」，袁是遠的形省。《毛》「泣涕如雨」，《御覽》488、387 涕泣、涕潰。《義門讀書記》校曰：「涕泣」作「泣涕」，通作「泣涕如雨」。荊門郭店楚簡作「淇沸女雨」，古佚《五行》引作「汲沸如雨」。皆異本。

〔2〕《毛》「燕燕」，《阜》S021「匽匽」，匽匽讀若燕燕。《段注》：古作「吉之兗之」。《毛》「頡之頏之」。《阜》021「吉」，同音通借。案：古字作宁。《說文》《釋名》宁。《毛》「佇」，《魯》《九歌注》《說文》《釋文》P2538「竚」，《說文》宁貯，甯佇竚貯共宁 zhù。

〔3〕本字作寔。《毛》實，《釋文》實，本亦作寔。《考文》：實勞我心，實，是也。《孟子》趙注引 P2529「寔」。

〔4〕《漢石經》《毛》塞淵，《堯典》《正義》、《說文·心部》寒，《毛》：塞，瘞（當是寒也）也。《玉篇》寒，《釋文》作「瘞」，《漢·敘傳》顏注引、《集注》《舞賦》注引作「實」。瘞是寒之訛。《集注》作「實」。《定本》塞瘞。《毛》「淵」，《魯詩世學》、《慧琳音義》59「㢋」，《台》121/514 S789 捌，《唐石經》㳋，避唐高祖諱而缺筆。以下不再標出。本字作「淵」，《六經正誤》淵。《毛》終溫而惠，P2539「終溫清且惠」，衍「清」字。本字作畜，《魯》《列女傳·母儀》《齊》《坊記》畜。《毛》、《初刻》8/152《唐石經》勗。勗同勖。

【詮釋】

關於州吁當除，《左傳·隱4》：州吁是衛莊公寵妾之子，喜玩兵器，石碏規諫莊公，莊公不納。莊姜早已恨州吁。前719年春，州吁殺衛桓公而自立，虐民，不務其德，眾叛親離。在誅州吁並殺與州吁友的兒子石厚，石碏起關鍵作用，大約莊姜起聯絡作用。石碏純臣，莊姜才女。案：如果說《魯詩》《韓詩》《列女傳》記載《君子偕老》極寫莊姜之美，又能視戴媯之子如己出，一心加以撫養，美德感人，則《燕燕》極寫莊姜篤之於情，又富於才計。

〔1〕于，語助詞。于，將。差 cī 池，雙聲詞，舒張貌。野 yě，在郊外。瞻望弗及，遠望不到。古佚《五行》所引異本《詩經》作「詹」不誤，《爾雅義疏》：《釋詁》瞻，視也。瞻，通作詹。汲讀為泣。案：泣涕，是寬泛的雙聲疊韻詞，淚。淚如雨下。《許彥周詩話》：「此辭可泣鬼神矣。張子野長短句云『眼力不如人，遠上溪橋。』【蘇】東坡送子由此段調〔評論〕王士禎前『登高迴首坡隴隔，惟見烏帽出復沒。』皆遠紹其意。」

韻部：飛歸，微部。羽野雨，魚部。

〔2〕飛下曰頡 xié，飛上曰頏 háng。古字作吉、兗。頡頏，雙聲詞，訓送行。將 jiāng。毛訓行，《魯》《箋》：送行。(8)《阜詩》簡 022 作章望，章 zhāng。瞻 zhān。同為章母故通借。蘇中方言仍有「你去章章」，即「你去瞻瞻」。(9)宁佇貯竚 zhù，久立。以，而。

韻部：飛歸，微部。頒將，陽部。及泣，緝部。

〔3〕《詩古微》：薛國任姓，薛在衛東南，故云：「遠送于南」。〔11〕實通寔 shí，寔，是。勞 láo 心，傷心。

韻部：飛歸，微部。音南心，侵部。

〔4〕仲，中。任、仁雙聲通借，《魯》《新書·道術》：「仁義修立謂之任。」《新證》訓任爲善。只，語氣詞。《魯傳》《孟·盡心下》：「充實之爲美，充實而有光輝之謂大。」塞 sāi（sè）。塞通寔，誠實充實。寔 sè，《說文》：寔，實。《定之方中》：「秉心塞淵」，《常武》「王猶允塞」。此句是其德實淵，靜審。終，既。溫，溫婉。惠，慈惠，柔順。淑，賢淑。愼，謹慎。「先君之思」，先君，古人泛指亡父。此處臨別叮嚀：咱們的亡父生前所囑託的。《魯》《齊》畜。《毛》勖 xù。案：畜、勖同音通借。勉勵。或訓畜、孝雙聲通借。《三家》畜，孝。《孝經援神契》引《韓》：畜，孝。《齊》《坊記》畜。《祭統》：孝者畜也。《魯》《韓》《列女傳》畜。高本漢訓爲教育，劉毓慶、李蹊譯注《詩經》訓爲維護。寡人，《箋》、朱熹《詩集傳》、周振甫《譯注》訓爲莊姜自稱。案：愚以爲一直送至郊外，依依不捨的正是那些朝夕相處的閨密，戴嬀字仲，莊姜戴嬀同，恨州吁，送行時密謀除州吁。傅恒《欽定詩義折中》：州吁弒立，衛人脅從。而莊姜、戴嬀乃能內用謀臣，外用與國，誅賊定亂，其功可謂奇矣。《釋名·釋親屬》：婦人無夫曰「寡」。姐妹們以亡父定公所託相勉勵。劉毓慶、李蹊譯注《詩經》訓寡人爲兄長。案：末章倒敘忠厚得人心的仲氏。

韻部：淵身人，眞部。

【評論】

《詩論》簡 16「《嬿嬿》之情，㠯（以其）蜀（篤）也。」案：無論是被歌頌、被送別的「仲氏任只」，其情誠篤寒淵，還是抒情者「瞻望弗及，泣涕如雨」，「瞻望弗及，佇立以泣」，「瞻望弗及，寔勞我心」，「先君之思，以勖寡人」，其情甚深篤！細節傳神之筆，下啓江淹《別賦》「春草別色，春水綠波，送君南浦，傷如之何！」與《恨賦》：「或有孤臣危涕，孽子墜心。」李白《黃鶴樓送孟浩然》：「孤帆遠影碧空盡，唯見長江天際流。」蘇軾《辛丑與子由別》：「登高回首坡壟隔，惟見烏帽出復沒！」《輔廣詩話》：「譬如畫工一般，眞是寫得他精神出！」《詩集傳》頁 24，引楊氏云：「州吁之暴，桓公之死，戴嬀之去，不見答於先秦所致也。而戴嬀猶以先君之思勉其夫人，眞可謂溫且惠矣。」王士禎《分甘餘話》：「合本事觀之，家國興亡之感，傷逝

懷舊之情，盡在阿堵中。《黍離》《麥秀》未足喻其悲也。宜爲萬古送別之祖。」
《詩志》：「前三章空寫別情，末章曾敘仲氏，情之所繫，涕泣心勞，正因乎
此。此詩意章法貫串處。」《詩誦》：《風詩》連章，音調大半以重複引申見長，
然重複之中仍有變化；有前數章爲一類而末章變調者。如《汝墳》《采蘩》《燕
燕》之類最多。《會通》：引舊評：「起二句便有依依不捨意，末章變調，通篇
歸宿。」

日　月

日居！月諸〔渚乎〕！	太陽啊！月亮啊！
照臨下土〔士〕。	把人間普照。
乃〔迺〕如之人兮！	竟然有這種男人，
逝〔邁逝〕不古〔故〕處〔霆〕。	何不以故道待我到老。
胡能〔脱〕有定？	他怎麼能有定規，有準心？
寧不我顧！〔1〕	竟然不顧念我，撒手跑了。
日居！月諸！	太陽啊！月亮啊！
下土是冒。	將大地普照。
乃〔迺〕如之人兮！	竟然有這種男人，
逝〔邁〕不相好。	不肯愛我，不與我相好。
胡能有定？	他怎麼能有定規，有準心？
寧不我報？〔2〕	竟然不肯恩愛終身！
日居！月諸！	太陽啊！月亮啊1
出自東方。	天天出自東方。
乃〔迺〕如之人兮！	竟然有這種男人，
德音無良。	說話中沒有善良。
胡能有定？	他怎麼能有定規，有準心，
俾也可忘！〔3〕	使我眞可以把他忘。
日居！月諸！	太陽啊！月亮啊！
東方自出。	日日出現在東方。
父兮〔旖〕！母兮！	嚴父啊！慈母啊！
畜我不卒〔萃〕。	讓我出嫁，不讓我當老姑娘，
胡能有定？	他何能有定規，有準心？
報〔寧〕我不述〔遹術〕！〔4〕	何不以常禮常情待本姑娘！

【詩旨】

　　案：棄婦抒寫了對寡德少情的男子的怨恨之情與盼他迴心轉意、復歸於好的複雜心情，反覆責怪男子的不定心，「胡能有定？」《毛序》《詩集傳》「衛莊姜傷已（《台》121/514，S879 號作己，當作己）」，無徵。《詩切》說「婦人賢而貌醜，既嫁而不親也」。何據？《編年史》繫於前 740 年，云：衛莊姜作《日月》自傷。

　　《魯說》《列女傳‧孽嬖篇》：齊侯女宣姜，衛宣公夫人。初，宣公夫人夷姜生伋（《左傳》作急），為太子。夷姜死。宣姜欲己子壽，構陷伋，陰使力士於界上殺伋。壽告於伋。盜殺伋、壽。

　　《齊說》《易林‧豫之睽》：「月趨日步，趣不同舍。妻夫反目，主君失君。」

【校勘】

　　〔1〕《毛》土，S789 作士，二章作土，士土古通，諸，《韓》《玉篇》《類篇》徣，《齊》《禮器》《祭義》作乎，師受不同。《毛》《魯》《列女傳‧鸒鸒篇》乃，S879 迺，121/514 及，傳寫誤。案：古作卤，迺，《說文》卤（乃），驚聲也。竟，竟然。如《皇盪》「迺敢庅噭孫人，則佳輔天降喪」。《初刻》8/152 乃作之，異本。《毛》逝處，S789 P2529 逝霩，俗字。《魯》遾，遾逝音義同。《毛》古，本字當故。宋本《釋文》「古處」作「故處」，《毛》：「古，故也。」《漢石經》《毛》顧定、能，S789.P2529.P2538 作顧，能、乞，俗體。

　　〔2〕《毛》兮，《阜》025 旖，旖，當讀如猗。旖猗與兮，匣影鄰紐。陰聲韻歌、支相轉。《伐檀》毛詩作猗，《漢石經》作兮。

　　〔3〕《漢石經》《毛》S789 卒，S789 卆（卒）《阜》簡 S025 萃，萃讀如卒。案：《毛》報，當作寧，《漢石經》、P2538 寧。《廣絕交論》注引《韓》術。《唐石經》《毛》《台》6/490 述。《釋訓》遹，古字。《釋文》《蜀石經》〔日〕安井息軒《毛詩輯疏》：「《箋》上循，諸本作術，此《箋》述《傳》，作『述』非也。今從《考文》古本岳珂本宋小字本十行本。」述通術。《毛》《唐石經》顧，《漢石經》顧，S10 作顀，古簡體。

【詮釋】

　　〔1〕居、且，其；諸、乎，語助詞。下土，古之恒語，詳《舜典》《離騷》，天下，人間。乃，驚聲，竟然，或訓為轉折連詞，可是。之人，是人。如之人，像這種人，責詞。逝、遾 shì，與曷疊韻通借，曷，何。古、故雙聲通借。一反常態，不以故道善德好好待我。胡，怎麼，加強反詰語氣。下同。

案：定，正，道德規範。尚望男人不花心，心定於我。陳啓源：「作詩本意在此一語。」〔5〕寧 nìng，竟然。下同。之人，是人，此种人。不顧，不顧念我。

韻部：居諸（乎徭）土處顧，魚部。

〔2〕冒 mào，覆，普照。爲協韻而倒句，冒下土，普照人間。好 hào，愛，不相好，不愛我。《彤弓》「中心好之。」報 bào，報答。男士沒有以情報情，以恩報恩。

韻部：冒、好、報，幽部。

〔3〕德音，好名聲。良，善。〔10〕俾，使。使我眞可以忘掉他。

韻部：方良忘，陽部。

〔4〕出，所以出。由於失戀，轉而抱怨父母，當初我不嫁他，在家一輩子多好，你看出了這些事，悔不當初。畜養。卒 zú，終。不能終身侍養雙親。胡能有定，胡、何，其中含有盼望他有個準心，回情轉意的細微感情。案：甯，何；術，道。何不以正道常情待我？《魯說》《呂覽·誣徒》高注：術，道也。不術，沒有依循行爲準則來對待我。述、術雙聲通借。《廣絕交論》李善注引《韓》：術，法也。高本漢：你不以正道報答我。于省吾：不術，不遂，不失，言必須報我。

韻部：出卒述，物部。

【評論】

明·徐光啓《講意》：「『俾也可忘』，句法妙品。有望之意，哀婉可掬。」（《存目》，經 64/167）《臆補》3：「瞻望追憶之情，千載讀之，猶爲欲泣。……燕燕二語，深婉可諷。」（《續修》58/177）案：每章首句重疊，具有迴環美。《詩志》「說『日月照臨』，正是責望之深。『胡能有定？』自以其誠祈請於日月也。哀怯激切，此即騷人『九天爲正』之旨。」每章首句重疊，具有迴環美，全詩具有旋律美、抒情美。

終　風

終風且暴〔暴瀑〕，　　　　　既刮大風，又下暴雨，
願我則笑〔咲笑笑筊〕。　　他回頭衝我嗤笑。
謔浪笑敖〔傲傲〕，　　　　他老是戲謔調笑，
中心是悼。〔1〕　　　　　　我內心暗自傷悼。

終風且霾〔霊〕，　　　　　風又疾，天陰霾，
惠然肯〔肎〕來。　　　　　有一回，他友愛地肯來。
莫往莫來，　　　　　　　　從此又不肯往來，
悠悠我思。〔2〕　　　　　　我長長地把他想來。

終風且曀〔壹〕，　　　　　風又大，天陰沉，
不日有曀。　　　　　　　　不見日頭天又昏沉。
寤〔寤〕言〔焉〕不寐，　　醒了總也睡不寧，
願〔顫顲〕言則〔即〕嚏〔嚏 疌嚏嚏〕。你想我，即讓我連打噴嚏聲。
〔3〕

曀曀〔壹〕其陰〔陰〕，　　天昏沉，天落塵土，
虺虺〔霆霝霝〕其靁〔靇霝〕。震雷響起一聲。
寤言〔焉〕不寐，　　　　　醒了總也睡不著，
願言則懷。〔4〕　　　　　　欲他把我懷想成。

【詩旨】

「終風」這一意象寫變心變態、反覆無常的輕薄男子，不可理喻，出乎意料，而女子又有癡心。案：女主人公所遇不淑，丈夫放蕩施暴，女歌手抒發失戀中的哀傷之情，清純而癡情的心靈感受到了對方的變幻無常，忽而疾風暴雨，隱隱雷聲，忽而閑暇有加，忽而戲謔嬉弄，忽而回顧一笑，唉，我怎麼戀上這個變化莫測的男人？男女平等，夫婦真愛，多麼可貴。《毛序》坐實為「衛莊姜傷己也」，《詩集傳》2《原始》3 則認為寫「夫婦之情」。方孝坤（2005）《新解》：「受辱之婦的思夫之詞。」

〔齊說〕《易林·頤之升》：「《終風》東西，散渙四分。終日至暮，不見子懽（子，女子。懽，歡）。」

〔毛序〕「《終風》，衛莊姜傷己（《台》121/514 已。當作己。）也。遭州吁之暴，見侮慢而不能正（當做止，《考文》古本、宋岳珂本作「止」。《箋》：『正』猶『止』）也。」《編年史》繫於前 740 年，云：衛莊姜作《終風》以自傷。

【校勘】

〔1〕《三家》《說文》暴隸省為瀑。《慧琳音義》67 引《毛》作瀑（《續修》196/560），《毛》《魯》《釋天》《英藏》一/P1 暴。《說文》作暴，《玉篇》《考聲》瀑，《說文繫傳》瀑，今《詩》作暴，《齊說》：疾風暴雨。則暴通瀑。通作暴。古笑字作笑，《唐石經》《楚竹書·性情論》簡 13《玉篇》《干祿字書》

《五經文字》作笑。P2529.P2538 作筊，俗字。案：本字作敖，《毛》敖。《類聚》19《御覽》391、466 傲，《台》121/514 慠，121/610 作敖。案：漢《毛》、《魯》《釋詁上》「謔浪笑敖，戲謔也」。《漢石經》《毛》寤。

〔2〕《毛》肯、霾，《魯》《說文》《玉篇》冐字。S10.S789 霾，俗字。

〔3〕案：本字作曀，《毛》《魯》《釋天》《九歎注》《說文》《漢石經》蔡邕《述行賦》《北征賦》注引作曀，《詩考》引董氏雲：《韓》《說文》作壹。案由毛、魯、韓三家所訓，《魯說》《毛》陰而風，《韓詩章句》天陰塵也。《說文句讀》天陰而雨塵也。案：「曀」爲正字。就技法而言，此章用比，比喻男子陰沉著臉。《御覽》引《說文》「天陰沉」可證，《釋天》早於《說文》，《說文》《玉篇》訓爲「風而陰」，曀壹同。《唐石經》寐，磨改作寤；寤磨改作寐。《漢石經》寤言，《唐石經》寤焉，古通用。《毛》《集注》疌，王肅注《正義》《釋文》作疌，《三家》《倉頡篇》《說文》《箋》作嚏，《玉篇》引《韓》《一切經音義》16、《正義》《釋文》《唐石經》嚏，《集注》本作疌，疌的或體，《蜀石經》殘卷作嚏，嚏嚏同，疌通嚏，《眾經音義》10、14 作嚏，《御覽》387 嚏。《釋文》疌本又作嚏，又作疌，《台》121/514 嚏，121/610 疌，6/490、S879 嚏，異體。案：作疌，作嚏，當是異本，《釋文》《眾經音義》《御覽》嚏。敦煌唐寫本則爲傳寫本。《三家》《眾經音義》10、14、15 則作即，義同。《毛》願，S789 顠，P2529 顠，異體。

〔4〕《毛》陰，S789、P2529 陰，俗字。《毛》虺，《阮校》靁，黃節作皣，俱擬聲詞。案：本字作縋，《魯》《韓》《廣雅》《漢石經》靁，《玉篇》《廣韻》靁《毛》雷，《唐石經》靁，古字。

【詮釋】

〔1〕方李坤（2005）結合出土文獻，傳世文本，訓爲：終風，秋多之風。詳《阜陽師範學院學報》2005、3.《述聞》：終，既。既颳風又下暴雨。瀑暴 bào，疾暴雨。案：《說文》：瀑，暴雨。聯繫全文，當如此訓。詩人全詩用比，以天氣比夫情。笑，戲弄侮弄。言戲謔不敬已甚。謔 xuè 浪 làng。《魯說》訓意萌，郭舍人訓意明（萌之省），《韓說》訓其，朱熹訓放浪。案：浪，放蕩孟浪。謔 xuè 浪 làng，屬比較寬的聯綿字。案：笑 xiào。敖 áo。笑敖，疊韻詞，調笑侮弄。中心，心中。是，助詞。悼 dào，傷悼恐懼。

韻部：暴（瀑）笑敖悼，宵部。

〔2〕《釋天》：霾 mái，風而雨土曰霾。惠然，友愛地。肯，可，應允。

莫，不。以後又不肯來我這裡。悠悠，長久。我思，我想他。

韻部：霾，微部；來思，之部；微之通韻。

〔3〕有，又。《魯說》：曀 yì，陰而風。陰晦多塵土，未見日頭，只見陰晦。寤寤，睡醒，言、焉，然，醒著貌。我醒著，久久不能安睡。言，然，唯願貌。案：疌 jié，《玄應音義》2 注引《字詁》：古文疌，今作接，希望接受我。願他知道我想他，他連連打噴嚏。嚏嚏嚏 tì，打噴嚏，則，即。《集注》疐（嚏），欪 qù，（打噴嚏）。有人理，打噴嚏，古之遺語。

韻部：曀（壹），脂部；嚏，質部。

〔4〕曀曀，陰晦。其陰，陰陰，以狀天色陰晦陰沉。虺虺，霳霳 huǐ huǐ，擬聲詞，雷將震而未發的聲音。比喻其夫粗暴狂惑。願，欲。言，語詞。則，即。《魯》《離騷章句》：懷，思（懷念）。《毛傳》：懷，傷。

韻部：雷懷，微部。

【評論】

委婉眞切而深刻。下啓三國·魏·曹丕《寡婦詩》。《田間詩學》「玩一『則』字，見全無笑意」《詩志》1，「寫無情狂態如畫。」

擊 鼓

擊鼓〔皷〕其鏜〔鐺鏜〕，踊躍用兵。	擊起戰鼓震天響，跳躍奮勇持刀槍，
「土〔圡〕國城漕〔曹〕，我獨南行。〔1〕	「大家建都守曹邑，我獨奉命征南方。
從孫子仲，平陳與〔與〕宋。不我以歸，憂心有忡。〔2〕」	公孫子仲咱隨從，陳宋和平有我功，不使我能回家鄉，憂心忡忡傷心中。」
爰居爰處？爰喪〔喪〕其馬？于以求之？于林之下。〔3〕	於何居止？於何休息？於何喪失了戰馬？到哪裡去找我的馬？就在叢林芳草野。
「死生契〔挈挈〕闊，與子成【誠】說〔悅〕。	「死生離合太傷心，偕老白頭有盟誓，

執子之手，
與子偕〔皆〕老。」〔4〕

當年結婚握君手，
百年偕老刻心裡。」

「于〔籲〕嗟闊兮！
不我〔我〕活〔佸〕兮！
于〔籲〕嗟洵〔敻〕兮！
不我〔我〕信兮？」〔5〕

「唉唉！闊別了，
無乃與我再相聚？
可歎啊！夫君遠去了，
無乃申咱盟誓志？」

【詩旨】

案：戰士夫婦相思歌，執手白頭的訣別歌。核心句「執子之手，與子偕老。」王肅《毛詩注》：「衛人從軍者與室家訣別之辭。」《續讀詩紀》同。余師《詩經選》：「這是衛國遠戍陳宋的兵士嗟怨想家的詩。」繫於前 719 年。

《魯說》《衛世家》：「桓公二年，弟州吁驕奢，桓公絀（chù，罷）之，州吁出奔。十三年，鄭伯弟段攻其兄，不勝，亡。而州籲求與之友。十六年，州吁收聚衛亡人以襲殺桓公，州吁自立為衛君。為鄭伯弟段欲伐鄭，請宋、陳、蔡與俱，三國皆許州吁。州吁新立，好兵，弒桓公，衛人皆不愛。石碏因囚桓公母家於陳，詳（佯）為善州吁。至鄭郊，石碏與陳侯共謀，使右宰醜進食，因殺州吁於濮，而迎桓公弟晉於邢而立之，是為宣公。」

《齊說》《易林·家人之同人》：「擊鼓合戰，士怯叛亡。威立不行，敗我成功。」

《毛序》「《擊鼓》，怨州吁也。衛州吁用兵暴亂，使公孫文仲將而平陳與宋，國人怨其勇而無禮也。」

【校勘】

〔1〕本字作鼕。《三家》《說文》《唐石經》鼕，《毛》《魯》《風俗通義》《台》121/514 鼕。P2538 鐺，《說文義征》鐘。《集韻》：鼕，或作闓䶀闐闉鞳。擬音詞語。本字作曹。《魯》《左傳·閔 2》《管子》《淇水注》《通典》P2538 作曹，《毛》《齊》《易林·噬嗑之謙》S789 作漕。曹漕古今字。《毛》與，S10、S789、P2529 与，古簡體。《毛》喪，S789.P2538 丧，俗字。

〔4〕本字作挈，《漢石經》挈。《釋文》契，本又作挈，《答盧諶》注 P2539 引作挈，漢《魯相史晨碑》魏《受禪表》《台》121/514 挈。案：挈挈契，音義同。《別雅》4，「挈闊，契闊也。」《漢石經》《毛》「成說」，《英藏》（一）

p1 誠，P2538、P2527、S789 成悅。說古字。《毛》S10.P2529 偕，《阜》S027 皆，皆通偕。

〔5〕本字作活。《正義》作活，《英藏》《箋》云「志有相存救活也」。今本脫「活」字，可見《經》《箋》都作「活」字。《通釋》四，「活當讀爲『曷其有佸』之佸……承上『闊兮』爲言，故云不我會耳。」《毛》於，《詩考》引《韓》籥。《三家》《爾雅》《說文》迴，《魯》《呂覽‧盡數》高注《廣雅‧釋詁 1》《韓》「敻」，《毛》「洵」。《釋文》本又作詢，非也。《魯》《說文》泂，P2529 洵，唐寫本《玉篇》P2538 絢，《思玄賦》「眴」，《靈光殿賦》矑。洞迴古今字，詢洵絢敻矑與迴洞音近通假。信，《詩總開》音伸。

【詮釋】

〔1〕其鏜，鏜鏜、鼞鼞 tāng tāng，擬聲詞。踊躍，雙聲詞，跳躍。兵，兵器。土，城，動詞，建築；國，國都，城郭。曹，衛邑，在今河南省滑縣白馬城。我獨，只有我奉命出征。南行，向南行軍，宋‧李樗：「南行而伐鄭，在今河南滑縣東二十里。」（《四庫》71/108）行，出征。

韻部：鏜（鼞）兵行，陽部。

〔2〕從，跟從。孫子仲，衛國世卿公孫文仲。平，聯合。《左傳‧隱 6》杜注：「和而不盟曰平。」《考文》古本：在隱公四年，《左傳‧隱 4》：「及衛州吁立，將修先君之怨於鄭，而求寵於諸侯以和其民，使告於宋曰：『君若伐鄭以除君害，君爲主，敝邑以附與陳、蔡從，則衛國之願也。』宋人許之。於是，陳、蔡方睦於衛，故宋公、陳侯、蔡人、衛人伐鄭，圍其東門，五日而還。」歷史事實，宋陳戰，衛援陳，平息後，晉討衛。宋，讀平聲 sōng。陳、宋在今天河南境內。不我以歸，不以我歸。以，使，安排。有忡，忡忡 chōngchōng，憂甚。

韻部：仲宋忡，冬部。

〔3〕爰 yuán，於是，就。于爰，于焉，于何。〔10〕于以，在何處。

韻部：居處馬下，魚部。

〔4〕案：以下是重申戀愛、結婚時的盟誓。「執子之手，與子偕老！」千古名句。挈契契，音義同，契闊，疊韻詞。古人多偏義複詞，《史記‧游俠傳》：「緩急（偏義於急）人之所時有也。」偏義複詞，死生，生也；挈闊，偏義複詞，挈也，相挈相合，即生離死別，望生望挈。黃生《義府》：挈，合

也。闊，離也。與死生對言。……偕老即偕死，此即初時之成語（成約）。黃焯《詩疏平議》:「古人文章詞例多不與後世同，嘗以反正二義合爲一詞，而意則偏重一方。」《答盧諶》詩注引《韓》訓爲約束。《英藏》「《箋》:從軍之士與其伍約死生也，相與處勤苦之中，我與子成相說（悅）愛之思，有相存救活也。」鄭玄訓爲戰友相誓相救之詞。《王肅注》:「衛從軍者與其室家訣別之辭。」兩說俱通。今從王說，當是戰士回憶出征前與妻子訣別之詞，雙方銘記結婚時「執子之手，與子偕老」海誓山盟，白頭到老的誓言。成說，這是回顧當年拜天地、拜高堂、夫婦對拜前的婚約誓詞。約誓:「執子之手，與子偕老！」千古名句。比西方教堂當著牧師回答:「無論疾病還是健康，或任何其它理由，都愛她，都照顧她，接納她，永遠對她忠貞不渝直至生命盡頭」更言簡意賅，愛意綿長。一說:說通活，活著。不，疑辭，無亦，無乃。活 guō，佸 huó，同在月部，見、匣准鄰紐，活通佸，相會。

韻部:闊說，月部;手老，幽部。

〔5〕于讀如吁，吁嗟，嘆詞。案:泂迥 jiǒng，(古)匣耕，夐 xiòng，(古)曉耕，洵詢眴 xún，(古)心眞，絢矎 xuàn，(古)曉眞，眞耕通轉，夐洵讀若迥，遠。不，疑詞，無亦，無乃。信 shēn，信伸古今字。信，申，重申「百年偕老」之誓，絕不違背。

韻部:闊活，月部;洵，元部;信，耕部。元耕通韻。

【評論】

《續〈讀詩記〉》:「自憐其詞切，而意不得伸也。」《集解》:「『吁嗟洵兮』，亦如『吁嗟闊兮，不我信兮』，言其志不得伸也。」(《四庫》71/109)《詩誦》2,「『擊鼓其鏜，踊躍用兵』二句，能使阻兵安忍之態，躍然紙上，起法之妙，無逾此者。起語極豪，下文乃步步怨恨，聲聲訣絕，可以知其故矣。老杜《兵車行》全篇體格從此脫胎。」陸化熙《詩通》:「『執手』二句，即『成說』，特繾綣丁寧語。」(《存目》，經部 65/343)喬億《劍溪說詩又編》:「征戍詩之祖。」李轂平《毛詩紬義》:「此詩喪馬求林，離散闊洵之狀，千載如見。」洪頤煊《經義叢抄》:「言以死生相約，爲久別之詞。」三國・魏・徐幹《於清河見挽船士新婚與妻別詩》唐・杜甫《兵車行》《新婚別》張籍《鄰婦哭征夫》王翰《涼州詞》陳陶《隴西行》胚胎於此。

凱　風

凱〔豈飆愷〕風自南，	和風陣陣來自南，
吹彼棘〔棘棘㯤㯤〕心。	時時吹拂酸棗心。
棘〔㯤〕心夭夭〔芺〕，	酸棗少長眞美好，
母氏劬〔勮〕勞。〔1〕	慈母慈母太辛勞。
凱〔豈飆愷〕風自南，	和風煦煦來自南，
吹彼棘〔棘㯤〕薪〔新〕。	催長酸棗成大薪，
母氏聖善，	慈母明智又善良，
我無令人。〔2〕	我們未成善人報母恩。
爰有寒泉〔泉〕，	娘魂埋在九泉下，
在浚〔俊〕之下。	咱到浚邑祭奠她。
有〔育〕子七人〔有七子人〕，	咱娘養育七個兒，
母氏勞苦。〔3〕	慈母勞苦咱記掛。
睍睆〔簡簡睍皖皖〕黃〔皇〕鳥，	清圓宛轉黃雀鳴，
載好其音。	其音美妙悅人心。
有〔育〕子七人，	咱娘養育七個兒，
莫慰母心。〔4〕	未能撫慰母親心。

【詩旨】

　　此是邶國民間的一位歌手、一位孝子所深情吟唱的偉大的母愛的一曲讚歌。歌頌母愛，反躬自責，是此詩的兩大要旨。

　　《魯說》《孟·告子上》引高子曰：「《凱風》，親之過小者也。……親之過小而怨，是不可磯（jī，激怒，觸犯）也。……不可磯，亦不孝也。孔子曰：『舜其至孝矣！五十而慕。』」

　　《齊說》《易林·咸之家人》「《飆風》無母，何恃何怙？幼孤弱子，爲人所善。」

　　《毛序》：「美孝子也。衛之淫風流行，雖有七子之母，尤不能安其室（案：此說有厚誣其母之嫌）。故美七子能盡（《唐石經》「盡」下有「其」）孝道，以慰其母心，而成其志爾。」案：《小序》近乎詆母！三國·吳·陸績《述玄》：「昔《詩》稱『母氏聖善』。「母氏聖善」是核心句，《小序》不應詆母。故宋·嚴粲《詩緝》「美孝子。」

【校勘】

〔1〕案：豈、愷 kǎi 古今字，《說文》無凱，通作凱。《毛》《魯說》《遠遊注》、P2538　P2529 颽，《魯》《釋天注》《齊》《幽通賦》、《洞簫賦》、4/221，《說文繫傳》愷。《釋天》《釋文》颽，又作凱。《玉篇》《集韻》颽，亦作凱。本字作豈，凱愷颽是後起字。案：本字作棘，《漢石經》《唐石經》棘，以下不再標出。《漢石經》枭，《唐石經》泉，同。《說文》《釋文》棘，《台》121/514、611 作棶。《釋文》棘，俗作棶。S10.S789.P2529.P2538 作棶。棶同棘。《毛》夭，P2529.P2538 作犮，俗字。《漢石經》《毛》劬，《說文》劬，聲近義同。

〔2〕《正義》薪，《魯詩世學》凡薪全作新。本字作薪，新通薪。《毛》浚，S789 作俊，誤，當作浚。

〔3〕《毛》《齊》《大戴禮記・曾子立孝》作「有」，《白帖》25 作「育」，異本。《毛》有子七人。P2538 作「有七子人」，誤。

〔4〕《毛》睍睆，古本睍多作皖，《詩經小箋》《經韻樓集》考證：睍當爲皖，《詩考》《御覽》923 引《韓》簡簡，《英藏》4/222 睍睆，P2538「睍睆皇鳥」，《玉篇》睕。案：睍睆簡簡或睍睍，雙聲疊韻詞，睍睆睍皖睍睕簡簡間關，疊韻字。皇讀黃。《毛》有，《白帖》25 作育。

【詮釋】

〔1〕案：這是在缺乏父愛的情況下，母子相依爲命的寫照。凱風，南風，夏天長養萬物的風，比喻母愛。颽、凱讀如愷（kǎi），和樂。棘，叢生小棗樹。心 xīn，樹木的尖刺、花蕊、草木的芽尖，棘樹苗的纖小的尖刺。夭夭、枖枖、妖妖 yāoyāo，少長茂盛貌。

韻部：南心，侵部；夭勞，宵部。

〔2〕薪 xīn，《甸師》鄭注：木大爲薪。當年的棘心長成大樹。氐 shī，是，音義同。劬 qú，《說文》劬 jù。劬、勮同爲群母，陰聲韻旁轉中侯魚相轉，辛勞。《魯說》：「劬亦勞也。」《說文》：勮，務也。《廣韻》勮，勤務也。母親千辛萬苦養育子女。聖善，連語，慈惠善良明智。案：「母氏聖善」，「母氏劬勞」，核心句，蓋母恩無極，天理良心自然發現，歌詠於詩。令，善。抒情主人公自謙、自責之詞。

韻部：南，侵部；薪人，眞部。侵眞合韻。

〔3〕爰，發語詞。寒泉、浚 jún，在今河南省浚縣，濮陽縣南。有 yǒu。

育 yù。有通育。育，養育七個兒子。母親依然那麼忙碌辛苦。苦 kǔ。

韻部：下苦，魚部。

〔4〕案：簡簡、睍睆 xiàn hǎn，雙聲疊韻詞，如間關，關關，清柔宛轉的聲音。姚彥暉《詩識名解》：黃鳥，黃雀。黃雀身材姣小，著名觀賞鳥，鳴聲清脆。浚縣正是黃鶯分佈區。《詩集傳》頁 27，「言黃鳥猶能好其音以悅之，而我七子獨不能慰悅母心哉！」載，語詞。好，美好。莫，未。慰，慰撫。

韻部：音心，侵部。

【評論】

案：這是戀母天性的詩歌展示，母子相依為命的逼真反映，是中國傳統道德孝親精神的詩的展示，此詩與《小雅·蓼莪》是中國中、下層歌手用詩歌藝術語言建築的東方偉大的母愛金字塔。七子自責尤為可貴。對父母盡孝心，這一倫理道德具有永恆的普世價值。宋·黃櫄《集解》「皆自責之辭。」（《四庫》經 71/111）明·戴君恩：「通篇一味自責，有舜耕歷山號泣，昊天氣象。」（《存目》經部 61/239）清·劉沅《詩經恒解》：「悱惻哀鳴，如聞其聲，如見其人，與《蓼莪》皆千秋絕調。」明·鍾惺《詩經》：「立言最難，用心獨苦。又：『棘心』、『棘薪』，易一字而意各入妙，用筆直之工若此。」《詩志》1：「三四兩句深於自責，卻有微諷幾諫之旨，隱然言外。末章特自託於黃鳥之好音以慰其母爾，卻說『莫慰母心』，深婉入妙。……而委曲微婉，更與尋常自責不同，悲而不激，慕而不怨，為孝子立言，故應如是。」此詩下啓《古樂府·長歌行》：「遠遊使人思，遊子戀所生。凱風吹長棘，夭夭枝葉傾。」潘岳《寡婦賦》、孟郊《遊子吟》。

雄 雉

雄雉〔雊〕于飛，	雄野雞飛翔，
泄泄〔呭洩〕其羽。	鼓翅兒不停飛翔。
我之懷矣，	我所懷念的人啊，
自詒〔貽遺〕伊〔繄繄瑿〕阻〔慼〕。〔1〕	自留得天各一方。
雄雉〔雊〕于飛，	雄野雞飛翔，
下上其音。	飛上飛下飛傳其音。
「展矣君子，	「我誠實正直的夫君，
實勞我心。」〔2〕	是憂傷啊！我的芳心！」

「瞻彼日月，　　　　　　　　　瞻望日月飛逝啊，
悠悠〔遙遙〕我思。　　　　　　我久久掛懷這心上人。
道之云遠，　　　　　　　　　　道路迢迢千里遙遠，
曷云能來？〔3〕　　　　　　　　何日能回到我的家門。

百（伯）爾〔介〕君子，　　　　凡是朝廷的官兒們，
不知德行。　　　　　　　　　　卻不肯砥礪德行。
不忮不求，　　　　　　　　　　莫嫉害人，莫貪求，
何用不臧？」〔4〕　　　　　　　幹什麼都善都行！

【詩旨】

案：這是上流社會思婦懷念或遠宦不歸或服役在外的丈夫，前三章寫刻骨相思之情，末章因當時士大夫、仕宦之人道德淪喪，勸丈夫君子不貪為寶，重德行，不忮求，望他全身遠害的情歌。宋・劉克《詩說》：「女子屬心於起士之情而作。」《原始》：朋友互勉詩。

《魯說》《說苑・辨物》「〔賢者〕精化填盈，後傷時之不可遇也。不見道端，乃陳情慾。以歌《詩》曰：『靜女其姝，俟我乎城隅，愛而不見，搔首踟躕。』『瞻彼日月，遙遙我思。道之云遠，曷云能來？』急時之辭也。甚焉，故稱日月。」《箋》：國人久處軍役，男多曠，男曠而苦其事，女怨而望其君子。

《韓說》《韓詩外傳》，「故智者不為非其事，廉者不求非其有，是以害遠而名彰也。《詩》曰：『不忮不求，何用不臧』？」

《毛序》：「《雄雉》，刺衛宣公也。（《台》121/515、611、6/490 下有「宣公」）淫亂，不恤國事，軍旅數起，大夫久役，男女怨曠，國人患之，而作是詩。」

【校勘】

〔1〕本字作𪁖（雉），《毛》泄，《漢石經》泄，《廣雅・釋訓》、《玉篇》《集韻》P2538 𪁖𪁖，《唐石經》《蜀石經》殘卷避唐諱作洩洩。泄𪁖（雉）同聲韻故通借。《毛》雄，《漢石經》雄，同。本字作詒，《魯》《離騷注》《說文》《唐石經》詒。《漢石經》P2529 貽伊阻，《釋文》貽，本亦作詒。貽是後起字。《毛》伊，《左傳》《箋》繄。904 年抄《玉篇》引《毛》作譬，《台》121/515、611 翳，作是，翳是傳寫之誤。《左傳・宣 2》「阻」作「感」，阻通感。

〔2〕《唐石經》悠，《魯》《說苑・辨物》《韓詩外傳》遙，《荀・宥坐》悠。《爾雅》懽慅，憂無告也。《說苑・辨物》作遙遙，《韓詩外傳》《方言》慅，《釋文》慅，樊光作遙。慅慅、遙遙悠悠，重言形狀字，憂。

〔4〕《漢石經》百、爾德，《台》121/515、611.S10.S789 伯爾德，百伯通，爾同爾，德，俗字。

【詮釋】

〔1〕雄雉託興。泄通呭（詍），呭呭、翊翊 yìyì，和樂而飛。之，句中助詞。懷，懷念。自，用；詒 yì，遺留。貽通詒。伊，維，繄，譬 yì，是，語助詞。案：阻 zǔ，（古）莊魚；慼 qī，（古）清沃，上古正齒音莊、齒頭音清准鄰紐，阻通慼。《韓說》阻，憂也。

韻部：飛懷，微部；羽，魚部；慼，沃部。魚沃通韻。

〔2〕飛，飛上飛下，鳴聲不止。展 zhǎn，直也。擔心誠實正直的丈夫吃虧。《箋》《疏》訓爲：「展矣君子，愬（訴）於君子（丈夫）也，君子之行如是，實使我心勞矣。」實，寔，是。

韻部：音心，侵部。

〔3〕仰望日月更迭，君子久久未歸。《魯說》《說苑・辨物》：「『瞻彼日月，遙遙我思。道之云遠，曷云能來？』急時之辭也。甚焉！故稱日月也。」悠遙雙聲通借。曷，何，何時；云，語助詞。

韻部：思來，之部。

〔4〕百，凡，朱熹：「言凡爾君子豈不知德行乎。」爾，句中助詞。不知，不知德行的修養。行 xíng。不忮 zhì，不忌恨，不嫉害。不求 qiú，不貪求。用，爲何。臧，zāng，善。爲什麼不善？《論語・子罕》引此二句，「子曰：『是道也，何足以臧？』」

韻部：行臧，陽部。

【評論】

案：忮害、聚斂，眾惡之因。此章四章用興一層拓展一層，極具政治眼光，漢・馬融：「忮，害也。臧，善也。言不忮害，不貪求，何用而不爲善也。」（《續修》1207/141）。鍾惺：「『百爾君子，不知德行』，非婦人語。『君子于役，苟無饑渴』，眞婦人語。」「深思至愛，無閨閣氣。」案：其實，此詩是上流社會有正義感的婦女說說內心話，對仕途風波的險惡存有戒心，道道對丈夫的憂慮。《詩瀋》：「詩人詫爲婦之念夫，以刺衛君之過而勞民。前三章道思婦之情，末章乃指其因忮害而起釁爭，因貪求而遭亂，不敢斥言君，故以責之百爾君子。」劉熙載《詩概》：「詩或寓義於情而義愈至，或寓情於景而情愈深。」《詩志》一「卒章勸以善，而冀其全身遠害也。……優柔婉轉，正大深

厚，閨閣之詩，少此氣體。」「『實勞我心』，『悠悠我思』，從『自詒伊阻』生來，卻認爲末章含蓄起勢。此通篇結構貫串處。」

匏有苦葉

匏〔瓠〕有苦〔枯〕葉〔菜葉〕，
濟有深涉〔𣵾〕。
深則厲〔砅濿勵瀝〕，
淺則揭。〔1〕

葫蘆可作「腰舟」，
濟水雖深，可以渡過。
水稍深踩著石磴過，
水稍淺揭衣涉水過河。

有瀰〔瀰〕濟盈，
有鷕雉鳴。
濟盈不濡軌〔軌軓軌〕，
雉鳴求其牡。〔2〕

彌彌漫漫濟水滿，
鷕鷕，母野雞在唱。
濟水浸漬車軸端，
母野雞把公野雞盼望。

雝雝〔雍〕鳴鴈〔雁鴈〕，
旭〔煦昫旴〕日始旦。
士如歸妻，
迨冰未泮〔判泮牉〕。〔3〕

雁兒們囉囉和鳴。
昫日升出地平線。
小鮮肉您要娶妻，
趕在冰未泮前。

招招舟子，
人涉卬〔姎昂昻仰〕否〔不〕？
人涉卬〔姎昂昻仰〕否〔不〕，
卬〔姎〕須〔𩓣〕我友。〔5〕

「擺渡郎一再向我招招手，
別人上船我上船不？
別人上船我不上船，
我在等候知心朋友！」

【詩旨】

余師《詩經選》：「這詩所寫的是：一個秋天的早晨，紅通通的太陽才升上地平線，照在濟水上。一個女子正在岸邊徘徊，她惦著住在河那邊的未婚夫，心想：他如果沒忘了結婚的事，該趁著河裡還不曾結冰，趕快過來迎娶才是。再遲怕來不及了。現在這濟水雖然漲高，也不過半輪子深淺，那迎親的車子該不難渡過吧？這時耳邊傳來野雞和雁鵝叫喚的聲音，更觸動她的心事。」《詩集傳》二，「此刺淫詩也。」誤。《魯說》《後漢・張衡傳》《應間》：「深厲、淺揭，隨時爲義。」「捷徑邪生，我不忍以投步；干進苟容，我不忍以歙肩；雖有犀舟勁楫，猶『人涉卬否』有須者也。」

《齊說》、《易林・震卦》：「枯瓠不朽，利以濟舟。渡踰江海，無有溺憂。」

《毛序》：「《匏有苦葉》，刺衛宣公也。公與夫人並爲淫亂。」於詩無徵。《箋》：「男曠而告其事（役事），女怨而望其君子。」稍近詩旨。明‧錢澄之《田間詩學》：「非淫詩也。當是媒氏以仲春會男女之無夫家者，此守禮之士雖逾婚期，不肯苟就而作是詩。」

【校勘】

〔1〕《漢石經》《毛》匏，《魯》《九歎注》瓟，《說文》《集注》宋版作瓠，同爲葫蘆，《毛》苦，《齊》枯，苦通枯。《毛》葉，《漢石經》葉，《唐石經》、S541 作葉，當是唐高宗後寫本。《毛》《說文》涉，《漢石經》《西狹頌》涉，通作涉。本字作瀰、濟，《毛》厲、濟，《魯》羅振玉《熹平石經殘字集錄三編補餘》《釋水》《九歎‧離世注》《韓詩外傳》《五經文字》瀰，《漢石經》瀘，《釋文》厲，本或作瀰。《三家》《說文》904 年抄《玉篇》砅，或作瀰，砅瀰同，厲讀如瀰。《台》121/611 勵，同厲爲瀰形省。勵，訛字。《漢石經》濟，《毛》涉，S789　P2529 涉，俗字。

〔2〕案：正字作瀰，《說文》《考文》《文選》李善注、《慧琳音義》85 注引《毛傳》作瀰，《毛》《唐石經》作瀰。案：本字作軓，《漢石經》《正字》S879《五經文字》軓，《說文》《晏子春秋‧諫》《傳》《箋》徐邈、王肅、干寶、阮侃、《釋文》《疏》、S2729/6、S2538、《考正》、《經韻樓集》作軓，明監本《毛》軓，P2529、《唐石經》軔，《周禮注》軌，《英藏》-/P1 軓。軔軓軓軌軓軓訛。作軓方協韻。

〔3〕《毛》《詩考補遺》引《三家》雝，《魯》《初刻》8/870 噰，《九辨注》雝，《齊》《唐石經》雍，音義同，擬聲詞。《漢石經》《唐石經》《毛》鴈，《齊》《禽經》《鹽鐵論‧結和》鳽，古字。案：《毛》「旭日始旦」，《魯》《齊》《漢石經》《說文》《玉篇》昫，《演連珠》李注引《韓》煦日始旦，《慧琳音義》18 引作「旭日始旦」，「且」當爲「旦」方協韻。《易》《釋文》姚信引作旰。當是《齊》《周官》注引作旰，旰昫旭同爲曉母。案：本字作泮。《毛》泮，通判。案：泮同泮，《集韻》：泮，冰釋。

〔4〕《毛》卬，《說文》姎，《釋文》卬，本或作仰，《台》121/611 昂，S2729/6 仰，《玉篇》昂，昂訛字。卬仰姎吾，我。《毛》不，S789 作不，不讀如否。

〔10〕本字作頿，《詩考補遺》引《三家》《釋詁》頿，《漢石經》《毛》須。須俗體（《續修》196/346）。

【詮釋】

〔1〕匏、瓠，葫蘆，作「腰舟」以渡水。苦通枯。濟 ji，渡口。厲通砅
瀰 lì，踩著石磴渡水，《說文》履石渡水。提衣涉水。《韓詩》：水至心曰砅。
揭，水深至膝，提起衣裳渡水。

韻部：葉，涉，盍部；揭，月部。盍、月合韻。

〔2〕有瀰，瀰瀰 mǐmǐ，滿。盈，滿。有鷕，鷕鷕 yǎoyǎo，雌野雞叫聲。
不，結構助詞。《詩》中《常棣》《車攻》《柔扈》《菀柳》《文王》《思齊》《下
武》《生民》《抑》《卷阿》《召旻》《那》多有。濡 rú，沾濕。軌 guǐ，車軸端，
套在車軸末端的金屬筒狀物。牡 mǔ，雄性。

韻部：盈鳴，耕部；軌牡，幽部。

〔3〕雁 yàn，雁鵝，古以雁納采，古所謂「雁幣」，聘問或婚嫁的聘禮納
征用幣，其餘用雁。煦旭盱昫同聲通借。昫 xu，日出。《韓》煦，暖。旭日初
出。士，男子。如，假如。案：歸 guī，（古）見微。娶，qū，（古）清侯。歸
娶，見清準鄰紐，微、侯通轉。歸，娶。此處當是小鮮肉快回來歸娶我。《韓》：
迨，願。迨 dài，及，趁。古者霜降迎娶，冰泮（判）殺止。泮、判讀若泮 pàn，
冰散。

韻部：雁旦泮，元部。案：倒文以協韻，本為「舟子招招」，《魯說》《招
魂注》以手曰招，以言曰召。招招，一再招呼。

韻部：雁旦泮，元部。

〔4〕《說文》姎 yāng，女人自稱，我也。至今湖南雙峯語卬哩（我們）。
否 fǒu，不。須，xū，《魯》《釋詁》須，待。須通須。友 yǒu，知心朋友，戀
人。

韻部：子否友，之部。

【評論】

戴君恩：「二反呼，三四正應，但三之應，『濟盈』句，四之應應『雉鳴』
句，格法微妙，人未易測。」（《存目》經 61/239）《詩誦》2，「『有瀰濟盈，
有鷕雉鳴，濟盈不知軌，雉鳴求其牡』，上二句瀰、鷕、盈、鳴，下二句盈鳴
軌牡，兩句中具四韻，交互為叶，此千古創格也。」《詩志》1「蕭間舒婉，
諷刺詩乃如是。比物連類，旁引曲喻，雜而不亂，復而不厭，深得譎諫之旨。
一篇寓言隱語，只『士如歸妻』二語，略露本旨，正自玲瓏含蓄。」《原始》：
「〔一章〕正起。〔二章〕翻承。〔三四章〕正轉分層說，通篇以涉水喻處世（此

處渡濟為婚娶），中間插入雉雁喻倫物，詞旨隱約，局陳離奇，忽斷忽連，若規若風，極風人之意趣。」《直解》：「此倒敘法，此畫龍點睛，神乎技矣。」

谷　風

習習谷風，	急暴不停的疾風，
以陰〔陰〕以雨。	甚陰甚雨真難容！
黽勉〔密勿忞沒僶俛僶僶黽僶黽〕同心，	相勉同心的夫婦，
不宜〔宐〕有怒。	不應怒衝衝。
采葑〔豐〕采菲〔菲芛〕，	採芥菜與蘿蔔，
無以下體〔禮〕。	不因根莖拋葉子，
德音莫違：	結婚誓盟休違背：
「及爾同死！」。〔1〕	「與您百年共生死！」
行道遲遲，	走來慢慢心難離，
中心有違。	我的內心只有恨。
不遠伊邇〔爾介〕，	你來送我又太近，
薄送我畿〔機〕。	只肯送我到門檻。
誰謂荼苦，	誰說苦菜味太苦，
其甘如薺。	其實其甘也如薺。
宴〔燕〕爾新昏〔昏婚〕，	你今日新婚好快活，
如兄如弟。〔2〕	親親密密如兄弟。
涇以渭濁，	涇水因為渭水濁，
湜湜其沚〔止〕。	涇水清清見到底。
宴〔讌燕〕爾新昏〔昏婚〕，	今日你新婚真快樂，
不我〔我〕屑以〔已〕。	認為我已不值得相處。
毋〔無〕逝〔憇〕我〔我〕梁，	不得去我那魚梁！
毋〔無〕發〔廢發〕我笱。	莫撥動我那捕魚笱。
我躬〔今〕不閱〔說〕，	今日我都不被容納接受，
遑〔皇〕恤〔邮〕我後！〔3〕	怎能有空暇顧念到以後！
就〔濬〕其〔丌〕深矣〔誒〕，	即使水深啊，
方〔舫放〕之舟〔州〕之。	用栰用舟能渡過。
就其〔丌〕淺矣，	即使水淺啊，
泳之游之。	潛泳浮游能渡過。

何有何亡，	至於什麼有什麼無，
黽勉〔僶俛〕求之。	我勉力去求取。
凡民〔尸〕有喪，	凡是老百姓有喪難，
匍匐〔扶服蒲服蒲伏〕救〔捄〕之。〔4〕	雖伏地爬行，也要盡力相救助。

不我能慉〔能不我畜慉嫟〕，	不能愛我，
反以我爲讎。	反而把我當仇人。
既阻〔沮詛詐〕我德〔直〕，	既詐騙了我的德行、信任，
賈用〔庸〕不售〔讎〕。	又以爲我嫁不出門。
昔育恐〔恕〕育〔毓〕鞫〔鞠諊〕，	當年生小孩時生活困窘，
及爾顛覆。	與你共度難關，
既生既育〔毓〕，	爲你生兒育女，
比予于毒。〔5〕	如今卻視我毒螫一般。

我有旨〔言〕蓄〔畜〕，	我有美味的乾菜，
亦以御〔禦〕冬。	也是用來備冬。
宴爾新昏〔昏〕，	你今日新婚多快樂，
以我御〔禦〕窮。	竟以我積蓄禦窮。
有洸有潰，	洸洸潰潰太橫暴，
既詒我肄〔勩肆〕。	只留我太多辛勞。
不念昔者，	你全不念當年發誓：
伊余來墍〔暨忥懿忥〕。〔6〕	「我唯你是愛！」「唯您相好！」

【詩旨】

　　案：嘗盡了苦悲，更知悲催，我幫你渡過了重重難關，你卻甩我一邊。女抒情主人公的愛情鳥飛了，其實他並不值得愛，喜新厭舊，視我爲勞力、生育機器，我企盼溫馨堅貞的愛情生活，分手就分手，我有博愛精神：「凡民有喪，匍匐救之。」成爲千古箴言。善良擎天，博愛立地，博愛無涯。後人應該感謝女詩人的詩意情懷與人文關懷。

　　《魯說》《列女傳・賢明》：晉趙衰妻狄叔隗，生盾。及返國，文公以其女趙姬妻衰，趙姬請迎盾與其母，衰辭而不敢。趙姬責其忘舊，捨義；慢故，無恩；不顧曾勤於厄危者，無禮。《詩》不云乎：「采葑采菲，無以下體。德音莫違；『及爾同死』！」……又曰：「讌爾新昏，不我屑以。」

　　〔韓說〕《魏志・曹植傳》《求問親戚疏》：「故《柏舟》有『天只』之怒，《谷風》有『棄予』之歎。」

《毛序》「《谷風》，刺夫婦失道也。衛人化其上：淫於新昏（本字作昏。《台》121/515、《考文》古本作婚），而棄其舊室。夫婦離絕，國俗傷敗焉。」

【校勘】

〔1〕《毛》陰，《唐石經》S10，P2529 作陰，同。案：《唐石經》黽勉，《釋詁》蠠沒面勉，《說文》忞慔俛勉，《漢·五行志》閔免，《谷永傳》忞免，《祭義》勿勿，《魯》《韓》《漢·劉向傳》《後漢·蔡邕傳》《爲宋公求加贈表》注引、《帝堯碑》作密勿，《魯》又作黽勉，《白帖》17 僶勉，《初刻》8/155 僶俛，S541 號背面作黽，黽是僶字傳寫之省，《英》4/221.S2726/6 僶，俗體。《五經文字》蠠蠠，《阜》詩 029 汹沒，蠠，古密字，同爲明母，字異而聲近義同。《毛》宜，《唐石經》宜，宜同宜。下同，以下不再標出。案：本字作采，《漢石經》《唐石經》采，一作采採。《漢石經》𦬊，《五經文字》《唐石經》菶菲，《字書》豐，豐或體。《漢石經》《韓詩外傳》體，《齊》《坊記》《外傳》禮 9 今本作體，《集韻》：禮，體也。

〔2〕《魯》《呂覽·孟春》注引作爾，S789 作尒，尒同爾，讀如邇，《毛》邇，爾邇古今字。《毛》機，案：本字作機，幾讀如機。案：本字作昏，《毛》昏，《正字通》《唐石經》S541 昏，當作昏。《漢石經》宴爾新昏，《魯》《列女傳》《齊》《白虎通》「讌爾新婚」，《英藏》二/20.S51 號背面《阜》簡 S033.S10.S541.S789 作燕，燕讌宴音義同。《考文》古本作婚，今文。S10 爾作爾，P2529 宴尒新昏，尒，俗字。

〔3〕案：本字作止，《毛》沚，《三家》《說文》《玉篇》《類篇》《白帖》7、《定本》《蜀石經》《唐石經》《集韻》作止，作止是，沚爲後人所作增形字。檢唐寫本作「心」，當是「止」字之訛。本作止，《毛》作止，鄭玄改爲沚。

《毛》以，《魯》《列女傳》《孟子趙注》已，已以古通。《英藏》二/20 作「不以我屑」，當是異本。《毛》毋發笱，《阜》S034 作毋懃，異本。《韓》廢笱，二字古通用，S789.P2529 菱苟，俗字。《毛》躬，閱，《左傳·襄25》《列女傳》8「我躬不說」，《漢石經》：「毋逝我梁，毋發我笱，我今不說。」《齊》《表記》我今不閱。《唐石經》《英藏》4/221 躬閱。躬、今同爲見母，陰聲韻旁轉多侵相轉。閱說，上古同爲餘母月部，說讀爲閱。兩毋字，《蜀石經》作無，毋無古通。《毛》遑，《三家》《表記》皇，《英藏》二/20 頁皇恤，《台》4/369、S541 號背面「燕尒」「皇恤」，皇古字，卹恤同，燕讀如宴，尒同爾。《毛》邇，《魯》《呂覽·孟春》爾古字。《毛》伊，《箋》緊，伊讀如緊。

〔4〕《毛》就，《說文》引作濢。就 jiù 濢 cuǐ，齒音從、清鄰紐，聲近通借。《魯》《中論·法象》《毛》矣、方、舟，《阜》S035 作誒、放、州，S10 方作舫，方古字，放讀方，州讀舟。《左傳·昭21》作扶伏，《齊》《禮記·檀弓下》《漢·谷永傳》作扶服，匍匐、扶服又作扶伏、扶匐，疊韻詞。《魯》谷永《疏》捄，《毛》作救，捄救古今字。

〔5〕案：《毛》「不我能慉」，應作「能不我慉」，這才符合上古語式，《說文》慉作嬔，《說文》「嬔，說（悅；愛）也。」董氏《讀詩記》引王肅《王氏注》、晉·孫毓《異同評》本作「能不我慉。」S879 慉，王肅《注》《十駕齋養新錄》畜。S541 畜。《釋文》慉，本亦作畜。《蜀石經》、《唐石經》不以我能慉。案：《毛》阻，《魯》《漢石經》訑（詐），《御覽》835 引《韓》詐，《阜》簡 S036 既沮我直，直，古字惪（德），沮通詐。《魯》《齊》作庸，庸用古字通。《毛》《魯》《齊》售，本字作讎，當依《阜》簡 036、《御覽·資產》引《韓》作讎，S879、《唐石經》初刻作讎，磨改作售，俗字，爲避重，用售。本字作鞠，《說文》作鞫 jū，《釋文》本亦作諊，窮也。《集韻》：「鞫，亦作鞠、鞫、諊」。《唐石經》鞠，S879 作鞠，S541 號背面作鞠。案：《毛》「昔育恐育鞠」，應作昔恐育鞠，今檢《台》121/515「昔育恐育鞠」，前「育」字後塗去，《唐石經》「昔育恐育鞠」，《蜀石經》殘卷作「昔育恐鞠」。似當從敦煌本、蜀石經。《英藏》二/20 頁恐作恕。

〔6〕《毛》旨，《漢石經》《唐石經》言，以下同，不贅述。《魯》《呂覽·陰起》《白帖》禦，《毛》御，御通禦。《魯》《爾雅》郭注勘，《毛》《左傳·昭16》P2529 肆，S789 肆，肆肆通勘。《毛》昏，《唐石經》昏，古字。《說文》《集韻》懲惡，《唐石經》壒，S879 作曁。案：懲惡古文，文字嬗變惡 ài，（古）影微。壒，（古）影微，壒、曁通懲（愛），疊韻通借。

【詮釋】

〔1〕《淮南·天文訓》「虎嘯而谷風至。」劉寶楠《愈愚錄》：習習，不已，谷風，疾風。以，太。《韓非·難二》「管仲非周公旦，以明矣！」黽勉，勉勵努力。成語「黽勉同心」出此。不宜，不應當。葑，蔓菁，大頭菜。菲，蘿蔔。設問句式。下體根莖。不因爲大頭菜、蘿蔔，吃其塊莖，拋其葉子，看人看心性看根本，即不可以色取人，喜新厭舊。《魯傳》《潛夫論·論榮》：「故苟有大美可尚於世，則雖細行小瑕曷足以爲累乎？」體 tǐ，禮，禮儀廉恥。德音，當年婚戀時的盟誓，如「及（與）爾同死」，結婚時的誓言「與你偕老」，勿違背。

韻部：風心，侵部。雨怒，魚部。菲，微部；體死，脂部。脂微通韻。

〔2〕遲，遲遲 chíchí，慢行貌。案：違，違怨，心中有恨，《考文》引《韓說》：違 wéi，很（恨）也。違通愇 wěi，《玉篇》：愇，怨恨。《無逸》：「民否則厥心違怨。」伊，是。爾邇 ěr，近，不遠伊邇，不肯遠送，唯近。《方言》薄，勉（勉強）。畿 jī 通機，門機，門檻。荼 tú，苦荼。薺 jì（Capsella bursa-pastoris），多生夏死的薺菜，十字花科，甘菜。嫩葉莖可食，全草含薺菜酸、氨基酸、黃酮類、生物鹼，野菜珍品。性涼，味甘，功能涼血止血，主治吐血、尿血、崩漏、痢疾。近用治腎炎、乳糜尿等病。反詞質問。宴讌燕同，宴爾，快樂。昏婚，hūn，古今字。成語「宴爾新婚」出此。蔣成德（1987）《第一首控訴多妻制的詩，〈谷風〉思想內容辨析》可資參考。弟 dì，如親兄弟般親密無間。

韻部：遲違幾，微部；薺弟，脂部；脂、微通韻。

〔3〕以，因。史念海《河山二集‧論涇渭清濁的變遷》：「春秋時期是涇清渭濁，戰國後期到西晉初年卻成了涇濁渭清，南北朝時期再度成為涇清渭濁，南北朝末期到隋唐時期又復變成涇濁渭清，隋唐以後，又成涇清渭濁。」目驗結果：清清的涇水因渭水而濁。成語「涇以渭濁」出此。湜湜，shí，水清見底。止，水止貌。一說止通沚，水中陸地。以，與。不屑 xiè，不介意，不顧惜。認為不值得與我相處。逝，啟，梁，魚堰，堰水而為關空，以笱承其空以捕魚。案：發當讀若撥，撥動。《韓》：發，亂。《目耕帖》發廢古今字通用，依《韓說》當是以廢為義。（《續修》1204/213）笱 gǒu，魚籠。莫廢我那裝有逆刺的捕魚竹笱。躬，今；說，閱，容納，接受。皇遑偟，暇，怎能顧及以後？

韻部：沚（止）已，之部；笱後，侯部。

〔4〕澋 cuǐ，通就，就，即，即使從水深處渡水，方，栿，那就用木栿竹筏渡河。舟，zhōu，名詞作動詞用。《通俗文》方，連舟。泳，潛泳。游，浮游。亡 wu，無。黽 mǐn，勉力以求。求，求取。民，別人。喪，喪亂災難危險。匍匐雙聲詞，手足並用，盡力。捄 jiù，古救字，救助。雖伏地爬行，也要努力救助他人。

韻部：方泳亡喪，陽部；舟（洲）游求捄（救），幽部。

〔5〕能，而。案：畜慉通嬹 xù，喜愛。嬹 xìng〈古〉曉蒸慉 Xù〈古〉曉沃慉嬹雙聲通借，《說文》：嬹，說（悅）也。《後箋》：慉，興。反，反而。

讎，仇。案：阻沮 jū（古）精魚；詐 zhà（古）莊魚，齒頭音精正齒音莊準鄰紐，又同魚部，阻沮通詐，欺騙。德，信任，情誼。賈 gǔ，賣。售 shòu，賣出手。以爲我是嫁不出去的女。《傳疏》不讎，不用。育，稚。鞠諆鞫讀若籍，窮。《魯說》《天問注》「鞠jū，窮也。憶過去生兒育女家庭窮困。及，與。顛覆，非常的窘境困苦。既，已。生育，生兒育女，有了產業。《考文》：「其視我如毒螫，言惡己已甚。」比擬爲毒物，恨我。

韻部：奧，蒸部，慉，沃部；讎、售，幽部；鞠，沃部；育，覺部；覆，沃部；毒，覺部。沃、覺通韻。

〔6〕旨，美味。蓄，乾菜。以，以備。御通禦，禦冬，備。以，依仗我積纍的財富備窮。案：有洸，洸洸。有潰，潰潰。《韓詩》：潰潰，不善貌。洸，光，光火，動粗，西南官話、吳語，光，橫蠻不講理，動粗發怒，昏憒。詒 yì，遺；肆勩 yì，雙聲疊韻通借，勞苦。顧，顧念。案：伊 yī；通惟 wéi；《書・文侯之命》：「其伊恤朕躬。」來，是。《楚辭・九思》「伊余兮念茲。」案：塈讀如炁，《詩論》簡 10「青蔕（情愛）」，《詩論》簡 17「《采葛》之炁」，塈通炁，《說文》「炁、懸，古文愛。」《五經文字》愛，愛。塈曁通懸，懸 ài。他全忘了曾說：「我唯您是愛！」呼應一、二章「黽勉同心」、「及爾同死」。

韻部：冬窮，冬部；潰，微部；肆，脂部；塈曁（炁懸），微部。脂、微通韻。

【評論】

案：洒脫大氣，推己及人，語言簡雋而淵永，詩旨峻切而高遠。宣導人文關懷，「凡民有喪，匍匐救之！」這是《詩經》語言寶庫中的瑰寶之一，是中國先秦文學語言中的無上之珍。《詩經》論民言民凡 98 次，《尙書》276 次，《左傳》近 400 次。《論語》39 次。此詩是中國有文字可考的第一首飽醮著悲愴的淚水所吟唱的棄婦詩，同時又是一首在人生失意的屐痕中極爲難得的宣導博愛的勵志詩。別以爲棄婦都是在痛苦的泥淖中拔不出腿來，請看咱們中國在西周時已有如此可以尊崇的偉大的女性。儘管是民歌，此詩比《氓》《小雅・谷風》都顯得曲折深婉，情款動人，怨思苦雨，聲淚迸落，此詩尤爲興象渾淪，簡雋淵永，比物引類，灑脫廣闊，一、四章尤動人至深，又警策動人，大氣而耐人尋味，發人深省，末章緬懷舊情，又暗諷男人。女詩人生活在社會的最基層，推己及人，思民惠民，誠一偉大女性。宋・輔廣《詩話》

稱之爲「賢婦人」。此詩開啓了漢代女詩人卓文君《白頭吟》蔡琰《悲憤詩》與漢・樂府《上山采蘼蕪》、《焦仲卿妻》。

　　輔廣：「比物連類，因事興辭，調理秩然有序，勤而不怨，怨而不怒，玩而味之，可謂賢婦人矣。」朱熹《詩集傳》2：「婦人爲夫所棄，故作此詩，以敘其悲怨之情。」明代楊愼《經說》：「思致微婉，《紫玉歌》所謂身遠心邇，《洛陽賦》所謂興往神留，皆祖其意。」《臆評》3，「詩中疊言新昏，老杜《佳人》一篇，『新人美（當是「已」）如玉，……但見新人笑（當是「但見新人笑，那聞舊人哭？」）疊言新人，意本此。……『凡民』二句，或謂不合婦人口吻，故《谷風》一詩當爲香草美人之張本。」清・方宗誠《說詩章義》：四章追述從前持家相夫之勞，文境乃《離騷》之所祖，一章數折，沉鬱頓挫。俞平伯《讀詩雜記》：「《谷風》之篇，猶之漢人所作《上山采蘼蕪》，其事平淡，而言之者一往情深，遂能感人深切。通篇全作棄婦自述之口吻，反覆申明，如怨如慕，如泣如訴，不特悱惻，而且沉痛。篇中歷敘自己持家之辛苦，去時之徘徊，追憶中之情癡，其綿密工細殆過於《上山采蘼蕪》。彼詩只寥寥數語，而此則絮絮叨叨；彼詩是冷峭的譏諷，此詩是熱烈的怨詛。三百篇中可與匹敵者只有《氓》之一篇，而又各有各的好處，全不犯復。」

式　微

「式微，式微，	（女）「衰微，衰微，
胡不歸？」	爲什麼不回歸故國？」
「微君之躬，	（男）「不是國王窮途末路，
胡爲乎泥〔浘坭〕中！」〔1〕	怎會顚沛流離於泥途中！」
「式微〔徽〕，式微，	（女）「衰微，衰微，
胡不歸？」	爲什麼不回歸家中？」
微君之故，	（男）「不是國王的緣故，
胡爲乎中露〔路〕！」〔2〕	何以在路中？」

【詩旨】

　　余師《詩經選》「這是苦於勞役的人所發的怨聲。他到天黑時還不得回家，爲主子幹活，在夜露裏、泥水裏受罪。」

　　《詩集傳》《式微》，黎侯失國而寓於衛，其臣勸以歸也。

　　《魯說》《列女傳・貞順》：衛侯女，黎莊公夫人，既往而不同欲。其傳

母閔夫人賢，公反不納，憐其失意；又恐其已見遣而不以時去，謂夫人曰：「夫婦之道，有義則合，無義則去。今既不得意，胡不去乎？」乃作詩曰：「式微式微，胡不歸？」夫人曰：「夫婦之道，一而已矣。彼雖不吾以，吾何可以離於婦道乎？」乃作詩曰：「微君之故，胡爲乎中路？」

《齊說》《易林‧小畜之謙》：「式微式微，憂禍相絆，隔以巖山，室家分散。」

《毛序》「《式微》，黎侯寓於衛，其臣勸以（《唐石經》同。《台》6/515脫「臣」，《台》86/491 以作其）歸也。」

本文依《漢石經》《毛詩》一、二章互乙。

【校勘】

〔1〕《毛》式微，敦煌唐寫本作式二微二，示重疊。《毛》微，《初刻》8/156 徽，徽，S789.P2529薇是「微」字之誤。案：本字作路。《毛》《初刻》8/156 作露，《三家》《漢石經》《列女傳》4《漢‧古今人表》、S10、S879 作路。《詩總聞》：言行役冒犯之苦，未必是地名。《毛》泥，《唐石經》㲻，同。《廣韻》坭，地名。

【詮釋】

案：《毛詩》《漢石經》章次正異，依《漢石經集存》頁 21。

〔1〕案：躬 gōng，窮 qióng，疊韻通借。中 zhōng，泥，坭，《龍龕手鑒‧土部》：坭，地名。黎，黎國，在今山西省長治市西南。《義門讀書記》「黎爲衛之遮罩。今爲狄人追逐而衛不加存恤。此他日狄難所由及也。西伯戡黎而祖伊恐。詩人錄之。其以是夫！中露泥中，自是無所覆庇、辱在泥途之意。作二邑者，無據。當從朱《傳》。君亦當指衛君。」

韻部：微微歸，微部。躬中，東部。

〔2〕這是一首雜言體詩，作爲方伯與姻親之國，衛國既不思自衛禦侮，又不能助黎，脣亡齒寒，極具亡國之恨與對衛君、黎君的憤懣。式，語詞。《魯說》《釋訓》：「『式微式微』者，微乎微者也。」微，wēi，陰晦，衰落。當是寫黎國衰落，被北狄驅出。而作爲方伯連帥的衛君懿公赤（前 668～前 661）竟然不予援助。胡，爲什麼；歸 guī，回歸，返鄉；微，非；故，原故，失國的患難；露通路，中路，路中。一說露（路）、泥（坭），地名，衛邑。中，音節助詞。下同。吳秋暉《談經》：中路，乃進退失據。

韻部：微微歸，微部。故露（路），魚部。

【評論】

宋·方勻《泊宅編》：聯句之始。陳廷敬《午亭文編》：「『式微式微胡不歸？』詩七言之權輿也。『胡爲乎中露？』詩五言之胚胎也。」戴君恩：「英雄之氣，忠藎之謨。」（《存目》經 61/239）《讀風臆補》「每章四句兩換韻，此促句換韻法也。漢武帝《匏子歌》、梁武帝《東飛伯勞歌》體本此。」「慷慨激昂，有中夜起舞之意。」《詩志》，「明知歸不得，卻硬說：『胡不歸？』；明明是主憂臣辱，卻又翻進一層，語極慷慨，意極委婉。……語帶怨，不怨不成忠愛。悲壯激昂！兩折長短句重疊調，寫出滿腔憤懣！」

旄 丘

旄〔堥髦〕丘之葛兮！	堥丘的葛藤啊！
何誕之節兮！	何其蔓延的葛節啊！
「叔兮伯兮！	「小二哥啊老大哥啊！
何多日也？」〔1〕	援救的事拖多日啊！」
「何其處也〔兮〕？	「爲什麼安兵不動啊？
必有與也！	一定有同盟國的人？
何其久也？	爲什麼這麼久啊？
必有以〔似〕也！〔2〕	想必別有原因啊！
狐〔狐〕裘蒙〔尨〕戎〔茸〕，	狐狸皮裘暖融融，
匪〔誹〕車不東？	那駕馬車不向東，
叔兮伯兮！	二哥哥啊老大哥啊，
靡所與同。〔3〕	莫非志向不相同。
瑣〔璅璅〕兮尾兮！	猥猥瑣瑣，
流離〔留栗鶹鷅〕之子。	可憐顚沛流離的人。
叔兮伯兮！	二哥哥啊老大哥啊，
褎〔哀哀〕如充〔珫〕耳！」〔4〕	服飾豪華的衛國官員充耳不聞！」

【詩旨】

案：衛國衛侯爲方伯，狄人侵犯黎，衛君不顧唇亡齒寒的大義而不救，黎人逃衛，衛又不助黎復國，黎人婉曲地抒發了流亡者的祈盼與失望，皆怨恨之詞。吳秋暉《談經》：「全詩之正義，純託『旄丘之葛』言之，下惟詳言其相求之切，而相遇之疏。」

　　《魯說》《說苑・政理》：「故祿過其功者，損；名過其實者，削；情、行合而民副之；禍福不虛至矣。《詩》云：『何其處也？必有與也。何其久也，必有以也。』」《韓詩外傳》1 同。

　　《齊說》《易林・豫之大壯》：「過時不歸，雌雄苦悲。徘徊外國，與叔分離。」《易林・歸妹之蠱》：「陰陽隔塞，許嫁不答。《旄丘》、《新臺》，悔往歎息。」

　　《毛序》：「《旄丘》，責衛伯也。狄（S879 作翟。同）人迫逐黎侯，黎侯寓於衛。衛不能修方伯連率之職，黎之臣子以責（S879 作脩責。脩，修）於衛也。」《詩說解頤正釋》：「黎侯爲狄所迫而寓於衛，久而衛救不至，故黎之臣子嘆其無恤患之志而作也。」

【校勘】

　　〔1〕《漢石經》《唐石經》《毛》旄，《釋名》髦丘，《三家》《爾雅》《字林》《台》-/65S10 堥，髦、旄通堥。《阜》簡 S037 鴉，異本，鴉讀如堥。何其處也，《魯》《毛》作「也」，《外傳》作兮，兮、也古通，今本《韓詩外傳》1、9.S789 作也。必有以也，《魯》《毛》《韓說》《外傳》1 都作以，《齊》《特牲饋食》《箋》似，當作「以」。《魯》《呂覽・重言》「何其久也，必有以也；何其處也，必有與也。」

　　〔2〕《毛》匪，《阜》簡 S038 誹，當是「非」增形字。

　　〔3〕《毛》狐，《唐石經》狐。《唐石經》等唐人寫本凡「瓜」都作爪，俗體，下同，不再贅述。《毛》蒙戎，《魯》《晉世家》《阜》簡 S038 蒙茸，《古文苑・蜀都賦》馮戎，《長門賦》豐茸，《西京賦》蓬茸，《左傳・僖 5》尨茸，聲近義同。

　　〔4〕《毛》瑣，《釋訓》《釋文》瑣，亦作璅。依字作瑣。S10、P252、S879 璅，《英藏》121/515 璪，《說文》瑣，或作璅。案：瑣，璪璅讀如瑣，或體，璪璅通瑣。

　　《魯》《釋鳥》留栗，《釋鳥注》鷠鶹，《唐石經》《初刻》8/156 流離，《爾雅》郭注：「鷠鶹猶留離」。案：留流鷠音同，栗鶹離音同。古作留栗，後作鷠鶹，《疏》：流鷠古今字，流離、留離雙關語，諧音字。就詩旨上下文義，諧音，鷠鶹，流離。《毛》充，S10 珫，俗字。《箋》王肅《毛詩注》《唐石經》《說文》《廣韻》作褒，《釋文》本亦作袞，《六經正誤》：袞，誤。《毛》充，S10 珫，俗字。

【詮釋】

〔1〕堥 máo 丘，前高后低的山丘。地名，在今河南省濮陽縣西南。葛 gé，葛藤。何，何其。誕，延。《考文》：葛之蔓延。節 jié。焦循《補疏》：興女之嫁。案：《覲禮》，周姓大邦則曰伯父，其異姓則曰伯舅，同姓小邦則曰叔舅。《史·衛世家》：衛懿公（前 668～前 661）好鶴而已，淫樂奢侈，亡於北狄。狄人攻黎，衛不救。黎在今山西長治市南，唇亡齒寒，衛不久也亡國。何多日不來救助。

韻部：葛，月部；節日，質部。月質合韻。

〔2〕何以安處不動，不施援手？處 chǔ。與，同盟國。何其這麼久長不施援手？必，一定。以，原因。《魯傳》《呂覽·直諫》高注：以，直諫。

韻部：處與，魚部。久以，之部。

〔3〕戎，蒙戎、蒙茸、尨茸、蓬茸、馮戎，疊韻詞，美盛，輕便暖和。匪彼，同聲通假。東，黎在衛東北。靡，無恤患之心。同，共同對敵。

韻部：戎、東、同，東部。

〔4〕瑣尾，瑣猥，顛沛流離，困窘卑微，至為可憐。璅璅讀為瑣。高本漢訓：尾娓 wěi，年輕美麗。流，鷚；栗，鶹。此處用諧音技法，留栗，鶹鶼諧流離，雙聲詞，子 zǐ，人。一訓爲流離，貓頭鷹，長尾林鴞。鴞 xiāo，農林益鳥，食鼠類。如，然；褎 yòu 如，褎褎 yòuyòu 華美貌。戚學標《漢學諧聲》裦，充耳，如玉塞耳，充耳不聞，談到救援黎國，衛國官員全不念唇亡齒寒的大義穿著豪華充耳不聞，直打哈哈。徒有其服飾，德能不稱其禮服。高本漢：穿著盛服，還帶著充耳。

韻部：子耳，之部。

【評論】

三國·魏·王肅《毛詩注》「蓋詩人之意謂黎侯窮困於此，瑣細而尾，末尾，流離而失職矣。而衛之諸臣不能救之，蓋責之深也。『叔兮伯兮，褎如充耳，』袞，盛服也。徒盛其服。而不能聽其告愬（訴）。」《原解》4「《旄丘》之怨，從容不迫，雖當流離之秋，觖望（怨望）之秋，而其言委蛇有序，篇終乃曰『褎如充耳』，諷刺微婉，氣象雍容，詩所以善言也。」鍾惺《詩經》：「『多日』，字立言最妙，仍望救意。」清·鄧翔《繹參》：「詩體物之工，後來莫及。」《讀詩臆補》：「言婉而多諷。」陳震《讀詩識小錄》：「前半哀

音曼響，後半變徵流商。」《詩志》:「寫盡久客苦況。……玩詩意直是黎在衛東耳，諸家曲說可廢，……不驟下怨語，呑呑吐吐卻怨到盡頭，所以爲深厚。《式微》激壯，《旄丘》卑微。慫主吁鄰，故應分別如是。」劉毓慶、李蹊譯注《詩經》:「本詩表現了一位妻子對行役已久的丈夫痛苦的思念，細膩委婉地描述了她複雜的心理狀態。」

簡　兮

簡〔柬間僩〕兮〔旖〕！簡兮〔旖〕！
方將萬舞。
日之方中，
在前〔㫄〕上處。〔1〕

僩僩然，眞雄壯，
干戚大舞將開場，
旭日當空照中央，
他在舞隊最前方。

碩人俁俁〔扈扈〕，
公庭萬舞。
有力如虎〔虖雽〕，
執轡〔轡〕如組。〔2〕

高大魁梧多英武，
邶公大庭領萬舞，
迅猛勝如出山虎，
手持韁繩如織組。

左手執籥〔龠龠〕，
右手秉〔隶〕翟〔狄翟鳥〕，
赫〔赩〕如渥〔屋〕赭。
公言錫爵。〔3〕

左手兒執籥，
右手兒執翟，
臉紅如渥丹，
邶公賜酒爵。

山有榛〔亲〕，隰有苓〔蘦〕。
云誰之思？
西方〔之〕美〔羙娄〕人。
彼美人兮！
西方之人兮！〔4〕

山地有榛樹，濕地有蓮花，
我想誰呢？
西羌西戎的領舞人啊！
那個英俊的舞蹈家啊！
是西羌西戎的領舞人！

【詩旨】

案：此詩大約如同古希臘女詩人薩福《致阿那克托里亞》，是歌舞抒情詩（Melic Poetry）。大約是高大英俊的羌戎舞蹈家領舞世傳武舞《萬舞》，高大英偉爲美，有力如虎爲美，執轡如組爲美，執籥持翟爲美，舞到盡興處其臉如丹爲美。有一位女子對他動情了，引吭而歌這一情詩。於是作爲伴舞的樂歌，此詩千古流傳。蘇轍《詩集傳》2、《程氏經說》3、《詩集傳》2 等承《毛序》、「《簡兮》，刺不用賢也。案：正字作泠，衛之賢者仕于伶（《古今人表》

《左傳·成9》《說苑·修文》《漢·志》《唐石經》《白文》冷，冷人，樂師學人，伶是俗字）官，皆可以承事王者也。」宋·鄭樵《詩辯妄》指出：「《簡兮》，實美君子不能射御歌舞，何得為刺詩？」

【校勘】

〔1〕《魯》《釋詁》《詩傳》《詩說》柬兮，柬簡古今字。高士奇《天祿識餘》引申公曰：「柬兮柬兮，方將萬舞。」《左傳·昭18》、《方言》撊，服虔注：撊然，猛貌。《說文》「僴，武貌」。參照全篇，正字作僴或撊，柬、簡通僴、撊。《阜》039作僩，簡之形省。《唐石經》簡，大約古本作僴、撊，或作柬。《詩傳》《詩說》柬，柬，伶人名。《毛》兮，《阜》旖，二字古通。唐寫本作蔄，《釋文》已指出其非。《箋》萬舞，干羽（《台》121/515，「羽」作「舞」。）也。《毛》前，《阜》簡039作杲，《阜》為異本，前是正字，杲（泉）通前。

〔2〕《毛》《說文》俣，釋文引《韓》扈，俱通。《毛》虎，《干祿字書》、S10、S2529𤅫，俗字。《唐石經》虓，避唐祖諱。以下相同則不再贅述。《毛》彎，904年抄《玉篇》作彎，同。《毛》籥，《韓》《說文》《廣雅》《玉篇》龠，龠籥古今字。P2529、《台》121/515蔄，傳寫之誤。《毛》俣，《魯》《上林賦》《韓》扈，疊韻通借。

〔3〕案：本字作秉翟。《毛》秉翟，S789秉，俗字，《廣雅·釋器》狄，狄通翟，《爾雅》樊光注作鸐。鸐，增形字。《毛》赫，《蜀都賦》《魏都賦》《琴賦》注引《毛》赩。《毛》渥，《三家》《修堯廟碑》屋，屋讀如渥。

〔4〕榛，《說文》《廣雅》《九經文字》亲，古字。《阜》S040業，當是亲。《毛》隰，《阜》S040濕，當作隰。《魯》《釋草》《說文》《夢溪筆談》薵，《毛》苓，俗字，通薵。案：《阮校》有「兮」。美，S10、S789、S2529羙。《毛》西方美人，S789作「後方有之美，S789羙，P2529姜，異體。

【詮釋】

〔1〕案：在邶公之庭演世傳干戚舞《萬舞》，《魯》、《毛》作簡訓擇，恐非確訓。此詩採用場面摹繪、動作細節、特寫鏡頭等寫作技法，描繪男舞蹈家的魁偉身材、英武舞姿，末句抒情。聞氏《類抄》「樂奏舞前，如先鳴鼓以警眾」，《那》「奏鼓簡簡」可備一說。然而顧及全文，此詩寫武舞，重在寫人，故當從《方言》《說文》作撊或僴，中國西方舞師的英武勇猛。或作柬，伶官。《穆疏》引《詩傳》《詩說》柬，伶人名。高士奇《天祿識餘》：「柬，伶官，

名恥，居亂邦，故自呼而歎曰：『柬兮，汝乃白晝而舞於此』」。（《續修》1201/217）方將，即將。《萬舞》，以干戚爲道具的武舞，這是先周時代的大型傳統武舞，商代已有萬舞，詳《墨子・非樂》。之，助詞，方中，正中，午時時太陽當空。泉、前古音都是從母元部，泉通前，最前列。上處 chù，上方。

韻部：舞處，魚部。

〔2〕古人以高大爲美，詳《碩人》《考槃》《車轄》。碩，修長。《毛詩》俁 yǔ，容貌大。扈扈，高大有神采貌。《韓詩》：扈扈 hùhù，美貌，俁扈同爲魚部，疑匣準鄰紐，古以高大魁偉爲美。公庭，邶公宗廟大庭。剛勁有力，威猛如虎。轡 pèi 組，馬轡繩。執轡組如御馬編組，駕馭車馬，柔和，得心應手。

韻部：俁（扈）虎組，魚部。

〔3〕執 zhì，持；籥 yuè，先周用土鼓葦籥，後用皮革管籥，三孔或七孔的管樂器，用以節舞。文舞。狄、翟、鸐，長尾野雞。翟 dí，長尾野雞羽。赩 xì，赫 hè，赭，紅，臉紅色鮮明。渥赭，浸丹土，赭 zhě，紅土。公，邶國國王；言，結構助詞；錫，賜與；爵 jué，禮器，受一升酒。

韻部：籥，藥部；翟，錫部；爵，藥部。藥、錫合韻。

〔4〕榛 zhēn，樺木科，子如小栗，可食或榨油，爲早春蜜源樹種。子如小栗。苓通蘦，沈括《夢溪筆談》：黃藥，極苦。隰 xí，濕地。案：《七發》《七啓》注引《集韻》、《談經》苓 lián，古蓮字。云，發語詞。思，眷戀。人，舞師。西方，邶在東，是西周室一帶，其時羌、戎屬周，抑或是羌戎身材高大而「有力如虎」的男舞蹈者。

韻部：榛人人，眞部；苓，耕部。眞、耕合韻。

【評論】

《詩志》1：「寫得極興頭，正極潦倒傷心。……末章忽以淡遠之筆作結，神韻絕佳。『山有榛，隰有苓』，妙在興意不相關切，『沅有芷兮澧有蘭』與此相似。」《詩誦》2：「首章四句兩韻，以後皆連句韻，一氣直下，說得十分鬧熱，而以『公言錫爵』一句煞住，倍使受者不堪。於是不得已興望古遙集之思，末章仍連句韻，而『云誰之思』不入韻，作一颺筆。末句連叶「人」韻，用長句搖曳之，神韻縹緲欲絕。兩「兮」字又正首句「兮」字神理相呼應。」《會通》引舊評：「極傷心事，作極得意語，謔浪笑傲，旁若無人。末章，羽聲變徵（zhǐ）。」

泉　水

毖〔泌祕毖瀄〕彼泉〔朙〕水，　　　　　澤沸泉水水流長，
亦流于淇。　　　　　　　　　　　滙進淇水自浩蕩。
有懷于衛，　　　　　　　　　　　我至爲懷念故鄉，
靡日不思。　　　　　　　　　　　眞是無日不念想！
孌彼諸姬〔姖〕，　　　　　　　　美好的那諸位閨密，
聊〔憀〕與之謀。〔1〕　　　　　　願將心事共商量。

出宿于沸〔沛濟〕，　　　　　　　來時在沸住一宿，
飲餞于禰〔泥坭瀰祢〕，　　　　　餞行飲酒禰崗旁，
女子有行，　　　　　　　　　　　今日女子出嫁了，
遠父母兄弟。　　　　　　　　　　遠別家人淚千行。
問我諸姑，　　　　　　　　　　　問候諸位親姑媽，
遂及伯姊〔妒〕。〔2〕　　　　　　問候諸位大姐姐。

出宿于干，　　　　　　　　　　　在干邑住了一宿，
飲餞于言。　　　　　　　　　　　餞行飲酒於言邑。
載脂〔脂〕載舝〔鎋鎋轄轚〕，　　車軸上油好趲路，
還〔旋〕車言邁。　　　　　　　　迴旋車子向遠方。
遄臻于衛，　　　　　　　　　　　急急返衛探雙親，
不瑕〔遐〕有害〔害〕？〔3〕　　　何害之有當提防？

我思肥〔淝〕泉，　　　　　　　　我念肥泉好地方，
茲〔兹〕之永歎〔嘆〕，　　　　　更加永歎情思長。
思須〔湏〕與漕〔曹〕，　　　　　離開湏、曹心惆悵，
我心悠悠。　　　　　　　　　　　一別國土太優傷。
駕言出遊〔遊〕，　　　　　　　　駕車出遊散散心，
以寫〔瀉〕我憂。〔4〕　　　　　　瀉我憂愁望故鄉。

【詩旨】

　　《詩集傳》頁 32「衛女嫁於諸侯，父母終，思歸寧而不得，故作此詩。言毖然之泉水，亦流於淇矣。我之有懷於衛，則亦無日而不思矣。是以即諸姬而與之謀爲歸衛之計，如下兩章所云也。」

　　《毛序》：「《泉水》，衛女思歸也。嫁於諸侯，父母終，思歸寧而不得，故作是詩以自見也。」

　　錢澄之《田間詩學》當作於衛東渡河以後。

【校勘】

〔1〕正字作泌。《唐石經》〈《正義》聝，誤，當作眇。《水經注》澉，眇，眇毖祕與泌音義同。《毛》聊，《聲類》憀。《毛》泉姬，《漢石經》《說文》泉、姬，《唐石經》姬，姬古字。

〔2〕正字作泥，《齊》《士虞禮》鄭注作泥，《式微》泥，《釋文》引《韓》作坭，坭，泥的異文。《毛》禰，《說文》有坭無禰，《台》1/66、S10 祢，俗體。爾尼古聲近。《魯》《新序·節士》《列女傳》《初學記》18《白帖》34《應詔　曲水作詩》注引《毛》《御覽》489《台》121/515 濟，《唐石經》泲，《蜀石經》泲，泲泲，或體。通作濟。《毛》姊，S10.S789.P2529 姊，《唐石經》姉，俗字。

〔3〕《毛》羍，潘正叔《贈陸機詩》注引《台》121/515 鎋，P2529 作鎋，俗字，S2729/6 作轄，羍轄古今字。《毛》脂，《唐石經》脂，同。還，《釋文》音旋，還音義同旋，以下同。本字作遄。《唐石經》《楊統碑》瑕、害，S10 S879 瑕宔，俗字，遄宔，《傳》訓瑕爲遠，則當作遄。《箋》訓瑕爲過，當是瑕疵過失之瑕，害作何，純用《禮》釋《詩》。

〔4〕案：《傳》《箋》《正義》歎，當作嘆，哀嘆之嘆，S789.P2529 嘆，詳《說文·口部》。《毛》茲，《唐石經》兹。《釋文》肥，或作淝，音同。《唐石經》須。案：須當作湏，古沫字，《說文》湏，《定聲》沫，湏，柯汝鍔《籀天錄》：「須疑湏之訛，湏，古文沫，沫，衛邑，紂所都朝歌北是。《毛》漕，P2529、台 6/491S879《濟水注》曹，古字。

【詮譯】

〔1〕《說文》泌，泌泌 bìbì 然湧流，俠（狹，湧出不已以至廣大，即渾沸 bìfèi）流，泌湧而迅流貌。泌泉在今河南淇縣。案：淇，在今河南鶴壁市淇縣，淇 qí，淇河呈天然的太極圖陰陽魚形。誠天造地設的絕妙風景區！懷，思。案：衛，詩人的故國。靡，無；思，眷戀，故國之戀。孌 luǎn，婉孌可愛，美好貌。諸姬，同姓姪娣。憀聊，且。

韻部：水，微部；淇思姬謀，之部。微、之通韻。

〔2〕《魯》《韓》：宿，舍。宿，住一宿。泲（濟），四瀆之一，泲，地名，出河南省濟源縣王屋山。在浚縣滑縣間。飲餞（jiàn），送別飲酒。禰，泥（坭，禰）nǐ，在今山東省菏澤市西。〔6〕行，出嫁。在客家語、閩語、

贛語中，稱出嫁為行嫁，《蝃蝀》、《竹竿》「女子有行」。〔7〕問，問候。諸姑，姑母們。遂及，也問候到大姐姐們。姊 zǐ，姐。

韻部：沛禰（坭）弟姊，脂部。

〔3〕宿 sù，出居在外住一宿。《集注》《定本》：干，所適國郊。干 gān，山名。在今河南省濮陽縣東北有干城村。言 yán，地名，在今河南省清豐縣北。舝轄古今字 xiá，車轄，止車的車軸金屬鍵。脂，名動詞，用油脂潤車軸。還音義同旋，迴旋，以下同。言，助詞。邁 mài，行。遄 chuán，疾速。臻 zhēn，至。于，到。《通釋》：「瑕、遐古通用。遐之言胡，胡、無一聲之轉。……凡《詩》言『不遐有害』，『不遐』猶云『不無』，疑之之詞也。」遐，遠。案：遐（xiá）胡 hú，同為（古）匣魚，古音聲韻同。如黃焯《平議》所說此句是反問句。

韻部：干言，元部；舝（轄鎋）邁害，月部。

〔4〕肥泉，水名，在今河南省淇縣，東南入衛河。茲通滋，更加。之，助詞。歎同嘆（歎）tàn，久久哀歎。湄（沬 mèi）huì，沬邑，在今河南淇縣南。曹 cáo，曹邑，在今河南滑縣東。悠 yōu，悠悠，鄉思悠悠。駕，駕車；言，結構助詞；出遊，外出遊歷，吟詩。寫，瀉 xiě，排遣。憂 yōu。曹，今河南省滑縣。

韻部：曹悠優游，侯部。

【評論】

《講意》：「此詩善寫情事，極其宛曲，極其宛轉，即如『出宿』二章，中間多少周折，反覆吟詠，情致宛然。於此領悟，可得詩理詩趣。」（《存目》經部 64-173）《詩誦》2「《泉水》詩與《載馳》不同，皆虛景也，因想成幻，遂構成許多問答話頭，許多路途情境，既不得去，又想到出遊寫憂，其實身未出中門半步也。孟東野《征婦怨》：『漁陽千里道，近如中門限。中午逾有時，漁陽常在眼，』即此意。」《詩志》：「但言出遊，並不敢說歸字，真無聊之極。詞愈婉妙，意愈摯苦。本是義不可歸，卻始終不肯說出，滿心打算只用『不暇有害』四字隱隱逗轉，末章又以淡寫輕描之筆結之，蘊籍柔厚，此謂絕調。」《會通》：「此段衛女且歸不得，而以禮自抑之作。『出宿』二句章，純為設想之詞。情文斐亹，極文字之妙。」案：握手戀戀，舉杯垂淚，決別之時，悽悽愴愴，開漢《古詩十九首》《行行重行行》《涉江采芙蓉》《庭中有奇樹》、蘇武《詩四首》。

北　門

出自北門，	從北門邁出步來的，
憂心殷殷〔慇慇〕。	我的心憂慇慇然痛啊，
終窶〔簍簍〕且貧。	既然貧到備不起禮品又窮苦啊，
莫知我〔我〕艱。	誰體諒我的艱難困窘啊，
〔亦〕已焉哉！	也就算了吧，
天實〔寔〕爲之，	天是如此注定，
謂之何哉？〔1〕	奈之何哉！奈之何哉！
王事適〔歱摘適〕我〔我〕，	國王的事投給我去辦，
政事一埤〔埤〕益我〔我〕。	政務一概推給我去累，
我入自外，	我從外面回家，
室人交徧讁〔讁讁適〕我〔我〕。	全家人都把我責備！
〔亦〕已焉哉！	也就算了吧，
天實〔寔〕爲之，	天是如此注定，
謂之何哉？〔2〕	無可奈何，說又啥用？
王事敦我〔我〕，	國家的事多要我去辦，
政事一埤遺我〔我〕。	政務都加給我去累，
我〔我〕入自外，	我從外面回家，
室人交徧摧〔言崔催〕我〔我〕。	家人都對我諷刺責備，
〔亦〕已焉哉！	也就算了吧，
天實〔寔〕爲之，	天是如此注定，
謂之何哉？〔3〕	無可奈何，說又何用？

【詩旨】

　　郭沫若《中國古代社會研究》：作者「是一位破產的貴族」。余師《詩經選》：「這詩作者的身份似是在職的小官，位卑多勞，生活貧困。因爲公私交迫，所以怨天尤人。」《柏舟》《北門》均詩人自吟作。

　　《魯說》《潛夫論・交際》：「處卑下之勢，懷《北門》之殷憂，內見讁於妻子，外蒙譏於士夫。」

　　《毛序》：「《北門》，刺仕不得志也。言衛之忠臣不得其志爾。」

【校勘】

　　〔1〕本字作慇，《楚辭注》16 作隱，P2529、《魯》《釋訓》漢・蔡邕《九惟文》《釋文》蘇轍《詩集傳》慇，《毛》殷，慇之形省。《釋文》殷，本又

作慇，同。殷、隱通慇。本字作宴，《魯》《釋言》《字書》竷，《唐石經》寠，《蜀石經》、《英藏》4/222、S2726/6《蒼頡篇》《說文》《玉篇》《慧琳音義》61 注引《詩傳》《考聲》《釋文》宴，古通。當從《韓詩外傳》1 引《詩》作「亦已焉哉！」語氣亦貫，與下二句都成四言詩，可從。《毛》「已焉哉」，當是異本。

〔2〕《魯》《潛夫論‧論榮》《毛》《外傳》實通寔。《北海相景碑》正作「寔」。904 年抄《玉篇》引《詩》《箋》作竷，《毛》適，《英藏》4/221，P2729/6 擲，S789.P2529適我，異體，適讀如謫 zhè。《毛》埤，《唐石經》埤，同。

〔3〕案：本字作讁，《說文》謫有讁無讁，904 年抄《玉篇》引《毛》讁，《集韻》引《韓》作讁 zhè，《毛》S2729/6 作讁，讁，《魯》《孟‧離婁》注引作讁，讁、讁是俗字。案：本字作譙，《釋文》《廣韻》《類篇》引《韓》譙，《唐石經》摧，《箋》嗺，《說文》、《台》1/66S10 催，《釋文》：摧，或作催。《毛》實，《韓》《求通通親表》注引、P1686 寔，實通寔。

【詮釋】

〔1〕門 mén，邶城北門。殷隱通慇 yīn，慇慇然，憂傷貌，憤憤不平貌。終，既。宴 jū，貧困，無財備禮。貧 pín。莫，沒有人，艱 jiān，困窘。哉 zāi。之 zhī。亦已焉哉，也就算了吧！實，寔，是。案：謂 wèi，（古）匣物；如 rú，（古）日魚；奈 nài，（古）泥月。謂、如、奈，匣、日、泥准鄰紐，而謂、如是在韻旁對轉中陰陽旁對轉物、魚對轉，謂、奈是入聲韻中物、月對轉，如、奈則是陰陽韻對轉中魚、月相轉，所以「謂之何哉！」即「如之何哉」、「奈之何哉」，《魯說》《齊策》高注：謂〔何〕，猶奈何也。抒發了地位卑賤的官員承擔著進行過多的公務時心中的不平之感。爲 wéi 讀何 hé。

韻部：門殷（慇隱）貧艱，文部。爲何，歌部。

〔2〕案：竷敦 duī，投擲。適 zhì。摘、擲古今字，投擲，《字林》摘，投摘。扔給。案：壹一，一概，全。埤益，連語，埤 pí，（古）並支；益 yì，（古）影錫。并、影准鄰紐，陰陽對轉中支、錫對轉，這是比較寬的雙聲疊韻詞，疊義連詞，《說文》埤，增。又鼙 pí，益也。增益，俗語全加給我了。《蜀石經》引《箋》：「減彼而一以益我。」適、讁、讁 zhé，責備。

〔3〕遺 wèi。埤遺，這是比較寬的雙聲疊韻詞，疊義連語，增加，敦，多。《箋》敦，投擲。《韓》：敦 dūn，迫也。案：嗺譙摧催共崔，《韓傳》譙 wéi，責，責備。實寔，是。

韻部：遺摧，微部。（為）何，歌部。我我我，我字腳韻。哉哉，哉字腳韻。

【評論】

　　《詩集傳》頁 33：「衛之賢者處亂世，事暗君，不得其志，故因出北門而賦以自比。又歎其貧窶，人莫知之，而歸之於天也。」《詩志》：「此偶舉北門藉以發端耳。……最苦是『室人交遍謫我』一句」。此詩真切質直，三言句，四言句，六言句錯落有致，用韻既有平聲韻，又有我字腳韻，哉字腳韻。

北　風

北風其涼〔飆〕，　　　　　　　　北風寒涼，
雨雪〔霏〕其〔亓〕雱〔滂兵霧旁〕。　雨雪漫天飛揚，
惠〔惠惠意〕而好我〔我〕，　　　　您我相愛心火熱，
攜〔攜携〕手同行。　　　　　　　　攜手兒並肩行啊！
其虛其邪〔耶徐〕！　　　　　　　　您慢悠悠舒舒徐徐，
「既亟只且！」〔1〕　　　　　　　　「相愛相敬啊美且！」

北風其喈〔湝淒飆〕，　　　　　　　北風淒淒飆飆，
雨雪〔霏〕其霏〔霏霏非〕，　　　　雪花漫天飛飛，
惠〔惠〕而好我〔我〕，　　　　　　您我相愛心火熱，
攜〔攜携〕手同歸〔車歸〕。　　　　攜手兒一起同歸。
其虛其邪〔耶徐〕，　　　　　　　　您太斯文舒舒徐徐，
「既亟只且！」〔2〕　　　　　　　　「相愛相敬啊美且！」

莫赤匪狐，　　　　　　　　　　　　赤不過於那狐，
莫黑匪烏〔誹烏〕，　　　　　　　　論黑不過於那烏，
惠〔惠意〕而好我〔我〕，　　　　　您我相愛心火熱，
攜手〔攜携〕同車〔居〕。　　　　　攜手兒今日同居。
其虛其邪〔徐耶〕，　　　　　　　　您害羞行步徐徐，
「既亟只且！」〔3〕　　　　　　　　「相愛相敬啊美且！」

【詩旨】

　　案：《詩論》簡 27「《北風》不終（絕）。」《魯》《齊》「燕樂而喜」，《阜詩》「同歸」「同居」，雖北風呼嘯不絕，婚姻大事怎能不肅敬？喜締良緣的人其樂綿綿不絕。大約是邶國基層男女嚴寒時代的結婚進行曲，已經相愛且相

敬，套上馬車，跟我到新居，咱們從此走進二人世界，新娘子出嫁遠離雙親，難捨難分，親情難割，羞澀，矜持，哪能不慢悠悠走？有人說是反映百姓逃亡的歌。聞一多《通義》：新婦贈婿詞。《新證》：「當是夫婦始合終離而追述往者患難與共之作。」

《魯說》「燕樂以喜」，漢・張衡《西京賦》：「樂《北風》之同車。」

《齊說》《易林・否之損》：「北風牽手，相從笑語，伯歌季舞，燕樂以喜。」案：《齊說》《阜詩》近於詩旨。

《毛序》「《北風》刺虐也。衛國並爲威虐，百姓不親，莫不相攜持而去焉。」朱熹《詩集傳》、《古義》、《詩切》同。

【校勘】

〔1〕《魯》《爾雅》《唐石經》涼，《三家》《說文》《廣雅》《玉篇》飆。案：本字作霝，《毛》雪，《漢石經》《說文》霝，古字。《毛》霏，《漢石經集成》《阜》非，非讀如霏。《唐石經》其雱，《阜》簡 S041 作亓兵。亓古字，兵讀雱，正字作雱，滂滂霶是異體。《慧琳音義》39、S10 霶，正作雱，S789 邪作耶。《說文》《雪賦》注引《毛》《穆天子注》《雪賦》注《類篇》《廣韻》《御覽》34 滂，籀文《玉篇》《御覽》370 P2578 雱，S2729/6，《台》1/66、S10《類聚》2 霶。《毛》惠，《漢石經》惠，S10.S789.P2529 意，異體。《阜詩》惠然。而，通然。《毛》邪攜，S10 作攜，S789 作攜，P2529 橎，異體。S2729/6 邪，S789 耶。《詩考補遺》引《三家》《釋訓》《箋》《幽通賦》注《說文繫傳》引作徐，邪耶讀如徐。

〔2〕《毛》其喈，通湝音，《唐抄・文選集注》1.281 引作淒，《韓》《玉篇》作飀或湝，字異義同。《漢石經》《唐石經》其霏，《魯》《列女傳・楚處莊姪》霏霏。《說文》《玉篇》霻，《漢・揚雄傳》作霺，霻、霺，古字，《阜》簡 S043 亓非，亓同其，非讀若霏。《毛》歸，S789 車，P2529 歸，車讀如歸。

〔3〕《毛》非，《阜》S044 作誹，誹是非的增形字。《毛》匪烏，《阜》S044 誹烏。案：本字作居，《毛》車，《阜》S045 居。《釋名》車音居。車讀如居。

【詮釋】

〔1〕北風其涼，倒句以協韻。其涼，涼涼飆飆 liángliáng，寒冷。其雱，滂、雱、霶。滂滂 pāngpāng，磅礴，盛大貌。案：惠而，惠然，惠好 huìhào，連語，鍾愛。《魯》《釋詁》：惠，愛，《褰裳》：「子惠思好」，好。《玉篇》：好，

愛。好。也。《彤弓》：「我有嘉賓，中心好之」。行 xíng，往嫁。盧讀如舒，耶，邪讀如徐，盧徐、舒徐，疊韻詞，姑娘出嫁，不免矜持而羞澀，步履徐緩。《魯》《釋訓》《齊》《幽通賦》注：「『其虛其徐』，威儀容止也。」案：詩眼在㤨㤥 jí，㤨kè，互敬互愛。《方言》1：「㤥，愛也。東齊、海、岱之間曰㤥。自關而西，秦、晉之間，凡相敬愛謂之㤥。」《列子・仲尼》「先㤥犇佚。」只 zhǐ，旨 zhǐ，旨雙聲通借。「樂只君子」，《韓詩》《左傳・襄 11》、《衡方碑》旨，《說文》：旨，美。案：居、且、哉，且 jū，（古）精魚，居 jū，（古）見魚，哉 zāi，（古）精之，精、見准鄰紐，居、且讀如哉。又且 jū，句末語氣詞，魚韻。

韻部：涼雺（滂霧旁）行，陽部；盧邪（耶徐）且，魚部。

〔2〕其喈，喈喈，讀如湝湝 jiējiē，寒冷。或讀如飆飆 jiējiē，疾風，朔風呼嘯，凜冽。雨 yù，降雨；雪，下雪其霏，霏霏霏霏霏霏 fēifēi，盛貌。歸 gui，女子出嫁，《易・漸》：「女歸，吉。」

韻部：喈（湝飆），脂部；霏，微部。脂微通韻。盧邪（耶徐）且，魚部。

〔3〕匪，彼。陳奐：匪，非。案：朱熹訓：烏 wū，不祥鳥。誤。案：據《春秋運斗樞》《周書》先秦並不以狐爲妖，晉・成公綏《烏賦》「有孝烏集吾之廬，……故爲吉鳥。」唐代小說才把狐狸視爲妖。《春秋元包經》：烏鴉，孝鳥。《傳疏》「此喻爲衛國君並爲無道。」案：這已經過於經學化了。此當是婚娶詩，慶婚歌，《阜詩》則尤爲明顯。案：四家詩作車，《阜詩》作居，由於《阜詩》是前 165 年寫的古本，其文獻價值決不能低估。車讀如居，車居疊韻通借。《釋名》：「古者車聲如居，所以居人也。」新娘子離別鄉親步履邁不開，自是天性至情，又是羞澀，又是矜持，不失雍容都雅的禮數，進而攜手同歸，進而攜手同居，層層遞進，一一寫實，一一摹狀。一本民歌本色。這是國風細節描寫、抒情眞實的本色。

韻部：狐烏車（居）盧邪且，魚部。

【評論】

案：《毛序》《詩總聞》《續讀詩記》《詩說解頤正釋》《毛詩稽古編》《今注》都持出逃之說，不如參之《魯》《齊》《阜》三家顧及之全篇爲宜，《阜詩》「同居」說，《魯詩》《齊詩》「燕樂以喜」，甚是。詩眼在「㤥」。此詩善用反襯法用苦景襯托樂情，音韻諧暢。宋・黃櫄《集解》：「觀此詩而見民情之不可失也。」（《四庫》經 71/337）宋・謝枋得《詩經注疏》：「一章言『同行』，

二章言『同歸』，三章言『同車』一節緊一節，此風人之法度也。」《詩志》：寫患難之交，有情有韻。《原始》造語奇闢。

靜　女

靜〔婧〕女其〔亓〕姝〔娽袄袾〕，	嫻雅的姑娘多美好，
俟〔竢〕我於〔于乎〕城隅。	相約待我在城一角。
愛〔薆僾〕而〔如〕不見，	隱蔽彷彿看不見，
搔首踟躕〔躊躇躊躇躑躅〕。〔1〕	我搔頭徘徊心又焦。

靜女其孌，	文靜的姑娘婉孌俊俏，
貽〔詒〕我〔乎〕彤管〔桐筦〕，	紅漆彤管贈相好，
彤管〔桐筦〕有煒〔韡〕，	日照彤管有光輝，
說〔悅〕懌〔釋〕女美。〔2〕	心愛姑娘情意高。

自牧歸荑，	郊外又贈柔嫩香茅草，
洵〔恂詢〕美且異〔瘝嬻〕。	實在美麗，實在嫻雅，
匪女之爲美，	哪是香茅多美好，充滿愛的蜜意，
美人之貽〔詒〕。〔3〕	美人贈我情分嘉！

【詩旨】

案：《詩補傳》3「三章所詠，皆男女相慕悅之事。」男女相悅，相互贈送，因情而物美，此男女約會在城角樓時的情歌。

《魯說》《說苑・辨物》：「賢者精化填盈後，傷時之不可過也。不見道端，乃陳情慾，以歌《詩》曰：『靜女其姝，俟我乎城隅。愛而不見，搔首踟躕。』」《外傳》同此。

《齊說》《易林・同人之隨》：「季姬踟躕，望我城隅，終日至暮，不見齊侯，居室無憂。」

《毛序》：「《靜女》，刺時也。衛君無道，夫人無德。」與詩不切。歐陽修《詩本義》朱熹《詩集傳》朱謀瑋《詩故》姚際恒《通論》都歸入淫奔詩。誤。

【校勘】

〔1〕《毛》靜，《洛神賦》《思玄賦》注引《韓》作靖，《說文》《廣雅》婧，靖古字。同。《毛》其，《阜》S046 亓，亓古字。《讀詩記》引董氏之見隋代江左本作娽，《玄應音義》6 姝，好也，古文娽同。《毛》《韓》姝，《魯》《齊》

《說文》姝，又作袾。姝姝同，袾通姝。竢是本字，《毛》俟，《說文》竢，《釋訓》竢，竢或體，俟通竢，通作俟。《毛》「於」，《魯》《說苑・辨物》《韓》《思舊賦》注引《阜詩》S047《初刻》8/872.P2529「乎」，義同。《齊》《說文》僾，俗作僾，《魯》《離騷注》《方言》《釋言》薆，《韓詩外傳》1、《唐抄文選集注匯存》1.502、《唐石經》、S879 號、《毛》愛，《魯》《釋然》《方言》《晉書・樂志》《广韻》薆、僾同，愛通薆，薆而，《石經》《齊》《說文》《禮記・祭義》僾然，薆然，愛讀如薆僾 ài，隱蔽。《韓》薆如，《外傳》愛（ai）而，而如然古字通。《毛》踟躕，《琴賦》注引《韓》躊躇，云：躊躇猶躑躅，《說文繫傳》躊躇，聯綿字，聲近義同。

〔2〕《漢石經》《毛》變，S879彎，誤字，讀爲變。案：本字作詒。《毛》《御覽》頁 1754 貽，《釋文》貽，本亦作詒。《說文》《魯》《釋言》《字書》卷子本《玉篇》《離騷注》S879 詒。P2529 作貽，貽通詒。《毛》說，《台》6/491 作悅，說讀若悅。《初刻》8/872 作「貽我乎彤管」大約與首章同句式。《毛》《魯》《齊》彤管。《阜》S048 作「桐莞」，桐讀如彤，莞管古今字。《毛》煒，《阜》S048 諱，諱通煒。《毛》「說懌」。《唐石經》懌，《台》6/491、S879 悅，說古字。《釋文》：說，本又作悅。說讀如悅，《三家》《箋》釋，《說文》無懌，直至今俗語尚說「釋懷」，釋古字。「說釋即悅懌」，釋爲本字。《毛》美，S789 羙，P2529 㛬，二字俗字。

〔3〕案：本字作恂，《毛》S789 洵，《釋文》本亦作詢，P2529 詢，《齊》《大戴禮記・衛將軍文子》《韓》《說文》《方言》恂，洵、詢通恂。《毛》異貽，《神女賦》注引、《說文》《女史箴》《說文》《台》6/491、《玉篇》《韓》嫕，悅也，嫕，靜也。異通嫕。案：本字作詒，《左傳・昭 6》《釋言》《三家》《說文》詒，《字書》《說文新附》、S10、S789、《御覽》頁 1754 貽，同。

【詮釋】

〔1〕靜竫，《傳》訓貞靜，《思玄賦》《神女賦》李注引《韓》訓貞，竫 jìng，安靜，善良，閒雅。善良閒雅之美，這是上古之人一貫宣導的美，姝 shū，姝姝然，美好。竢（竢，俟）sì，待。隅 yú，角落，角樓。愛讀薆僾薆（僾）ài 而通如，隱然，隱蔽貌。愛、薆、隱同爲影母雙聲通借，踟躕，雙聲詞，猶豫，徘徊不前。

韻部：姝隅躕，魚部。

〔2〕案：孌luàn，讀如變，其孌，孌孌 luǎnluǎn，少好貌。貽通詒，贈送。《集注》《定本》引《傳》：必有女史彤管之法。彤管，彤管，紅漆的毛筆，《魯詩傳》《類聚》58 引晉‧郭璞《爾雅圖贊‧筆》「上古結繩，《易》以書契，經緯天地，錯綜群藝，日用不知，功蓋萬世。」古代陶文，商代卜詞，已成定稿，商代已有墨書、朱書，當有毛筆，詳胡厚宣、胡振宇《殷商史》頁 437～439。《定本》《毛傳》：「必有女史彤管之法。」彤，紅漆。案：《古今注》：「古以枯木爲管，鹿毛爲柱，羊毛爲被，秦‧蒙恬始以兔毫竹管爲筆。」「彤者赤漆耳。史官載事，故以彤管用赤心記事也。」《阜》S048 作桐莞，則當是桐木爲管，這是因爲兩個原因：一、桐木質輕；二、如《漢‧禮樂志》顏注「桐讀爲通，取義通達。」至於管樂器，出土文物證明前 7000 年已有七音骨笛。又桐讀如彤。《有瞽》「簫管備舉」。魏建功致書顧頡剛：紅漆管樂器。詳《語絲》83 期。管 guān。有煒，煒煒 wěiwěi，赤色光明貌。

韻部：孌管，元部。煒美，微部。

〔3〕案：說、悅古今字，釋、懌古今字，悅懌，疊義連語，愛。女，汝。自，從；牧，遠郊。歸 kuì，通餽饋，贈送。洵、詢通恂 xún，的確，確實。且，又。案：異瘱讀如嫕 yì。《說文》：瘱 yì，靜也。《疏證》：瘱、嫕、愿 yì 並字異而不同，審也。《神女賦》引《韓》，：「嫕，悅也。」案：異 yì，瘱 yì，嫕瘱嫕同聲通借。案：宋玉《神女賦》「憶嫕（yīnyì）和善賢淑」，張華《女史箴》「婉嫕」這是古代文學家歌頌女性美的極至。歸讀如饋 kuì，贈送。荑 tí，香茅草的嫩芽。突出由於是心愛的男士由郊外所贈的潔白柔嫩的茅草，女方尤覺禮輕人意重。《談經》訓爲荑，箎。案：荑 tí，〈古〉定脂；箎 chí，〈古〉澄支，上古定、澄准鄰紐，脂、支通轉，荑通箎，周代七孔管樂器。貽同詒 yí，贈送。

韻部：荑，脂部。異、詒（貽），之部。之脂通韻。

【評論】

宋‧張戒《歲寒堂詩話》：「愛而不見，搔首踟躕」，「瞻望不及，佇立以泣」，其詞婉，其意微，不迫不露。清‧顧廣譽《雪詩詳說》：「辭旨飄渺，開騷人之先。」《詩志》：「懷想贈答，寫男女之私正，極深婉閑雅。」《臆評》：「通詩以『愛』字爲主，管與荑無所謂美，曰『有煒』，曰『且異』，以所愛及所不愛也，皆從一『愛』字出生。然其傳神處，尤在『搔首踟躕』四字耳。姜白巖曰『愛而不見，搔首踟躕』，詞婉意微不迫不露，《國風》之所以可貴也。」（《續修》58/182）這大約是寫暗自締結的愛情，私心相許的饋贈，寫貼

心貼肺的愛情，寫出了靜女的清靜都雅美，清麗美，活潑美。唯愛情無價，如古代小亞細亞城抒情詩人米奈爾摩斯《沒有愛情便沒有歡樂》所歌唱的，這是「青春的花朵」。此詩下啓日本《萬葉集・大津皇子贈石川郎女御歌》：「此中水滴頻，盼妹來，佇立久，濕我衫袖。」（《萬葉集》譯林出版社，2002，34）

新　臺

新臺有泚〔玼〕，	新臺玼玼玉色鮮，
河水瀰瀰〔洋洋〕，	河水今日水漲滿。
燕〔宴嬿嬽〕婉之求，	本來想嫁美好郎。
籧〔蘧〕篨不鮮。〔1〕	嫁了醜陋一老漢。
新臺有洒〔漼漼〕，	新臺新水一溜平，
河水浼浼〔潣潣〕，	河水泥泥水漫漫，
燕〔宴嬿嬽〕婉之求，	本來想嫁少年郎，
籧篨不殄〔殄腆〕。〔2〕	嫁個老頭心不善。
魚網〔罔〕之設，	設了魚網捕魚蝦，
鴻則離〔罹〕之，	網上掛了癩蛤蟆！
燕〔宴嬿嬽〕婉之求，	本來想嫁如意郎，
得此戚施〔醜龘〕〔3〕	誰知嫁這癩蛤蟆！

【詩旨】

案：這並非周朝版的忘年戀，而是衛宣公晉（前718～前700在位）看到兒媳有傾城之豔而橫刀奪愛，前696年衛宣公強娶兒媳的糗事，被衛國的民間詩人永遠地釘在歷史的恥辱柱上。此詩抨擊荒淫無恥的方伯。詳《魯說》《史・衛世家》《左傳》《列女傳》《新序》。

《齊說》《易林・歸妹之蠱》：「陰陽隔塞，許嫁不答。《旄丘》《新臺》，悔往歎息。」《革之訟》「臨河求鯉，燕婉失餌，屏氣攝息，不得鯉子。」

《毛序》：「《新臺》，刺衛宣公也。納伋之妻，作新臺於河上而要之，國人惡之而作是詩也。」

【校勘】

〔1〕《毛》《蜀石經》泚，《三家》《說文》《釋文》《慧琳音義》80《韻會》玼，泚通玼。案：本字作瀰。《毛》、P2529瀰。《說文》《考文》《五經文

字》《慧琳音義》85 注引《毛》灟。《齊》《漢・地理志》《玉篇》洣，異體。《毛詩音》作洋，《續修》1201/371，洋當是洣，同灟。瀰，俗字。《毛》燕婉，曹植《送應氏》、劉琨《答盧諶詩》、蘇武《詩四首》引《毛》嬿婉《魯》《韓》《西京賦》李注引作嬿婉。《齊》《說文》曣婉，S2729/6 宴婉。《集韻・霰韻》「曣，或作曣，曣，亦書作宴。」疊韻詞。《毛》籧，S789.P2529 蘧，異體。

　　〔2〕《毛》洒，《韓》漼。《釋文》漼，亦作漼，《說文》作漼。三字音義同。《魯》《齊》《說文》潣，《毛》浼，潣浼古今字，《韓》泯。浼泯同為明母，重言形況字。《漢石經》《毛》殄，S879殄，異體。殄，《三家》《箋》《釋文》作腆。殄讀如腆。

　　〔3〕《毛》網，S789罔，異體。《毛》離，《外傳》罹，離、罹與麗音近義同。《毛》戚施，《齊》《說文》醜鼺，《魯》《釋魚》鼀鼀，《字書》作頵頤，《御覽》949 引《韓》得此戚施，一本作醜鼺，異本。

【詮釋】

　　〔1〕新臺在今河南省濮陽市。泚通玼，玼玼 cǐcǐ，玉色鮮潔。瀰通瀰，mǐmǐ，水盛貌。案：燕婉、宴婉、曣婉嬿婉，yǎn wǎn，疊韻詞，《韓》：嬿婉，好貌。齊姜本意配嬿婉可心的男郎。籧篨 qú chú，疊韻詞，粗席，言其醜。《魯》《釋訓》：籧篨，口柔。郭舍人訓為巧言。比喻醜惡者。宋・王雪山：籧篨，今龜胸；戚施，今駝背。之，是，疊韻通借。鮮 xiān 善。又音 xiǎn，王肅訓鮮為少。

　　韻部：泚（玼），支部；瀰（瀰），脂部；鮮，元部。支脂合韻。

　　〔2〕洒 cuǐ 漼漼，雙聲疊韻。《韓詩》漼，鮮貌。漼漼 cuǐcuǐ，清瑩新美貌。《傳疏》《定聲》洒 cuǐ 通陖（高峻貌），潣潣 mǐn mǐn 浼浼 měi měi，泯泯 wěi wěi，平平澄澄貌。

　　殄，通腆 tiǎn，美善。清・劉寶樹：「殄，猶《盤庚》『殄滅』，《多方》『刑殄』之殄，《詩》言此籧篨胡不誅滅之也？」殄本義盡，此抒厭惡之情。可備一說。

　　韻部：灑浼，微部。殄（腆），諄部。元諄遙韻。

　　〔3〕離罹讀麗，雙聲通假，遭受，附著，掛上。鴻通鼀，《藥海》，蟾蜍 Bufo bufogargarjzans Cantor，別名苦蠪（《名醫別錄》），《御覽》949 引《韓》《魯》《釋魚》鼀鼀 qùqiū，蟾蜍。《魯》《齊》《說文》醜鼺，醜 qiū 鼺 shī，《韓》

《毛》戚施，雙聲詞，詹諸（蟾蜍 chánchú），癩蛤蟆 Bufo bufo gargrizans，《御覽》949 引《韓詩章句》：「戚施，蟾蜍，喻醜惡。」

韻部：離施，歌部；䨪，脂部。歌、脂通韻。

【評論】

《詩本義》「〔衛宣公〕其淫於子婦，鳥獸之行，最爲大惡。詩人刺之，宜加以深惡之。」（《四庫》經 70/199）這是以暗喻見長的實錄型政治諷喻詩。趙良霔《讀詩經》1，「甚矣！《新臺》之工於刺也。」張竹坡《讀法》54，「摹神肖影，追魂取魄。」《後箋》：其實「不鮮」、「不殄」，皆言「胡不遄死」也，蓋深惡之辭。

二子乘舟

二子乘舟〔州〕，	二人在船上，
汎汎〔苞〕其〔亓〕景〔光影憬〕，	漂漂浮浮遠航，
願〔顩〕言思子，	我時時刻刻牽掛您！
中心養養〔洋洋恙恙〕。〔1〕	內心憂思怏怏。
二子乘舟，	二人在船上，
汎汎其〔亓〕逝〔懲〕，	漂漂蕩蕩遠行，
願〔顩〕言思子，	我日日夜夜念想您，
不瑕〔遐〕有害？〔2〕	遠離禍殃！

【詩旨】

案：詩人在衛河邊送別友人或親人時吟成並祈禱他遠離危險的送別歌。對於《左傳》《詩傳》《魯說》《毛序》《新序·節士》所說衛國宮廷政治醜聞，壽母欲立壽而殺太子伋，壽代伋死，伋又自殺死這一說法，《古義》《詩古微》同。宋·洪邁《容齋隨筆》，毛奇齡、全祖望、吳秋暉已駁斥。

《毛序》：「《二子乘舟》，思伋、壽也。衛宣公之二子爭相爲死，國人傷而思之，作是詩也。」《唐石經》同。《魯》《毛》俱誤。當是送行詩。聞一多《類鈔》「母念子之詩」。金啓華《全譯》「孩子出門了，家人對他們懷念」。程俊英《注析》「抒發對流亡異國者的懷念」。

【校勘】

〔1〕《毛》舟，《阜》S049 州，州通舟，《荀·君道》：「個人乃舉太公於州人而用之。」《韓詩外傳》4 用「舟」。案：《毛》汎汎其景，《阜》S049 作

苞，苞亓光，P2529 汎汎其逝，汎泛 fàn，〈古〉敷談；苞，bāo，〈古〉幫幽，幫、敷重唇音，苞讀若泛。景，本字作憬，《毛詩音》：景，古字。《述聞》：景讀如憬。《魯詩世學》作憬。唐寫本作影。影，古作景，晉葛洪寫作影。《毛》願，《阜》S050 作顤。《毛》養，《魯》《釋訓》《疏》洋洋，《新序・節士》養養。本字作恙 yàng，《釋訓》《說文》恙恙。養養，洋洋，即恙恙。《毛》願，《阜》S049、S050 作顤，《阜》本不僅是異本，很可能是早於《毛》的古本，此字當是願字的古寫。

〔2〕《毛》其逝，《阜》S050 亓懲，亓其同，懲逝疊韻通借。《毛》瑕，《唐石經》初作遐，後改作瑕。S789 瑕，P2529 遐，害作宮，異體。《正義》本《傳》「言二子之不遠害。《考文》注：「不遠害」。則當作「遐」字。陳奐：瑕讀如遐。《箋》瑕，過也。《爾雅義疏》遐，遠也，通作瑕。末句黃焯以為反問句。案：祈使句，遠離危險之境。

【詮釋】

〔1〕景讀如憬 jǐng，又讀如迥 jiǒng，遠，遠行。願 yuàn，念；言，助詞。案：養養、洋洋、恙恙 yàngyàng 怏怏 yàngyàn 疊韻通借，惆悵，《魯》《釋詁下》：恙，憂。高本漢《釋注》：念念不忘的，我想你。

韻部：景養，陽部。

〔2〕懲逝，遠行，這是送行時送行者一直到被送行者遠去。不，語詞；瑕，遐，遠離禍患而遠去。

韻部：逝害，月部。

【評論】

《原解》4，「誦《衛風》至《新臺》《二子乘舟》，天理民彝，斬然盡矣。狄人乘之，國遂以亡，而其禍皆始於幃薄之間。《詩》首《二南》，繼以《邶》，勸誡豈不章（彰）哉？」鍾惺《詩經》：「只『汎汎其景』一語便讀不得，古人善言如此。」《原始》3，「情迫意切，無限事理包孕其中。指點情形，音流簡樸。」案：此詩下啓三國魏・曹植《送應氏詩》《贈丁儀》《贈白馬王彪》、劉公幹《贈徐幹》晉嵇康《贈秀才入軍》晉宋詩人謝靈運《贈惠連》與唐・孟浩然《送杜十四》、李白《送孟浩然之廣陵》。

卷四　國風四

鄘　風

　　案：鄘，本作庸。《魯》《史記》《齊》《漢・地理志序》庸，《逸周書》《說文》《詩語》《通志》鄘，西周國名，鄘城，故址在今河南省新鄉市西南 32 里。鄘國在今河南省衛輝市境、河南東北漳河以南、滑縣以東、濮陽一帶。前 487年衛滅庸。《柏舟》愛情忠貞不二，感天地泣鬼神；《牆有茨》犀利峻切；《君子偕老》名媛之賦，正面描繪絕色佳人的傑構；《桑中》寫自由戀愛的情趣盎然；《鶉之奔奔》寫貴族淫穢不堪；《定之方中》頌揚中興之主衛文公；《蝃蝀》受騙女子抒憤；《載馳》愛國女詩人有遠大抱負，敢作敢爲；以《載馳》爲愛國名篇，《定之方中》《干旄》爲中興名篇，《柏舟》爲堅貞愛情名篇，《君子偕老》爲美人賦，鄘國雖不甚大，卻多名篇垂之千古。《後箋》《鄘風》十篇，則中興之詩在焉。

柏舟〔栢〕

汎〔泛〕彼柏〔栢〕舟〔州〕，	漂漂蕩蕩柏木船，
在彼中河。	漂蕩在那河中央。
髧〔紞优髡〕彼兩髦〔髳鬏髳毷〕，	垂髮至眉的好少年，
實維我〔我〕儀。	是爲我心儀的好伴當。
之死矢靡它〔佗他〕！	我發誓到死無二心。

母也！天只！	母親啊父親啊！
不諒〔亮涼〕人只！〔1〕	怎麼不體諒女兒我的心啊！

汎〔泛〕彼柏〔栢〕舟，	漂漂蕩蕩柏木船，
在彼河側。	漂蕩在那河中央。
髧〔紞优㲲〕彼兩髦〔髳髳𩭿𩭾〕，	齊發至眉的好少年，
實維我特〔直犆〕。	是我相當的好伴當。
之死矢靡慝〔忒忕匿〕！	我發誓到死不變心。
母也！天只！	母親啊父親啊！
不諒〔亮涼〕人只！〔2〕	怎麼不體諒女兒心啊！

【詩旨】

案：《孔叢子·記義》載孔子云：「於《柏舟》，見匹夫（匹婦）執志之不可易也。」這是在封建專制社會中極其感人的忠貞不二的愛情詩。愛情如山，愛情如海，堅貞的愛情不可更改。這大約是一位剛烈的少女追求婚戀自主、反抗封建禮教的抒志詩。楊任之《詩經探源》「寡婦自誓」詩。《原始》曰：「貞婦自誓也。」

《魯說》《潛夫論·斷獄》「貞女不二心以數變，故有『匪石』之詩」。

《韓說》《魏志·陳思王植傳》《疏》「有不蒙施之物，必有慘毒之懷。故《柏舟》有『天只』之怨，《谷風》有『棄予』之歎。」

《毛序》：「《柏舟》共姜自誓也。衛世（《唐石經》「廿」，避唐廟諱）子共伯蚤（《英藏》4/222 作蚤，當是蚤，古早字）死，（衛武公於前812～前758年在位，共伯是武公兄，前 812 年在位。早死之說不能成立。）其妻守義，父母欲奪而嫁之，誓而弗許，故作是詩以絕之（《台》121/516「之」下有「也」。）。」《正義》同。

【校勘】

〔1〕《阜》S052、S053 柏州。州通舟。S789.P2529 栢，同柏。《正義》汎、《白帖》泛，同。案：本字作紞髮。《齊》《既夕禮》《內則》《毛》《玉篇》髧髦，《釋文》引《韓》作髳，《齊》《說文》《考文》紞髮。《說文》髮，古字。《釋文》本又作优，通髦，优俗字。《眾經音義》：古文作𩭿。㲲毴，髦省寫。《三家》《說文》髮又作髳。本字作它，《後漢·王符傳》注引、《考文》《白帖》18、S2529、《唐石經》《御覽》5 引作它。《類篇》《寡婦賦》注引《毛》佗，《列女傳》8、S789 他，佗通它，他俗字。

〔2〕《毛》特，《韓》直，《齊》《禮記》牱。特牱同。特直字異義同，牱或體。《魯》《呂覽》高注：特猶直。《別雅》牱，特也。本字作忒，《說文》作忒。《唐石經》初刻作匿，後改作慝，S789 作忒，S3806、P2529 匿，匿慝古今字，《唐韻正》慝即忒。小字本、相臺本作慝。漢王粲《贈士孫文始》、S789 忒，忒忒古今字。慝通忒。《毛》《御覽》439 諒，《詩考補遺》引《三家》《釋文》亮。本亦作諒。亮諒通。通作諒。

【詮釋】

〔1〕柏舟，柏木爲舟，用喻堅貞的愛情。汎泛，漂浮。泛舟，行船。州通舟。中河，河中。紞优髧通 dan，髮垂貌，髦鬏 máo，古兒童髮式，頭髮垂至眉，分兩角夾腦，這是古代兒童未成年時侍奉雙親的髮式。實，寔 shì，是。維，爲。儀 yí，（古）疑歌；偶耦 ǒu，（古）疑侯；儷 lì，（古）來支。儀、偶同爲疑母，歌、侯相轉；儀儷，疑、來準鄰紐，在陰聲韻中旁轉歌、支相轉。儀，讀音如偶，心儀的人，配偶。之通至。矢誓古今字。靡 mǐ，無。它 tā，他心。〔3〕也，語詞。天、人同在眞部，天，父，易「父」爲天，變文協韻。只 zhǐ，句末語氣詞。諒，信，《方言》眾信曰諒。人，我。

韻部：河儀他，歌部。天人，眞部。

〔2〕側 cè。特 tè，配偶。直、牱讀如特 tè。《韓詩》：直，相當值也。值直牱 zhí。好配偶。匿慝通忒忒 tè，更改。天、人同爲眞部。黃侃《國學講演錄》：「母則直曰母，而父則稱之爲天，此變文協韻之例也。」

韻部：側慝特，職部；天人，眞部。

【評論】

《講意》：「此詩極盡婦人之情狀。」《讀詩識小錄》：「含涕茹悲，芊眠宛轉，讀其詞者，如聞其聲，且如見其人，所謂下筆有神者耶！」《詩志》：「突作誓詞，妙！單一句峭決之至。怨得沉痛，嬌女聲口，貞婦性情。稱母而不稱父，女子於母爲近也。質實清警，結語柔懇有韻。」案：「之死矢靡它！」是此詩詩眼，又是堅貞愛情的格言（Proverb），故流傳萬古。下啟《漢樂府》《焦仲卿妻》《上邪》、唐·孟郊《烈女操》、白居易《贈內》。

牆有茨

牆〔墻〕有茨〔齊薺穧薋莱〕，　　　　墙上長蒺藜藤，

不可埽〔掃〕也。	說要掃除也不能，
中冓〔✕遘冓〕之言，	宮闈苟合淫穢言。
不可道也！	不能說啊不能云。
所可道也。	如可說起那醜話，
言之醜也！〔1〕	說來眞要醜煞人！
牆有茨〔薺稽薋〕，	牆上長蒺藜刺，
不可襄〔攘〕也。	要說攘除也不能。
中冓〔✕遘冓講〕之言。	內宮緋聞骯髒語，
不可詳〔揚〕也！	要說宣揚可也難。
所可詳〔揚〕也，	如可宣揚那醜話，
言之長也！〔2〕	說來話長羞煞人！
牆有茨〔薺稽薋〕，	牆上長著蒺藜刺，
不可束也。	哪可綑束去除它！
中冓〔✕遘冓講〕之言。	內宮糗事污穢語，
不可讀也！	紬繹底蘊可難啦！
所可讀也，	如可紬繹講底細，
言之辱也！〔3〕	可眞把人羞死啦！

【詩旨】

案：這是鄘國中來自民間的直刺社會中道德淪喪、荒淫無恥的醜聞的諷刺小調（Calypso）。如《魯說》《史・衛世家》《左傳》《僖15》《莊28》《宣2》宮闈醜聞甚多，所以衛國有「三世不安」，詩人刺之。

《齊說》《易林・小過之小畜》：「大椎破轂，長舌亂國。《牆茨》之言，三世（宣、惠、懿衛宣公晉前 718～前 700、惠公朔前 699～前 697、前 686～前 669、懿公赤前 668～前 661））不安。」

《韓說》：《周禮・媒氏》「凡男女之陰訟，聽之於勝國之社」。鄭注：……《詩》云：牆有茨，不可掃也。中冓之言，不可道也！所可道也，言之醜也！《疏》：「詩者，刺衛宣公之詩。言之醜者，證經所聽者是『中冓之言』也。」

《毛序》：「《牆有茨》，衛人刺其（《台》121/516 脫「其」）上也。公子頑通乎君母，國人疾之，而不可道也。」

劉毓慶、李蹊譯注《詩經》：「這是一首村婦勸架的詩。」

【校勘】

〔1〕案：正字作薺，《三家》《說文》《考文》《類聚》82、《御覽》980、

沈濤《古本考》薺 cí，《禮記・王藻》鄭注齊，讀如薺，《魯》《離騷注》薺，
《阜》S054、S055 穧。S789.P2529 作壇，有茨，《考文》無「也」字。《毛》
埽，《齊》《媒氏》《疏》引作掃，埽古字。《詩論》簡 28《壇又薺》，《楚竹書》
第二冊《采風曲目》作《杕有荣》。薺穧荣讀若薺。《毛》埽，S789.P2529 掃，
同。本作冓。《毛》冓，冓遘古今字，冓媾古今字。《阜》S055 講，《釋文》冓，
本又作遘。S789.P2529《台》121/516 遘。《玉篇》冓。案：冓字，甲骨文金文
如前佚一六四 ✕ 又如《冓罕》，✕ 如二魚相接，所謂媾合。《魯》《韓》《廣雅》
《玉篇》冓，《漢・文王三傳》晉灼注引《魯》《方言》作籌。講籌冓遘共冓。
S759.P2529 同《毛》，P2529 脫「也」。

〔2〕《魯》《毛》襄，古字，《考文》、S789.P2529 攘，《釋文》襄，本或
作攘。襄讀如攘。

〔3〕《毛》詳，《韓》揚，義同字異。

【詮釋】

〔1〕案：茨荣薺薺 cí，急讀爲茨（薺），緩讀爲蒺藜。諧音詩的美刺之
刺。言內醜不可外揚。蒺藜，刺蒺藜，有刺，乾燥果實入藥。《藥海》Tribuius
terrestrisl。入肝經。主治：祛風止癢，治疥癬風癢，疏風解表，治鼻塞，排癰
消腫。埽掃，掃除。案：冓本義是二魚相交，此處冓，媾合，苟合。講媾遘
共冓 gòu，媾合污穢不堪之言。《讀詩記》訓閫（kǔn，內室）內隱奧處。道，
說。所、如同屬魚部，齒音山、日准鄰紐，所通如。之，且，尙。醜 chǒu，
可惡。

韻部：掃道道醜，幽部。

〔2〕襄 xiāng，攘除。詳 xiáng，詳說，詳審，傳揚。說來話多。長 cháng，
話多。

韻部：襄（攘）詳（揚）長，陽部。

〔3〕束 shù，綑束去除。讀 dú，宣說。《毛詩音》：抽，籀 zhòu，諷，紬
繹其義，說說底細。《魯說》《韓說》《廣雅・釋詁》：讀，說也。辱 rǔ，羞辱，
猶醜。

韻部：束讀讀辱，屋部。

【評論】

《詩論》簡 28：「《壇又薺》，懲窖（愼密）而不智於（智）言」。《詩志》
1：「一『醜』字說得盡情，眞羞惡。正申明不可道之義，卻用轉語，意味便

自深長。平詞緩調，深文毒筆。」《原始》4 引楊時云：「自古淫亂之君，自以來秘於閨門之中，世無得而知者，故自肆而不反。聖人所以著之於經，使後世爲惡者，知雖閨中之言，亦無隱而不彰也。其爲訓戒深矣！』」案：這首諷刺詩（Satiric Poetry）用喻義深刻的比喻，黑色幽默的語彙，疊詠式的諷刺寫出周代社會的道德淪喪、醜聞叢生的社會眞實生活。

君子偕老

君子偕老，	與衛宣公百年偕老？
副〔鬒〕、笄〔筓〕六珈〔珆〕。	頭上珠光寶器美玉簪，
委委〔褘褘〕佗佗〔它蛇他〕，	行走美妙，雍容自得，儀態萬方，
如山如河。	如山莊重，如河流麗，妙不可言。
象〔褖〕服是宜〔宐〕。	褖服外套華豔稱身，
子之不淑，	唉！齊國公主所不幸，
云如之何？〔1〕	無可奈何！迭遭不幸！

玼兮玼兮，	美玉一般鮮潔璀璨，
其之翟〔狄〕也。	她的禮服褕翟何等華麗！
鬒〔参顯〕髮如雲，	稠密的秀髮如烏雲，
不屑〔絜〕髢〔髮鬄〕也。	不必繫假髮一樣豔麗！
玉之瑱〔朅〕也〔兮〕，	一副美玉做耳旁的飾玉，
象之揥〔擆擿禘〕也。	象牙簪子可揥髮？
揚〔楊陽〕且皙也，	前額寬廣白皙鮮嫩光彩照人，
胡然而〔如〕天也！	何以如此如天仙喲！
胡然而〔如〕帝也！〔2〕	何以如此如上帝喲！

瑳〔瑳〕兮瑳〔瑳〕兮，	白玉一般鮮潔，
其之展〔屢褻禮〕也。	縐紗禮服誰不豔羨？
蒙彼縐〔絇〕絺，	罩上雲霧一般精緻細密葛布衣，
是紲〔絏褻褺〕袢也。	襯上雪白的細葛內衣，
子之清揚，	眼兒眉兒顧盼有神，
揚〔楊〕且之顏也。	眾人注目你漂亮的臉堂，
展〔乃〕如之人兮。	實在如這樣的女子，
邦之媛〔援〕也〔兮〕。〔3〕	才稱得上國色天香！

【詩旨】

案：作爲齊國這樣大國的公主，宣姜，又是絕色佳麗，本當爲太子公子伋妃，偏被衛宣公朔橫刀奪愛生子。壽、朔死了，與衛宣公庶子公子頑同居，生三男二女。她是雙重不幸，詩人善用賦體，賦中寓諷，以沉博絕豔的才人之筆，描摹這一國色天香。此詩是周朝的名媛賦。清・魏源《詩古微》哀賢夫人也。當爲哀夷姜之詩。一說是委婉地諷刺宣姜貌美而品德不好的詩。

《韓說》《周禮・內司服》《疏》：「刺宣姜淫亂，不稱其服之事。」

《毛序》：「《君子偕老》，刺衛夫人也。夫人淫亂，失事君子之道，故陳人君之德，服飾之盛，宜與君子偕老也。」

余師《詩經選譯》：「這篇是衛人哀挽衛國夫人的詩，稱讚她的美麗，悼惜她的不幸。」

【校勘】

〔1〕《說文》筓，隸省作筓。本字作鬕。《齊》《追師》《廣雅》《玉篇》《類篇》《集韻》箮，《毛》副。《毛》珈，《太玄・曹》智，智通珈。《魯》《釋訓》禕禕它它，《毛》委委佗佗，S789 它，《衡方碑》禕隋，《說文》委隋，委嬌，P2529 他，他它佗同。《御覽》委委蛇蛇，《爾雅義疏》禕，美也，禕，通作委。《毛》象服，本字作橡服，《說文》《廣雅》《玉篇》橡，象通橡。

〔2〕《毛》翟，《考文》《台》121/516.S789.P2529 狄，狄通翟。《毛》鬒，《說文》仺，《廣雅》傎，《左傳・昭26》《玉篇》顚，又作積，字異義同。《毛》屑，《說文》屑。《字林》髻，絜髮也。可見屑是絜髮，有繫結義。《毛》髢，《說》髮，《三家》鬄，《追師》鄭注《說文繫傳》《釋文》：本又作髢，《英藏》4/222 作鬄毭，是髲髢之省。髲鬄髢同義。《毛》瑱也，案：《四家詩》《說文》《玉篇》瑱兮，《正義》引晉・孫毓本正作瑱兮，與上下文同，顚或體。《毛》掭，《釋文》本亦作搯，S789 褅，P2529 掭，《說文》搯、摘，掭是搯字之省，是摘的異文。《毛》揚，P2529 楊，俗字，《韓》陽，揚，讀如陽。《唐石經》《魯》《毛》《五經文字》晳，岳本、監本作晢。作晢，誤。《毛》揚。

〔3〕S789.P2529《毛》而，《考文》《釋文》如，作「如」是，而通如。《考文》《周禮注》《毛》玼翟；《唐石經》瑳。《台》121/516 瑳狄。王肅：本或作瑳。瑳玼雙聲通借。本字作禮，《齊》《周禮》《毛》展，《說文》襄，古展字。《齊》《禮記・雜記上》作禮，《內司服》注：展字當爲襄，襄禕古今字，《說文》展，丹縠衣，展通禮。本字作褻，《三家》《說文》褻，褻同

褻。《毛》緤，《唐石經》避唐廟諱改爲絏，《三家》《說文》藝，緤、絏通褻。《毛》縐，S789.P2529絢，俗字。《毛》《箋》《疏》《唐石經》媛，《魯》《列女傳・衛姬》《考文》《釋文》引《韓詩》作援，云：援，取（助）也。許嘉璐師、孫詒讓《十三經校勘記》：《考文》古本援，媛通援。《毛》也，《說文》、P2529作兮。

【詮釋】

〔1〕老，死的婉辭。衛宣公死了，難道要宣姜從死？妄甚。副通髴，fù，假髻。笄，先秦稱笄，秦漢稱簪，橫於頭上的首飾。珈 jiā，古代婦女的首飾。六珈，六種珠寶首飾表示最華貴之盛。佗佗 tuótuó，《魯》《釋詁下》郭舍人注：禕禕 yīyī，心之美。《韓說》委委佗佗，德之美貌。《釋訓注》：佗佗 tuótuó，佳麗美豔貌。如山河之美。象襐古今字 xiàng，襐服，古代后妃、貴夫人的禮服，繡有彩色花紋或各種物象的豪華服飾。是，助詞。宜，非常合身。案：之，所；不淑，此處不宜泥於《傳》《箋》訓淑爲善。《觀堂集林・與友人論詩中成語書》：不淑，不幸，不祥不祿之謂，言如之何若斯不幸也。宣姜遭三種不幸：一、被衛宣公霸佔；二、衛宣公亡；三、夫死，從庶子頑。齊國的公主，絕代美姬，一個大國的絕豔公主如此下場！正直的衛國詩人筆下寄予同情自在理中。云，語詞。如之何，奈之何，無可奈何。

韻部：珈佗何伊何，歌部。

〔2〕玼 cǐ，瑳 cuō 玼同聲通借，玉色鮮潔。其之，她的。翟，褕翟 yúdí，古代玳，繡有五彩長尾野雞羽的禮服祭服。《釋文》王后第一服，褕狄。不屑，不必，不值得。稠密的秀髮如烏雲，不必繫結假髮而自美。極寫佳人的自然本色之美。即曹植《閨情》有「雲髻嵯峨」之美。瑱 tiàn，垂在耳旁的飾玉。掃，擿撥。中國古代溫和時四川廣漢、成都金沙、巫山大溪、河南安陽與山東大汶口遺址都有大量象牙、象牙器物。用象牙簪子梳理頭髮。揚，陽，額頭豐滿寬廣白嫩有光澤。晳 xī，白晳鮮嫩。而 ér 如 rú 雙聲通借。胡然，爲何，何以這樣如天仙一般豔麗？何以這樣如天帝一般華麗？

韻部：翟，錫部；髮，月部；掃，支部。錫，月合韻。

〔3〕瑳，瑳瑳 cuōcuō，鮮盛。屢襄，丹縠 hú 衣，縐紗衣，展通襢，《內司服》注：展衣，襢 zhàn，古代后妃、世婦、卿大夫夫人的禮服，素雅的單衣，汗衫。縐 zhòu，絺 chī，精細葛布，能去暑氣。紲通褻 xiè，內衣。袢 fán，白色細葛內衣。清揚，眼有神。顏，臉，玉顏。展，誠，實在。之，是。邦

之媛。國色天香。《毛傳》美女爲援。《說文》同。《韓》：援 yuán，取（《經籍纂詁・霰韻》引作助，《箋》：「媛者，邦人所依倚以爲援助也。」《考文》、相臺本作援助。）媛 yuán，美女。援媛，美女，名媛，援，助。《爾雅疏》：孫炎：援，君子之援助也。「邦之媛也」，《釋言》美女爲媛，孫炎曰：「君子之援助，然則由有美可以援助君子，故云美女爲媛。」

　　韻部：展（襢）袢顏媛，元部。

【評論】

　　宋・呂東萊：「首章之末云：『子之不淑，云如之何？』責之也。二章之末云：『胡然而天也！胡然而帝也！』問之也。三章之末云：『展如之人兮，邦之媛也。』惜之也。辭蓋婉而意益深矣。」明・戴君恩：「綺密迴環，變眩百怪，《洛神》、《高唐》不足爲麗矣，另一格法。」（《存目》經部 61/241）《通論》四，「此篇遂爲《神女》、《感甄》之濫觴。『山』、『河』、『天』、『地』，廣覽遐觀，驚心動魄；傳神寫意，有非言辭可釋之妙。」《詩志》：「侈陳服飾容貌之美，工麗非常，而正意更覺逼露，手筆結構絕高。想奇格奇調奇語奇，純是一片壯麗，純是一片空靈。」《臆補》「零零星星，不捨一物，綺奇迴環，變眩百怪，《洛神》《高唐》不足爲麗矣。」毛先舒《詩辨坻》：「『玼兮玼兮』一章，寫美人驚豔，便是宋玉『二招』之祖，而中通兩句爲一處，七字成韻，法亦相類也。」案：俗語說：「小麥長勢尚好，不知面色如何？」詩人高明之處不是突出名媛的高貴，而是突出她的豔麗優雅，不是用襯托，正在於對絕代佳人作正面描摹，首飾、面目、玉顏、衣服，又用比喻、誇飾，顯示詩人筆力遒勁之美，藻繪之美，雖漢詩《陌上桑》亦不如，漢・崔駰《七依》「迴顧百萬，一笑千金。」蕭梁・王僧孺《詠歌姬》「再顧傾城易，一笑千金易。」亦不如。此詩早於古希臘詩人薩福（Sappho）《致阿那克托里亞》「我覺得同天上神仙可以相比，能夠同你面對面的坐在一起，聽你講話是這樣的令人心喜，是這樣的甜蜜：聽你動人的笑聲，使我的心在我的胸中這樣的跳動不寧……」也不及其詞彙彬蔚、音韻諧美。

桑　中

<table>
<tr><td>爰采唐矣，</td><td>何處可菟絲子？</td></tr>
<tr><td>沬〔妹牧坶湏〕之鄉矣！</td><td>到那沬邑之鄉啊！</td></tr>
<tr><td>云誰之思？</td><td>我的心裡把誰念想，</td></tr>
</table>

美孟姜矣。	想那美麗的姜家大姑娘啊！
期我乎桑〔槡〕中，	邀約到那桑中社中，
要我乎上宮，	相邀到那上宮臺中，
送我乎淇〔期〕之上矣。〔1〕	送郎送到淇水之上。
爰采麥矣？	何處可採雀麥？
沬之北矣！	到那沬城的城北鄉啊！
云誰之思？	我的心裡把誰念想？
美孟弋〔邥妭姒〕矣！	想那弋家美麗的大姑娘啊！
期我乎桑〔槡〕中，	邀約到那桑中社中，
要我乎上宮，	相邀到那上宮臺中，
送我乎淇之上矣！〔2〕	送郎送到淇水之上啊！
爰采葑〔豐〕矣〔旃〕？	於何處採大芥菜？
沬之東矣〔旃〕！	去那沬邑的東鄉啊！
云誰之思？	我的心裡把誰念想？
美孟庸〔廊〕矣！	想那庸家美麗的大姑娘啊！
期我乎桑〔槡〕中，	相期到那桑中社中，
要我乎上宮，	相邀到那上宮臺中，
送我乎淇〔期〕之上矣。〔3〕	送郎送到淇水之上啊！

【詩旨】

案：這是衛國寫民間戀人間幽期密會兩情相悅之情的愛情小唱（Madrigal）。

《齊說》主男女幽會說。《漢·地理志》：「衛地有桑間濮上之阻，男女亦極聚會，聲色生焉，故俗稱『鄭、衛之音』。《易林》《蠱之謙》：「采唐沬鄉，期於桑中，失期不會，憂思忡忡。」《師之噬嗑》：「采唐沬鄉，要我桑中，失信不會，憂思約帶。」

《毛序》：「《桑中》，刺奔也。衛之公室淫亂，男女相奔；至於世（《唐石經》「廿」，避唐諱）族在位，相竊妻妾，期於幽遠。政散民（《唐石經》作尸）流，而不可止（《台》121/516下有「然也」）。朱熹《詩序辨說》則以為「鄭衛桑濮，里巷狹邪之所歌也。」《原解》《詩志》否定此說。

【校勘】

〔1〕《齊》《毛》沬，《竹書》《說文》坶，《書·酒誥》《齊》《漢》妹，沬湏沬妹牧坶字並通用。《毛》桑，《漢石經》、S789.P2529 槡。桑槡同。

〔2〕《公羊傳》《毛》敦煌本作弋，《左傳》《白虎通義》《穀梁傳》姒，

《叔妽簋 guǐ》《釐母敦》《說文》妽 yì，《應侯毀》邨，字異音義同。

〔3〕《毛》敦煌本作莐。《字書》作薲，異體。《毛》敦煌本作東矣，《阜》S057 矣作旇，旇是旞字之誤。《毛》敦煌本作庸，《逸周書》鄘，庸鄘同。《毛》淇，S789 期，讀如淇。

【詮釋】

〔1〕于爰 yuán，在何處。唐，蒙莢。一說：菟 tù 絲子，（usuta chinensislam），其子入藥，入肝、腎、膀胱三經，補益肝腎，主治腎虛陽痿、遺精、小便頻數、腰膝酸痛、脾腎虛瀉、胎動不安，清熱涼血，利水消腫。解毒消腫。唐 táng。沬（mei）邑，商、周重要都邑，在今河南鶴壁市淇縣南，周軍大敗殷紂王軍處。云，發語詞。之，是，孟，排行一。期 qī，相期，約定。乎，于。淇，淇水，在今河南淇縣等地，呈天然的太極圖形。桑中在今河南省濮陽縣南。上宮在今河南省衛縣南。據《齊》《媒氏》《魯》《呂覽·順民》：桑中，桑林，社稷祭處，男女相聚處。《通典》：衛縣臨淇水有上宮臺。要通邀。這三句在三章中都出現，屬民歌中的副歌，有迴環美。

韻部：唐鄉姜上，陽部；中宮，東部。上，陽部，與首章遙韻。

〔2〕二、三章趁韻。麥 mai，由動賓結構，採麥而非割麥，可見麥，雀麥，黃河流域產雀麥，又名瞿麥，石竹科，多年生草本，種子如燕麥。《本草綱目》說其子去皮作餅，蒸食，可救荒，《藥海》雀麥，bromus japonicus thunb。功效：催產斂汗，治女人難產，去蟲殺蟲，治蛔蟲病。〔5〕妞妽邨弋 yi，姓。《古史辨》第三冊顧頡剛、俞平伯、朱自清《中國歌謠》：孟姜、孟弋、孟庸三人實一人。

韻部：麥、北、弋，職部，上，遙韻。

〔3〕莐 tēng，蔓菁，大芥菜。〔7〕庸 yōng，商代國名，因助周武王革命，以國爲氏。

韻部：麥北弋，職部；中宮，東部。上，陽部，遙韻。

【評論】

《讀詩記》5，「有鋪陳其事，不加一詞而意自見者，此類是也。」《原始》4：「三人、三地、三物，各章所詠不同，而所期、所要、所送之地則一，章法板中有活。」《詩志》：「三疊一字不換，低回往復，蠠蠠有神。」

鶉之奔奔

鶉之奔奔〔犇賁〕，　　　　　鵪鶉則形影不離，
鵲之彊彊〔予畺姜強〕。　　　喜鵲則成對成雙。
人之〔而〕無良，　　　　　　那人如果喪盡天良，
我〔何〕以爲兄？〔1〕　　　　何必還把他當兄長？

鵲之彊彊〔予畺姜強〕，　　　喜鵲雄雌相隨，
鶉之奔奔〔賁犇〕，　　　　　鵪鶉成匹成雙。
人之〔而〕無良，　　　　　　那人如果喪盡天良，
我〔何〕以爲君。〔2〕　　　　何必還把他當國王？

【詩旨】

案：當是在前 699～前 669 年間衛人刺衛公的惡惡詩，或是抨擊貴族淫亂的詩。魏源《詩序集義》：刺衛宣公。《毛序》：「《鶉之奔奔》，刺衛（《英藏》4/223 脫『衛』字）宣姜也。衛人以爲宣姜鶉鵲之不若也。」

【校勘】

〔1〕《左傳·襄 27》作鶉之賁賁，賁讀如奔。正字作賁（饒宗頤教授《讀阜陽漢簡〈詩經〉》《明報月刊》～19/12.）《韓》《毛》奔奔彊彊，《齊》《表記》《魯》《呂覽·壹行》高注引、《左傳》《僖 5》《襄 27》《阜》S059 賁賁姜姜，《阜》S058 強，彊古字，《釋文》彊音姜，《英藏》4/223 作彊，彊字之誤，犇古字。賁通奔。《毛》我，《韓》何，我通何。《毛》之，《詩考》引《韓詩外傳》而。之通而。

【詮釋】

〔1〕鶉 chun，鵪鶉 ānchún（quail；partridge）雄性好鬥，鵲，喜鵲。《釋文》引《韓》：「奔奔、彊彊，常匹之貌。」之，則。《集注》「居有常匹則爲俱。」

韻部：姜（強）良兄，陽部。

〔2〕之 zhī（古）章之；如 rú（古）日魚，齒音章、日準鄰紐，陰聲韻旁轉之、魚相轉，之通如，如果。無良，喪失天良。我 wǒ，（古）疑歌；何 hè，（古）匣歌。我、何疊韻通借。《傳疏》：我，國人。《蜉蝣》：「心之憂矣，於我歸處。」

韻部：強良陽部；奔（賁），諄部；君，文部，諄、文通韻。

【評論】

莊有可《毛詩說》:「自《牆有茨》至此,歷刺宣姜之淫亂,而其言之盡,未有如此之切且直者。蓋深惡痛絕,勢不能為之諱也。由是而國隨以亡,人道盡而天理滅也。」《詩讀識小錄》:「用意用筆,深婉無跡。」

定之方中

定之方中,	小雪時營室星在天中央,
作于〔為〕楚宮。	建築楚宮大夥都在忙。
揆〔葵〕之以日,	用日影揆度加以測量,
作于〔為〕楚室。	建築楚室正設計想方。
樹之榛〔亲〕栗〔秦〕、	栽植榛栗果木富鄉邦,
椅、桐、梓、漆〔桼〕,	椅桐梓漆為子孫端詳,
爰伐琴瑟。〔1〕	製造琴瑟傳興邦逸響。
升彼虛〔墟〕矣,	登臨曹墟啊,
以望楚矣。	眺望楚丘啊,
望楚與堂,	望那楚丘與堂邑,
景山與〔與〕京〔京〕。	勘察大山與高岡。
降觀于桑〔桒〕。	下來考察農林水利,
卜云其吉,	占卦說遷移大吉祥,
終焉〔然〕允臧。〔2〕	既而說誠然善,誠然吉祥!
靈雨既零〔霝〕,	及時雨降落,
命彼倌人:	吩咐小倌人,
「星〔曐姓暒〕言夙駕!	「雨止星現早啓駕!
說〔稅〕于桑〔桒〕田。	卸馬休息于桑田。
匪〔彼〕直也人,	那正直的人,
秉心塞〔寒〕淵〔渊沴〕,	他秉持深摯的誠心,
騋牝三千〔騋牡〕。〔3〕	養了三千公母良駿。

【詩旨】

《魯說》《衛世家》,「〔衛〕懿公即位,好鶴,淫樂,奢侈。九年,翟伐衛。衛懿公欲發兵,兵或畔。大臣言曰:『君好鶴,鶴可令擊翟。』翟於是遂入殺懿公。……文公初立,輕賦平罪,身自勞,與百姓同苦,以收衛民。」案:這是衛國的中興詩歌。前661年狄人滅衛。衛戴公申前660年立,前659

年衛文公燬，前 659～前 635 年在位，衛國中興之主。前 658 年，衛文公立，中興之主，明白民為邦本，民為政綱，與民同甘苦，建都於北楚丘（在今河南省滑縣東）務材訓農，通商惠工，敬教勸學，選賢任能，國家大興，詩人用賦體詩歌頌建都。詳《左傳・閔 2》。

《毛序》：「《定之方中》，美衛文公也。衛為狄所滅，東涉渡河，野處漕邑，齊桓公攘戎狄而封之。文公徙居楚丘，始建城市而營宮室，得其時制，百姓說（悅）之，國家殷富焉。」

【校勘】

〔1〕《毛》定，S789、P2529亝，俗字。《魯》、漢・蔡邕《月令問答》《唐石經》《英藏》4/223、P2529《御覽》5《注疏》「作于楚宮」，「作于楚室」，此是毛詩本的一種本字。案：本字作為，于讀同為。證據九條：一、《考文》「作為楚宮」，「作為楚室」，二、《三家詩》「作為」；三、《箋》訓為，于讀為。四、S789、P2529 于作為，五、《白帖》38、《御覽》173、《經史事類》引作「作為」「作為」；六、《正義》「作為楚邱之宮」，「作為楚邱之室」；七、《大明》：「于周于京」。《嵩高》：「于邑于謝，南國是式」，于讀為。八、唐以前《文選》中，《魏都賦》張載注引、《魯靈光殿賦》謝朓《和伏武昌》《曲水詩序》江淹《雜體詩》《棲頭陀寺碑文》注引等並作「作為楚宮」，「作為楚室」；九、日・山井鼎《考異》引古本作為，《詩經小學》：于，為。案：于，yù，（古）匣魚；為，wéi，（古）匣歌，同為匣母，雙聲通借，予讀如為，「作為楚宮」，「作于楚室」，古人口耳相傳，方言多異，多用假借，又因秦火之難，故多有異本。楚邱，在今河南省滑縣東。《注疏》揆，本字。一作葵，葵通揆。《毛》與，P2529 作与，古簡體。《毛》榛栗，《說文》亲、𣐽，古字。《毛》漆，《說文》桼，桼古字。《毛》桑，《漢石經》、S789、P2529 桒，同。《毛》卜，（台）121/516 作卜，當為卜。

〔2〕《注疏》虛，《水經注》、P2529 墟。《釋文》虛，本或作墟。虛古字。本字作然。《毛》明監本誤作焉，《漢白石神君碑》《魯》《崔夫人誄》《東京賦》注、《晉書・樂志》、S789.P2529、《正義》《注疏》《唐石經》、小字本、相臺本《纂圖互注毛詩》《御覽》725 作然，焉然通。《毛》與，P2529 作与，古簡化字。《說文》《毛》京，《漢石經》《易・校記》、S6346京，同。

〔3〕《毛》零，唐以後方有零字，《三家》《爾雅》《石鼓文》《說文》霝，《廣韻》引《說文》作霚，霝霚與零古今字。《三家》《說文》靁，古字。《毛》

星，《外傳》精〔晴、曼〕，《齊》《漢・天文志》《三蒼解詁》暒，《說文》曼，古本作，宋本《釋文》引《韓》星。姓星暒與晴古今字。案：本字作稅，《毛》說，《唐抄文選集注》、《類聚》88、《御覽》955、稅，說讀如稅。《毛》靈、零，《說文》霝零，古字。《說文》寒，《毛》塞，塞讀如寒。《毛》淵，《台》121/516 渊，《唐石經》氵℆，避唐廟諱。案：《毛》騋牝三千，《說文》《詩》曰：騋牝驪牡（《爾雅》而非《詩》）當以《毛》為準，牡與零、人、田、人、淵、千不叶韻。

【詮釋】

〔1〕《魯說》《釋天》定，營室星，室宿，玄武七宿的第六宿，即壁宿，有飛馬座（Pegasus）γ、仙女座（Andromeda）α 二星。元・朱公遷《詩經疏義會通圖說》揆之以日，東定以日出之景，西定以日入之景。營室視壁宿定方位。十一月小雪時與東壁星宿連正四方。作宮室以營室中為正。案：于、為同為匣母，于讀如為，作為，疊義連語，建築。方，向。楚邱，在今河南省滑縣東。葵通揆，揆，揆度，以日影勘測地形。之通以，樹，植。榛，樺木科，榛栗，果木類，子可食，或榨油。椅 yi，山桐子，大風子科，種子可榨油，造肥皂。可製傢俱，可作樂器。晉・郭璞《釋木》注：桐實嘉木，鳳凰所棲。爰伐琴瑟，八音克諧，歌以永言，噰噰喈喈。梓，山楸，良木，耐朽，供建材、制傢俱、樂器用。栗，栗子可食，可入藥，木質堅實，可供建築、製器具用。

韻部：中宮，東部；日室栗漆瑟，質部。

〔2〕升，登。墟，大丘，楚丘，在今河南省滑縣東，前 658 年在齊桓公等諸侯相助下，成為衛國新都。景、京，大，大岡高丘。望是領字，望楚、堂、景山與京。〔5〕桑，桑田，獎勵耕織。卜，占卜。云，說。終焉，終然，既而，《魏都賦》「謀龜謀筮，亦既允臧。」既而，果然信如卜辭所說吉。允，信；臧，善。

韻部：虛、楚，魚部；堂京桑臧，陽部。

〔3〕靈雨，好雨。霝、零 líng，落。倌人，管理車馬的小官。曼星姓暒，古晴字。雨止星現，星夜趕路。言，助詞，夙駕，趕早駕車。說 shuì，通稅，止息。匪通彼。直，正人之曲。也，語詞。秉，持。案：塞通寒，《說文》寒 sè，誠信可靠；淵，靜，默，淵深鄭重，周全深遠。詩人頌美衛國的中興之主衛文公。《魯傳》《衛世家》：「文公自立，輕賦平罪，身自勞，與百姓同苦，以

收衛民。」言，而。騋 lái 馬高七尺以上的公種馬為騋。牝，母馬。三千，言其養駿馬良種馬之多。

　　韻部：零，耕部；田人淵千，真部。真、耕合韻。

【評論】

　　《詩集傳》頁 41，「言方春時雨既降，而農桑之務作。文公於是命主駕者晨起駕車，亟往而勞勸之。然非獨此人所以操其心者誠實而淵深也，蓋其所畜之馬，七尺而牝者，亦已至於三千之眾矣。蓋人操心誠實而淵深，則無所而不成，其致此富宜矣。」《詩疑》1，「《定之方中》，最善賦其事，作室而先種樹為琴瑟之需，可見其規模深遠。其次，方及於農桑，此國家之先務而不可緩者。又其次，方言牧馬之盛。則中興之功次序粲然，其要盡在『秉心塞淵』一句上。」《詩志》「高秀幽雅，點染映照處有不可思議之妙。築室、樹木、望勢、測景、問卜、課農以及主德、馬政，點敘錯綜，卻自有倫有體，不極不亂，章法絕精。」蔣悌生《五經蠡測》：「其心誠實而淵默，則畜牧自然繁息，必至富國。富民者，富國之本；富國者，富民之效。惟『其心塞淵』，故能力於農桑之務而勤於民事，乃其心塞淵之實也。」《原始》：「〔一章〕總言建國大規。〔二章〕追敘卜築之始。〔三章〕終言勤勞，以致富庶。『秉心』句是全詩主腦。」引鄒泉曰：「懷國家根本之圖，而不事務虛文，所以為塞實。建國家欠運之策，而不狃（niu，習以為常）乎近慮，所以為淵深。」《會通》：「舊評：極周詳，極簡練；極嚴整，又極生動。又云：此詩規劃久遠，無不具備，只以數語括之，覺《魯頌·閟宮》為繁而平矣。」此詩雅粹而簡賅。

蝃　蝀

蝃〔蟄〕蝀在東，	彩色虹霓出現在東，
莫之〔子〕敢指〔指〕。	沒人敢指那美人虹。
女子有行，	女子出嫁，
遠父母兄弟。〔1〕	告別了父母弟兄。
朝隮〔躋濟蜺〕於西，	早上蜺虹出現於西，
崇朝其雨。	整個早上就會下雨。
女子〔之〕有行，	女子出嫁在行，
遠兄弟父母〔母父〕。〔2〕	別了兄弟母父。

乃如之人也〔兮〕，	竟有如此的男人，
懷昏〔昏婚〕姻也。	破壞了婚姻，
大〔太〕無信也，	他半點信用都沒有，
不知命也！〔3〕	不知可是命裡注定！

【詩旨】

案：一位女子敢於自主婚姻，這是她受騙後的抒憤之作。郭承宇（1988）「這首詩是以女子的口吻；寫了婚姻失敗的痛苦呼聲，是一篇棄婦詞。」

〔魯說〕《後漢·楊賜傳》：「有虹霓晝降於嘉德殿前。賜書對曰：『今殿前之氣應爲虹蜺，皆妖邪所生不正之象，詩人所謂『蝃（螮）蝀』者也。』」

〔齊說〕《後漢·郎顗傳》「凡邪氣乘陽，則虹蜺在日。」《易林·蠱之復》「蝃蝀充側，佞人傾惑，女謁橫行，正道壅塞。」

〔韓說〕《楊賜傳》李注引《韓序》：「《蝃蝀》刺奔女也。」《通論》4「必以爲刺奔，於此二句（「女子有行，遠父母兄弟」）未免費解。」

〔毛序〕「《蝃蝀》，止奔也。衛文公能以道化其民（《唐石經》㈡）。淫奔之恥，國人不齒也。」《詩集傳》刺淫奔。《古義》《直解》同。《編年史》繫於前 642 年，云：刺淫奔之人。《詩經通論》否定此說。

【校勘】

〔1〕《毛》蝃，《三家》《爾雅》《後漢·楊賜傳》螮，蝃螮音義同。《毛》之，P2529 之，之通子。《毛》指，《唐石經》、S789.P2529 指，同。

〔2〕《唐石經》隮，《魯》《齊》《爾雅》《玉篇》《台》121/517 躋。隮躋同。P2529 濟。躋濟通隮。《三家》《注疏》《唐石經》本作「遠兄弟父母」，舊社會習俗稱父母，不稱母父，此句如從古韻考慮，劉盼遂教授指出：當爲「遠兄弟母父」。母屬脂部，父屬魚部。如從《注疏》本，則雨、母分屬魚、脂，則爲陰聲韻魚脂借韻。

〔3〕《唐石經》也，《魯》《說苑·辨物》《外傳》《說文》《初刻》8/163 也、兮。《毛》昏姻，宋版《魯》《列女傳》、P2529 婚，昏昏同，通婚，婚婚同。S789 婣，同姻，《唐石經》昏，避唐太宗諱。《唐石經》作大，《釋文》大音泰。P2529 作太。

【詮譯】

〔1〕蝃蝀 dìdōng 雙聲詞，虹 hóng，日光或月光射入空中水滴，經折射通過日輪或月輪，形成七色彩虹圓弧帶成 42°，常見有主虹、副虹（又名雄、

雌虹），主虹為虹，副虹為霓。是大氣層自然現象。宋・王質：「今人猶言不可指，指則手生腫也。」指，用手指點。舊俗認為不能用手指彩虹。古人以為主虹即雄虹，紅色在外，紫色在內，是精氣，指天地精氣。副虹即雌虹，紅色在內，紫色在外。

〔2〕行，出嫁。遠，遠別。

韻部：指、弟，脂部。

〔3〕朝 zhāo，早。隮 ji. 虹，民諺：東虹日頭西虹雨。崇、終同在冬部，同為齒音崇、章二紐鄰紐，崇通終。雨，原始謎語，男女合歡的讔語。

〔4〕父，（古）並魚。此處為叶韻。

韻部：雨父，魚部。又雨，魚部，母，之部，之、魚借韻。

〔5〕乃，急辭，竟有這樣的男人！「懷婚姻兮」，《集疏》引蘇輿：懷，壞。大，太。末二句憤激之詞。命，命運多舛。

韻部：人姻信，眞部；命，耕部。眞耕合韻。

【評論】

宋・王質：「不率詩發於眾情，出於眾辭，難拘於定律也。」（《四庫》經部 70/478）《臆評》：「轉接無痕。尾評：「乃如」四語句凜，瀏亮，如欲覺晨鐘，令人深省。」

相　鼠

相鼠有皮，　　　　　　　相相看，老鼠還有皮，
人而無〔亡〕儀〔義〕，　　唉！人卻無道義與廉恥！
人而無〔亡〕儀〔義〕，　　做人如果沒道義。
不死何〔胡〕為！〔1〕　　不如死還幹什麼？

相鼠有齒，　　　　　　　相相看，老鼠還有齒，
人而無〔亡〕止〔禮恥〕，　做人還能無容止廉恥？
人而無〔亡〕止〔禮恥〕，　做人如果無容止廉恥。
不死何〔胡〕俟？〔2〕　　不如死還等什麼？

相鼠有體〔體軆〕，　　　相相看，老鼠尚有體，
人而無禮〔體軆〕，　　　做人還能無禮節？
人而無禮〔體禮〕，　　　做人如果無禮節，
胡〔何〕不遄死？！〔3〕　何不速死等什麼？

【詩旨】

案：《管·牧民》「禮、義、廉、恥，國之四維。」詩人用坦白直率的語言，抨擊周朝道德淪喪、喪失道義廉恥的行爲。

《魯》《白虎通·諫諍》「《詩》云：『相鼠有體，人而無禮，人而無禮，胡不遄死？』此妻諫夫之詩也。」《說苑·雜言》《新序·刺奢》《韓詩外傳》1.3.59、《詩考》以爲此《三家》義。《齊說》《漢·后蒼傳》《禮記·禮運》同。

《毛序》：「《相鼠》，刺無禮也。衛文公能正其群臣，而刺在位承先君之化無禮儀也。」《續讀詩記》：衛文公中興，群臣相戒之辭。魏源《詩序集義》：夷姜諫〔衛〕宣公。《編年史》繫於前 641 年云：刺無禮之人。

【校勘】

〔1〕《毛》無，《魯》《漢·五行志》亡，《毛詩音》儀，古本作義。漢代「無」多作「亡」。儀，當依古本、《石經》作義。義 yì，（古）疑歌；儀 yì，（古）疑歌。胡，《毛》無，《齊》《漢·五行志》亡，《毛》胡何，《史·商君傳》作何，《白帖》《御覽》引作胡，何胡古字通。

〔2〕《釋文》《唐石經》止。《釋文》引《韓》止，節，無禮節也。案：止，疑作恥。《魯》《列女傳》7 禮。此章當作止或恥，作禮與下章犯重。《毛》何，《三家》胡。胡同何。

〔3〕《毛》《唐石經》體，P2529 軆，軆是體的俗體，P2529 禮。《毛》胡，《三家》胡，又作何。《史·商君傳》引作何。《白虎通·諫諍》《漢·五行志》、《列女傳》、《御覽》457 引作胡。

【詮釋】

〔1〕相 xiàng，省視，相亦觀，《說文》：相，省視也。儀通義。首句人而無義，而作轉折連詞，卻，反映周代衰落，道德淪喪。第二句，而，如，而通如，假設連詞。胡（何），疑問副詞。

韻部：皮儀（義）儀（義）爲，歌部。

〔2〕案：止讀恥，禮儀廉恥。《小旻》：「國雖靡止」，《抑》「淑愼爾止」，《韓》：止，節，〔無止〕，無禮節也。《傳》止，止息，誤。《箋》：「止，容止（符合禮法的行爲）。」

〔3〕胡、何。遄 chuán，速。軆讀若禮。

韻部：軆禮禮，支部。死，脂部。支、脂通韻。

【評論】

《魯說》《史·禮書》:「洋洋美德乎,宰制萬物,役使群眾,豈人力也哉!余至大禮行官,觀三代損益,乃知緣人情而制禮,依人性而作儀,其所由來尚矣。」《詩志》:「衰世歷響」。《詩誦》:「《相鼠》詩直截簡老,不留餘地,在《風》詩別是一格,吃緊處在劈頭提一『相』字,暗室神明,大庭指視,使無禮人絕無躲閃處。」惲敬《大雲山房文稿》:「詩人始窺其端以『無禮』,中發其痼以『無止』,故三章皆以死絕之。不然,無儀無禮之人遠之可矣,何詩人之嚴如此哉?《終風》,無儀也;《新臺》、《牆有茨》、《鶉之奔奔》,無儀也。衛之滅,以此。故戴公復國,國人深戒焉。」案:此詩開啓屈原《離騷》、《桔頌》,宋玉《九辯》、應璩《百一詩》、陳子昂《感遇詩》。

干 旄

子子干〔竿〕旄〔髦〕,　　　旄牛尾飾的大旗獵獵飄,
在浚〔孫〕之郊。　　　　　高高樹立在浚城的城郊。
素絲紕之,　　　　　　　　白絲兒編織馬韁繩,
良馬四之。　　　　　　　　迎接的良馬有四駿。
彼姝者子,　　　　　　　　那婉順的女子,
何以畀〔畁〕之?〔1〕　　　以什麼聘禮來聘請?

子子〔子子〕干〔竿〕旟,　　繡著鷹隼的旗幟多引人,
在浚〔孫〕之都。　　　　　高高樹立在那浚城。
素絲組〔俎〕之,　　　　　白絲兒編織成馬韁繩,
良馬五之。　　　　　　　　迎接的良馬有五駿。
彼姝者子,　　　　　　　　那婉順的女子,
何以予〔與〕之?〔2〕　　　以什麼禮品來相贈?

子子〔子子〕干〔竿於〕旌,　五彩羽飾的旗幟真招人,
在浚〔孫〕之城。　　　　　高高樹立在浚城。
素絲祝〔屬〕之,　　　　　白絲兒編織成馬韁繩,
良馬六之。　　　　　　　　迎接的良馬有六駿。
彼姝者子,　　　　　　　　那婉順的女子,
何以告之?〔3〕　　　　　以什麼告慰您的心?

【詩旨】

案：此詩大約是在衛文公（前 659～前 637）時衛國人吟成的歌頌衛文公尚賢的詩歌。這是中興之主的招賢詩。或聘女詩。宋·王柏《詩疑》一，「《干旄》之作，以見尚賢樂善尤爲中興之本。」高亨《今注》：貴族乘車看情人。劉毓慶、李蹊（2012）譯注《詩經》：「這首詩描述了一位貴族求婚納采時的陣勢，以見貴族的氣派。」

《魯說》《論衡·率性》：「《詩》曰：『彼姝者子，何以與之？傳言：譬猶練絲，染之藍則青，染之丹則赤。」

《齊說》《易林·師之隨》：「《干旄》旌旗，執幟在郊。雖有寶珠，無路致之。」

《毛序》：「《干旄》，美好善也。衛文公臣子多好善，賢者樂告以善道也。」《唐石經》同。《編年史》繫於前 640 年，云：衛文公好善。

【校勘】

〔1〕竿是正字，《毛》干，《三家》《皐》S063《左傳·定 9》《孔子家語·姓生》竿，干是竿之形省。《毛》子，《毛》干旟，《皐》S062 竿與，與讀如旟。《魯》《文中子》《中說》干髦，旄通髦。《毛》《台》121/577 浚，《皐》S063 孫，孫浚雙聲疊韻通假。《毛》畀，S789.P2529 畁，誤。

〔2〕《毛》組。《台》121/577.P2529 徂，傳寫之誤。《毛》予，《三家》《論衡·率性》《考文》《詩考》與，予與通。

〔3〕《毛》子子干旄，《皐》S063 竿。P2529 子子，誤。《毛》祝，《箋》當作屬，《釋名》：「祝，屬也。」取其聯綴編屬義，祝通屬。

【詮釋】

〔1〕案：子子 jié jié，（古）見月；桀桀 jié，（古）群月，同在月部，見、群鄰紐，子子通桀桀，高高特立貌。旄 máo，髦通氂用氂牛章節附註旗竿首。浚 jùn，衛邑，在今河南省濮陽縣南。紕 pí，編織爲馬韁繩。一說在衣冠或旗上繡花邊。《韓說》訓爲織組器。四，四匹駿馬拉的大車。王肅：古者一轅駕三馬則五轡，其大夫皆一轅車，夏后氏駕兩謂之麗，殷益一騑謂之驂，周人又益一騑謂之四。姝 shū，趙、魏、燕、代謂好爲姝。畀 bì，賜與，給予。案：此章倒敘，賜以素絲與四匹良馬。《舀鼎》「父用匹馬束絲，」《齊傳》《儀禮·公食大夫禮》素絲，禮之束帛。者，之，的。嚴溪：子，賢者。旟 yú，旗上

繡鷹隼，以示迅疾。都，都邑。組，編織。「五」、「六」，言其盛。予、與古字通用，與 yǔ，贈與，賜與。

　　韻部：旟郊，宵部；紕畀，脂部；四，質部。脂質通韻。

　　〔2〕旌 jīng，《說文》旌，遊車載旌析羽注旌首，所以精進士卒。浚 jun，衛邑，在今河南省濮陽市境，舊縣城東南有浚城、寒泉。

　　韻部：旌都組五予，魚部。

　　〔3〕祝屬 zhù，雙聲疊韻通假，聯綴編織。告，告慰，宣示。聞一多：告，造。

　　韻部：旌城，耕部；祝（屬）六，沃部；告，幽部。沃、幽通韻。

【評論】

　　《左傳·定9》「《竿旄》何以告之？取其忠也。」宋·嚴粲《詩緝》5「臣子好善文公之化也。」《詩志》1，「從姝子一邊打算，正以形容大夫禮賢之勤也。此反託法。過喜之詞多溢，妙於鼓舞不盡。」鄧翔《詩經繹參》：「此張平子《四愁詩》所奪胎。贈以善言善道，愈於明月珠、英瓊瑤之報也。」

載　馳

〔離鄉迢遙，家國情仇縈在心〕

載馳載驅，	暮春時節忙趕車，
歸唁衛侯。	回去慰問我娘親，
馳〔駈驅〕馬悠悠〔悠〕，	趕著馬兒悠悠行，
言至于漕〔曹〕。	將至曹邑淚盈盈。
大夫跋〔載〕涉，	許國大夫追我回，
我心則憂。〔1〕	我的內心憂思深。
既不我嘉，	大夫已不嘉許我，
不能旋反。	哪能旋回我心願！
視爾〔我〕不臧〔藏〕，	大夫以爲我不善，
我思不遠。	說我所思並不遠。
既不我嘉，	你等既不贊同我，
不能旋〔檂〕濟。	不能渡河毀心願！
視爾不臧〔藏〕，	我看你等都不善，
我思不閟！〔2〕	我思謹慎計深遠！

陟彼阿丘，	登上阿丘望故園，
言采其蝱〔茵蝱蝱〕。	我採貝母心眷眷！
女子善懷，	女子多愁善感，
亦各有行。	人各有志路有行，
許人尤〔訧尤〕之，	許人無端責難我，
眾穉〔稺稚〕且狂。〔3〕	既是慮淺又驕狂！
我行其野，	我行大野望鄉國，
芃芃〔梵梵〕其麥。	麥子蓬勃入我目。
控于〔乎〕大邦，	赴告大國求援助，
誰因誰極？	誰可依靠？誰可愛難亟助？
大夫君子，	許國大夫莫煩我，
無我有尤〔尤訧〕！	切莫對我多指責！
百〔皆〕爾所思，	一切你等所思慮，
不如我所之！〔4〕	不如我的行和議！

【詩旨】

案：此詩當作於前 660 年四月，「言采其茵」，四月採貝母，當時狄人滅衛國，許穆夫人有膽有識，這是詩意女神愛國女詩人許穆夫人所抒的故國之戀，一首愛國主義的政治抒情詩，火山噴迸式的偉大的愛國情感，計深議遠的恢弘的救國大計，愛國詩人的英邁之氣，千古如見，她無愧於迄今為止有文字可考的世界第一位女詩人（比古希臘女抒情詩人薩福 sappho 約前 612 ～？，早出 47 年）。此詩成為中國乃至世界婦女詩歌藝術史上不可多得的開山之作。

《魯說》《列女傳・仁智傳》：「許穆夫人，狄人攻衛，大破之，而許不能救。當敗之時，許夫人馳驅而弔唁衛侯，因疾之，而作詩云。……君子善其慈惠而遠識也。頌曰：『衛女未嫁，謀許與齊，女諷母曰：齊大可依。衛君不聽，後果遁逃。許不能救，女作《載馳》。』」詳《史・衛康叔世家》、《左傳・閔2》。

〔齊說〕《易林・噬嗑之訟》：「大蛇巨魚，戰於國郊。上下阻塞，衛侯盧漕。」

〔韓說〕《外傳》2，「高子問於孟子：『夫嫁娶也，非己所自親也，衛女何以得編於詩也？』孟子曰：『有衛女之志則可，無衛女之志則怠。』」

《毛序》：「《載馳》，許穆（《唐石經》穆，同穆）夫人作也。閔其宗國顛覆，自傷不能救也。衛懿公爲狄（《台》121/517 作翟）人所滅，國人分散，露於漕邑。許穆夫人閔衛之亡，傷許之小、力不能救；思歸唁其兄，又義不得；故賦是詩也。」

【校勘】

〔1〕《毛》《毛》驅，《唐抄文選集注》1.301 作馳，1.702 作駈，駈同驅。漕，《魯》《列女傳》《左傳・閔二》、《台》121/517 作曹，作曹是，漕是後人增形字。《毛》《魯》《列女傳》《外傳》跋，《齊》《儀禮疏》軷，軷，道祭。通作跋。

〔2〕《魯》、《列女傳・仁智傳》《毛》爾，《外傳》2「我」。案：如從抒情主人公的角度而言，當從《韓》作我，作「我」字義長；而從用賦體來說，《魯》《毛》作爾爾爲是。《毛》旋，P2529遂，當作旋。《毛》臧。P2529𦤃，簡省字。

〔3〕《毛》螞，《繫傳》《初刻》8/164《御覽》56、997蝱，《台》121/517作蝱，《魯》《釋草》《淮南・氾論》高注《說文》《本草綱目》《廣韻》茵。蝱螞虻讀如茵，螞，朱熹音盲，非，當從元人羅復《詩集傳名物抄音釋纂輯》音萌。螞、蝱通茵。本字作尤。《正字通》尤，尤本字。《毛》《箋》《正義》尤，古字《釋文》《唐石經》尤，本亦作訧。《說文》《廣雅》《玉篇》均作訧。訧讀若尤。穉是正字，《毛》穉 zhì，《說文》P2529 穉 zhì，《唐石經》穉。岳本、今本穉。《釋文》穉，本又作稚。穉古字。穉稚同。《毛》芃芃，《漢都鄉正街彈碑》梵梵，讀如芃芃。麥，P2529 麥，古簡體。

〔4〕《毛》、《釋文》控於，P2529椌乎，椌是控字之誤。於、乎古字通。

【詮釋】

〔1〕許夫人，衛女。翟攻衛，衛懿公被殺，衛人國破流離。許穆夫人望鄉思親，賦詩。載，語詞。《韓說》弔生曰唁。《穀梁傳》、《韓說》弔失國曰唁。弔唁其兄，慰問娘親等。悠悠，長遠貌。言，語詞。漕 cáo，此處讀平聲，衛國東邑，在今河南省滑縣東。軷 bá，跋，爬山。《韓說》不由溪遂而曰跋涉。《春秋繁露・玉英》「婦人無出境之事，經禮也。母爲子娶婦，奔喪父母，變禮也。」許國主政者不顧外交、政治、人情等，僅據經禮非要把許穆夫人從已達衛境中攔回，天下竟有此咄咄怪事！至於《虞東學詩》：「未嘗歸衛而陟作歸語，未嘗怨許而故作怨語，陟丘行野，特託意言之」則

是既無視《左傳・閔2》、《列女傳》等所載史實，又無視詩文本身，失之妄下斷語。

韻部：騤侯，侯部；悠漕（曹）憂，幽部。侯、幽通韻。

〔2〕嘉，嘉許贊同。旋反，連語，反同返。臧 zāng，善。濟 jǐ，渡河。說，濟，止。閟 bì，《傳》訓爲閉。案：此句是反問句，閟，毖。毖同爲幫母，陰陽對轉質脂相轉，通毖，戒謹，謹慎。

韻部：反遠，元部；濟，脂部；閟，質部。脂、質通韻。

〔3〕陟，登臨。蝱通莔，莔 méng，貝母，百合科，多年生草本，四月採葉，十月採根，鱗莖入藥，《藥海》Coelogyne corymbosa lindl 功效：止咳祛痰，治肺熱咳嗽，感冒，止血定痛，軟組織挫傷。《原解序》：用借喻，貝母，借作貝母思歸之喻。善懷，多憂思。行 háng，道，主張，各有所從。案：許，許國，在今河南省許昌市東。眾 zhòng，與終雙聲疊韻通假，眾通終。尤，指責。《玉篇》：穉 zhì，自驕矜貌。狂，愚妄，荒唐。

韻部：蝱行狂，陽部。

〔4〕芃芃蓬蓬 péng péng，梵梵讀如芃芃，長勢旺盛。末章提出對策。控，求援助。《眾經音義》9引《韓》：控，赴也。赴告，投齊國等諸侯求助。朱熹訓爲持而告之。赴告大邦，許穆夫人赴告齊國後，被周惠王封爲侯伯的齊桓公收衛國敗卒 7000 人，加上原衛邑共、滕之眾 5000 人，立申爲戴公。一年後申卒，文公立，齊桓公派公子無虧率車 300 乘，甲士 3000 人助衛戍守。許穆夫人的歷史功績、不朽詩篇並流傳千古。案：因、依同爲影母，因通依，依靠。極亟雙聲疊韻通借，《方言》：亟，愛也。急我所急。大夫君子，指許國的上層貴族、士大夫。無，毋，有，助詞；尤，責難。《贈劉琨》李注引《韓詩章句》：「尤，非也。」皆百，概數，一切；爾，句中助詞；之，往。你等思慮不如我所議之遠，所行之要。之通志。

韻部：麥、極，之部。子尤思之，之部。

【評論】

《講意》：「讀此詩想見欲歸不得，欲救不能，煩懣難堪，遑遑無聊之意，所謂『女子善懷』，斯言非謬也。厥後宋桓立君，齊桓城楚丘，而中興之業赫焉再振，彼二君者，豈其聞是詩而興起歟？」《《存目》經 64/178》此詩立即聞名遐邇，《左傳》《閔2》《文13》《襄19》可證其影響甚巨。《讀詩記》：「極徑淨！」《稽古編》4「《衛詩》三十九篇，惟許夫人之《載馳》乃其自作。今

誦其詞，清婉而深，至誠，女子之能言者也。中三章專責許人不能救衛，無以慰己之心。首尾則及歸唁之意，立言可謂有體矣。蓋父母歿，不得歸寧，婦人之禮也。救患恤災，亦鄰國之誼也。宋與許皆衛婚姻之國，戴公之盧漕，宋桓公與有力焉，許曾不出一旅以助之而徒責夫人以婦道，雖知其力不及，然能無慉於心乎？故首章言大夫告難，見欲歸之故也。二、三章再言『視爾不臧』，正責其不救衛也。四章以采蝱療疾爲喻，言當救之義也。許不能救，則衛必求救於他國，故欲歸唁而問之。末章『控于大邦』，是也。苦語眞情，出之楚楚，千載下如親見之矣。」（《四庫》經 85/384）《詩志》1，「『控于大邦』以報亡國之仇，此一篇本意，妙在於卒章說出，而前則吞吐搖曳，後則低徊繚繞，筆底言下眞有千百折也。純是無中生有，撰景寫情，微妙不可意識。」《臆補》4，「《泉水》以委婉勝，此以英邁勝。」（《續修》58/186）案：一章「載馳載驅，歸唁衛侯」，「言至于漕。大夫跋涉，我心則憂」；二、三章「不能旋反」、「不能旋濟」；女抒情主人公斥責「許人尤之，眾稚且狂」；女抒情主人公歸唁的目的在救亡，末章明旨，後「控于大邦」，齊桓公援手救衛，所以《左傳》記載許穆夫人作《載馳》於閔公二年（前 660 年）。無疑這是一位識大體、愛祖邦的傑出的女詩人。這是迄今中國文學史上可以考稽的預聞國政、愛國心切，又有遠謀、有功業、有愛國詩篇傳之千古的偉大女性之一。可爲百代女鑒千世規鏡。讀之，令人感慨唏噓，令人肅然起敬。